Michael Böhm

Wie man mit schmalem Budget erfolgreich wirbt

*Grundlagen
Instrumente
Strategien
Anwendungsbeispiele*

Cornelsen

Die Internet-Adressen und -Dateien, die in diesem Buch angegeben sind, wurden vor Drucklegung geprüft (Stand: März 04). Der Verlag übernimmt keine Gewähr für die Aktualität und den Inhalt dieser Adressen und Dateien und solcher, die mit ihnen verlinkt sind.

Die Erwähnung findenden Firmen- und Markennamen, Wort- und Bildmarken, Soft- und Hardwarebezeichnungen sind im Allgemeinen durch die Bestimmungen des gewerblichen Rechtsschutzes geschützt. Es wird ausdrücklich darauf hingewiesen, dass eine Vervielfältigung und Nutzung zu anderen Zwecken nicht gestattet ist.

Verlagsredaktion: Ralf Boden
Abbildungen: Holger Stoldt, Düsseldorf
Umschlaggestaltung: Knut Waisznor, Berlin

 http://www.cornelsen-berufskompetenz.de

1. Auflage   Druck 4 3 2 1   Jahr 07 06 05 04

© 2004 Cornelsen Verlag Scriptor GmbH & Co KG, Berlin

Das Werk und seine Teile sind urheberrechtlich geschützt.
Jede Nutzung in anderen als den gesetzlich zugelassenen Fällen bedarf der vorherigen schriftlichen Einwilligung des Verlages.
Hinweis zu § 52 a UrhG: Weder das Werk noch seine Teile dürfen ohne eine solche Einwilligung eingescannt und in ein Netzwerk eingestellt werden. Dies gilt auch für Intranets von Schulen und sonstigen Bildungseinrichtungen.

Druck: CS-Druck CornelsenStürtz, Berlin

ISBN 3-589-23603-5

Bestellnummer 236035

 Gedruckt auf säurefreiem Papier, umweltschonend hergestellt aus chlorfrei gebleichten Faserstoffen.

Vorwort

Seit vielen Jahren beschäftige ich mich intensiv mit dem Thema Guerilla- bzw. Low-Budget-Marketing (LBM). Den Anstoß dazu gab meine eigene Agenturgründung, bei der das geringe Eigenkapital für die wichtigsten Grundausstattungen und die erste Durststrecke benötigt wurde und somit kaum Mittel für eine intensive „klassische Werbung" vorhanden waren. Mit viel eigener Kreativität und vor allem dem Aufbau eines umfassenden und aktiven Netzwerkes sowie der Suche nach passenden Kooperationspartnern konnte ich die Nachteile eines schmalen Werbebudgets in Vorteile umwandeln. Sowohl in meiner täglichen Kundenberatung als auch in meinen Vorträgen, Seminaren und während meiner Dozententätigkeit habe ich dieses Know-how weitergeben können.

Nicht nur in der aktuell schwierigen Wirtschaftssituation, sondern auch in „guten Zeiten" eignet sich der umfassende Einsatz von Low-Budget-Marketing sowohl in kleinen, als auch in mittelständischen Unternehmen. Dabei ist es allerdings unumgänglich, sich nicht nur auf einzelne Marketingaktionen zu beschränken, sondern die Methoden des LBM langfristig und umfassend in Ihre Unternehmensstrategie einzubauen und die einzelnen Maßnahmen dann auch zielstrebig umzusetzen. In der realen Umsetzung liegt das Geheimnis des Erfolges.

Zu Beginn möchte ich Ihnen noch ein Bild mit auf den Weg geben, das mich immer wieder begleitet und positiv motiviert: Manchmal ist der unternehmerische Alltag oder ein Projekt wie eine Fahrt auf der Titanic. Dank umfangreicher Sicherheitsvorkehrungen und professioneller Planung hält man sich und sein Unternehmen für unsinkbar und fährt mit Höchstgeschwindigkeit durch die Nacht. Frühwarnungen werden ausgeschlagen oder einfach missachtet.

Wenn dann das Unglück passiert ist, gibt es zum einen keinen Plan B (ausreichend Rettungsboote, Schwimmwesten und einen mutigen Funker) und zum anderen verschwendet man wertvolle Zeit mit der Suche nach den Schuldigen. Entweder war der Kapitän oder die Schifffahrtsgesellschaft oder der Wetterdienst oder der Funker oder sogar der Eisberg an dem Desaster Schuld (Im unternehmerischen Umfeld finden Sie sicherlich die entsprechenden Pendants dazu). Diese Suche nach dem Schuldigen bringt weder den Schiffbrüchigen, noch den Unternehmer im Notfall weiter. An erster Stelle muss in der Stunde X die organisierte Rettung stehen. Nicht stundenlange Diskussion um die optimalen Rettungswege, sondern der beherzte aktive Einsatz aller Kräfte ist gefragt.

Und dann, wenn alle Schiffbrüchigen in Sicherheit sind, kann man zur Vorbeugung der nächsten Katastrophe mit der Analyse des Hergangs und der Formulierung und zielstrebigen Umsetzung neuer Standards beginnen.

Um auch Ihnen Impulse und Hilfestellungen geben zu können, habe ich meine Erfahrungen und mein in der Praxis gesammeltes Know-how in diesem Buch veröffentlicht. Ergänzt wird dieses Buch durch diverse aktuelle Praxisbeispiele und Arbeitshilfen auf der Homepage *www.erfolg-mit-schmalem-budget.de*.

Ich wünsche Ihnen viele gute Ideen für Ihr Unternehmen und auch viel Spaß beim Lesen dieses Buches.

Ich widme dieses Buch meinem Sohn und Juniorpartner Max und meiner Frau Corinna, die mich während der Entstehungszeit dieses Ratgebers oft entbehren mussten und mich optimal unterstützt haben. Bedanken möchte ich mich bei meiner Schwester Bettina Wendland und meinem Lektor Ralf Boden, die mich mit Ihrer fachlichen Beratung und motivierenden Gesprächen begleitet haben.

Herten, im Frühjahr 2004 *Michael Böhm*

Der Autor

Michael Böhm, Jahrgang 1967, ist verheiratet und Vater eines Sohnes. Er gehörte zum Gründungsteam des ersten Callcenters der CITIBANK, bevor er über viereinhalb Jahre als Verkaufsleiter im Finanzdienstleistungssektor tätig war.

Seit 10 Jahren berät er mit seiner Agentur DIE AUGENFÄNGER erfolgreich in erster Linie mittelständische Unternehmen in Marketingfragen.

Während seiner zweijährigen Lehrtätigkeit als Dozent für Marketing an der Privatakademie SCHLOSS HAUS RUHR führte er u. a. diverse Projekte zu den Themen Social Marketing und Ego-Marketing durch.

Als Spezialist im Bereich des Low-Budget-Marketings / Guerilla-Marketings hält Michael Böhm seit 1997 diverse Vorträge (u.a. Start-Messe Essen, BFC Northeim, Convention of Advertising Düsseldorf, Regionale Gründermesse Bochum) und veranstaltet Seminare.

Inhalt

Teil I
Was Sie über Marketing im Allgemeinen wissen sollten

1	Das Wann und Wie der Entstehung des Marketings.....	8
2	Die Bausteine für eine erfolgreiche Marketingstrategie ..	10
2.1	Am Anfang steht immer die Analyse	12
2.1.1	Die Ist-Analyse	13
2.1.1.1	Das Unternehmen...............	13
2.1.1.2	Die Produkte	17
2.1.1.3	Das wichtigste Potenzial: Die Kunden	21
2.1.1.4	Die bisherige und aktuelle Werbung	23
2.1.1.5	Die Konkurrenz	24
2.1.2	Die Soll-Analyse...............	26
2.1.2.1	Die Ziele des Unternehmens	28
2.1.2.2	Das Unternehmen als Persönlichkeit	32
2.1.2.3	Die Zielgruppe und ihre Wünsche .	34
2.1.2.4	Exkurs: Marktforschung	36
3	Auf die Mischung kommt es an: Der Marketing-Mix...	39
3.1	Die Produktpolitik	39
3.2	Die Preispolitik	52
3.3	Die Distributionspolitik	45
3.4	Die Kommunikationspolitik ..	46
4	Der Marketingplan.........	48

Teil II
Was Sie über Low-Budget-Marketing wissen sollten

	Einführung: Mythen über das Low-Budget-Marketing	52
1	Grundlagen...............	55
1.1	Persönlichkeit zählt	57
1.1.1	Die Persönlichkeit des Unternehmers	60
1.1.2	Exkurs: Persönlichkeitsentwicklung, Markenentwicklung, EGO-Marketing..............	62
1.1.3	Das Unternehmen als Spiegelbild des Unternehmers ..	65
1.2	Know-how durch umfassende Marktbeobachtung...........	67
1.2.1	Informationsquellen des Unternehmers	68
1.2.1.1	Die Medien (Druck, TV, Funk, Internet)	69
1.2.1.2	Die Mitarbeiter	71
1.2.1.3	Die Kunden.....................	72
1.2.1.4	Die Lieferanten	74
1.2.1.5	Der Bekanntenkreis	74
1.3	Kreativität entscheidet	75
1.3.1	Wie bekommt man neue Ideen?.	77
1.3.2	Welche Kreativitätstechniken gibt es?.............	79
1.3.2.1	Das Brainstorming	79
1.3.2.2	Die 6-3-5-Methode	85
1.3.2.3	Die Analogie...................	86
1.3.2.4	Die semantische Intuition	88
2	Möglichkeiten das Marketingbudget zu entlasten	90
2.1	Netzwerke	91
2.2	Kooperationen	93

3	Klassische Werbemodule im Rahmen des Low-Budget-Marketing	98
3.1	Anzeigen	99
3.2	Rundfunkspots	102
3.3	Schaufenster und Gestaltung des Point of Sale	104
3.4	Homepage	111
3.5	Eigene Kundenzeitung	112
3.6	Mailings	115
3.7	Prospekte und Folder	116
3.8	Give-Aways	117
3.9	Messen	118

Teil III
Low-Budget-Marketing in verschiedenen Unternehmenssituationen und Branchen

1	Low Budget-Marketing in besonderen Unternehmenssituationen	124
1.1	Gründung	124
1.2	Neues Produkt	125
1.3	Verschärfter Wettbewerb	127
1.3.1	Neuer Mitbewerber	127
1.3.2	Neueröffnung eines größeren Mitbewerbers im unmittelbaren Unternehmensumfeld	129
1.4	Baustellen und Umbauten am Point of Sale	131
1.4.1	Baustellen	131
1.4.2	Umbauten am POS	132
1.4.3	Großbaustellen im Umfeld des Unternehmens	133

2	Der Einsatz von Low-Budget-Marketing in verschiedenen Branchen	136
2.1	Gastronomie	136
2.2	Einzelhandel	149
2.2.1	Versuch einer Zustandsbeschreibung	149
2.2.2	Lebensmitteleinzelhandel	154
2.2.3	Bekleidung	161
2.2.4	Schuhe	164
2.2.5	Spielwaren	168
2.2.6	Uhren und Schmuck	172
2.2.7	Unterhaltungselektronik	174
2.2.8	Möbelhaus	175
2.2.9	Gartencenter und Blumenhandel	183
2.3	Kraftfahrzeug	191
2.3.1	Kfz-Handel	191
2.3.2	Kfz-Werkstatt	202
2.4	Dienstleistung und Handwerk	204
2.4.1	Friseur	205
2.4.2	(Bau-)Handwerk	206
2.4.3	Optiker	208

Checkliste: Grundlegende Strategien des Low-Budget-Marketing ... 211

Literaturangaben ... 213

Stichwortverzeichnis ... 214

Teil I

Was Sie über Marketing im Allgemeinen wissen sollten

Viele Bücher, die sich mit dem Thema Guerilla-Marketing / Low-Budget-Marketing (LBM) befassen, trennen diese Disziplinen vom klassischen Marketing und stellen sie als Ablösung des klassischen Marketings dar. Das führt dann dazu, dass in den entsprechenden Publikationen das Grundlagenkapitel gänzlich gestrichen wird und der Part Guerilla-Marketing gewissermaßen ohne „Bodenhaftung" – traumhafte Versprechungen enthaltend – zu schweben scheint.

Alles nach dem Motto: *„Wenn nichts mehr klappt und die Kunden ausbleiben, nehmen Sie einfach eine Prise Guerilla-Marketing und die Geschäfte laufen wie geschmiert!"* Das halte ich für Scharlatanerie!

Es gibt auch im Marketing keine Wundermittel, die mit wenig Aufwand an Zeit und / oder Geld alle Probleme wie von Geisterhand lösen.

Das Low-Budget-Marketing basiert ebenso wie das klassische Marketing auf den grundlegenden Gesetzen des Marketings und bedient sich seiner Techniken. Deshalb geht es in diesem ersten Kapitel auch um die allgemeinen Grundlagen des Marketings, sozusagen als Fundament für die weiteren Kapitel.

1 Das Wann und Wie der Entstehung des Marketings

„Man kann Sachverhalte und auch Menschen nur dann wirklich verstehen, wenn man ihre Entstehungs- und Entwicklungsgeschichte kennt." Aufgrund dieser Tatsache möchte ich Ihnen an dieser Stelle einen kurzen Überblick über die Historie des Marketings geben.

Die folgende Story: *„Wie alt ist Marketing?"* fand ich im Internet auf der Seite der österreichischen Marketing-Gesellschaft.

Wie alt ist Marketing?	
CI	Vor 1,2 Millionen Jahren ersann ein männlicher Homo Erectus eine Strategie: Er machte sich zunächst ein Bild von sich selbst: seine Stärken und sein Aussehen, seine Behausung, die trocken war und doch in der Nähe eine Quelle mit frischem Wasser aufwies.
SWOT-Analyse/ Umfeldanalyse	Nicht weit von seiner Höhle wuchsen Beeren und durch das Wasser stellte sich immer wieder Niederwild ein, das er ohne besondere Anstrengung jagen konnte. Für Nahrung war gesorgt. Das Fleisch diente dem Verzehr, die Häute und Felle verarbeitete er zu Kleidung und aus den Knochen formte er Werkzeuge.
Unternehmensstrategie	Einzig die Töpferei wollte ihm nicht so gelingen. Deshalb dachte er nach, wer wohl in seiner Umgebung Fleisch, Häute oder Werkzeug im Austausch gegen Tongerät haben wolle.
Marktsegmentierung	Doch er musste sich vorsehen: die meisten der anderen männlichen Höhleneinwohner konnten ebenfalls sehr gut jagen.
Konkurrenzanalyse	Diese Rivalen würden ihm nicht so ohne weiteres das Terrain überlassen. Und doch wusste er, dass keiner einen so guten Standplatz, so ausgiebige Jagdgründe hatte wie er. Für sein hochwertiges Fleisch würde er sicher einige gute Schalen und Töpfe erhalten.
Topstrategie	Vor allem von denen, die in der Jagd wenig Glück hatten, sei es durch eigenes Unvermögen oder durch das schlechte Jagdgebiet.
Zielgruppen	Und weiters überlegte er sich, dass vor allem Jäger, die allzu viele Familienmitglieder hatten, zwar reich waren an Kräutern, Wurzeln und Tongefäßen, aber sicher nicht an fleischlicher Nahrung.
Positionierung	Er war ein geschickter Jäger, an Jagdglück allen anderen überlegen. Doch wie der Horde seine Jagdfähigkeit und Tauschbereitschaft anzeigen?
Promotion / Messe	Zuerst verteilte er Kostproben seiner Beute an die Frauen und Kinder der Sippe, er stellte seine Jagdbeute sichtbar zur Schau, trocknete die Felle vor seiner Höhle und weckte dadurch bei den anderen Interesse.
PR	Man war sich bald einig, dass er der erfolgreichste Jäger unter den Erwachsenen war und erzählte Legenden über seine Heldentaten.

Vertrieb	Gerne tauschten sie nun seine Beute gegen Hausrat und wenn es kalt wurde im Winter und die Wege schlecht waren, vereinbarten sie bestimmte Tage und Plätze, wo der Tauschhandel stattfand.
Preispolitik Angebot und Nachfrage	War es schwierig, Beute zu erjagen, so mussten sie mehr geben, manchmal auch Schmuck, war es einfacher, so fand er sich mit minderwertigeren Dingen ab.
	Viele begannen, es ihm nach zu tun, aber in der Sippe war er der Erste. Kann es so gewesen sein? ...

(Quelle: Österreichische Marketing-Gesellschaft; www.marketinggesellschaft.at)

Auch wenn diese Geschichte natürlich rein fiktiv ist zeigt sie doch, dass Marketing keine Erfindung der Neuzeit ist, sondern seine Wurzeln und die vieler „moderner" Begrifflichkeiten bis in die Anfangszeit des Tauschhandels hineinreichen. Schon die ersten „Handwerker", die anfangs in Personalunion gleichzeitig die Händler ihrer gefertigten Produkte und auch Dienstleistungen waren, mussten sich, wenn auch in abgespeckter Version, mit den Marketinginstrumenten Produkt-, Preis- und Distributionspolitik befassen.

Die Wurzeln des Marketings reichen bis in die Anfänge des Tauschhandels

Ebenso war der Bereich der Kommunikationspolitik schon in Grundformen entwickelt und gewann mit zunehmender Bedeutung externer Handelsleute/Kaufleute an Gewicht.

Ein kleines Beispiel: Die Umsatz sichernde und Gewinn steigernde Funktion des so genannten USP (Unique Selling Proposition; einzigartige Verkaufsvoraussetzung) war schon in der Antike bekannt, auch wenn der Begriff natürlich erst seit relativ kurzer Zeit gebräuchlich ist:

Für wichtige repräsentative Bauprojekte beauftragten antike Herrscher nur die besten Absolventen namhafter Schulen, orderten die Baumaterialien nur aus den besten Steinbrüchen, Holzanbaugebieten und Handwerksbetrieben. Gute Qualitäten und entsprechende „Geschäftskontakte" waren schon damals entscheidend.

Auch der Stellenwert der Distributionspolitik lässt sich an der Tatsache ablesen, dass in den meisten Fällen die reichsten Nationen ihrer Zeit auch Seefahrernationen waren. Dank ihrer Schiffsflotten konnten sie nämlich nicht nur den heimischen Markt mit ihren Produkten versorgen, sondern waren in der Lage, ebenfalls weiter entfernte Märkte zu beliefern und auch Güter zu importieren.

Bis in die Mitte des 19. Jahrhunderts und, bedingt durch die beiden Weltkriege, teilweise sogar bis in die Mitte des 20. Jahrhunderts, dominierte der Verkäufermarkt. Die Nachfrage nach den Produkten war mangels Masse größer als das Angebot und deshalb lag die Marktmacht mit all ihren „Nebenwirkungen" aufseiten der Verkäufer.

Dominanz der Anbieter bis in die Mitte des 20. Jahrhunderts

Das änderte sich nach und nach durch die Einführung der Massenproduktion, durch die seit Mitte des 20. Jahrhunderts zumindest in den Industrienationen bei sehr vielen Produkten der Käufermarkt vorherrscht.

stärkere Gewichtung des Instruments Kommunikationspolitik auf heutigen Käufermärkten

Diese Veränderung der „Machtverhältnisse" führte dann nicht, wie oft fälschlicherweise behauptet, zur Einführung des Marketings an sich, sondern lediglich zu einer stärkeren Gewichtung des Instruments Kommunikationspolitik.

MIT DIESER RÜCKSCHAU MÖCHTE ICH ZUM EINEN MIT DEM TRUGSCHLUSS, MARKETING SEI EINE ERFINDUNG DES 20. JAHRHUNDERTS, AUFRÄUMEN. ZUM ANDEREN KANN DIESER RÜCKBLICK AUF DIE ANFÄNGE DES MARKETINGS GERADE KLEINEN UND MITTELSTÄNDISCHEN UNTERNEHMEN HELFEN, VON DER REIN THEORETISCHEN ZU EINER PRAKTISCHEN BETRACHTUNGSWEISE UND DAMIT AUCH ZU EINER UMSETZUNG IM EIGENEN UNTERNEHMEN ZU GELANGEN.

Im Zuge der zunehmenden Verwissenschaftlichung des Marketings herrscht vielfach die Meinung vor, dass diese überlebenswichtige Komponente kaufmännischen Handelns allein Sache der Großunternehmen sei („*Die haben wenigstens eine Abteilung dafür, uns dagegen reicht ein bisschen Werbung*").

Auch in Gründungssituationen und im Rahmen entsprechender Beratungen wird der Bereich Marketing oft erst an letzter Stelle beachtet. Dabei ist in erster Linie eine gute Marketingstrategie für den Unternehmenserfolg verantwortlich. Alle anderen Komponenten (Rechnungswesen, Controlling etc.) ergeben auf Dauer gesehen erst dann einen Sinn, wenn auch wirklich etwas verkauft wird.

2 Die Bausteine für eine erfolgreiche Marketingstrategie

Eine stimmige Strategie ist Grundvoraussetzung

Wie bereits in der Einleitung ausgeführt, ist keine Form des Marketings eine Wunderwaffe, die voraussetzungslos Erfolge bringt. Die wichtigste Voraussetzung, die in gewisser Weise Garant für Umsatzerfolge ist, ist die Existenz und der Einsatz einer Strategie. Gerade viele mittelständische Betriebe benutzen zwar das Wort Marketing, meinen damit aber eigentlich nur ein „bisschen Werbung" und haben nicht im Blick, dass nur ein strategisches, auf das betreffende Unternehmen abgestimmtes Konzept auf Dauer gute Umsätze bringt und sichert.

Markenstrategie

Der Erfolg vieler Markenunternehmen ist nur auf ein stimmiges Konzept zurückzuführen. Das Ziel ist immer die Herausbildung und Pflege einer bestimmten Marke. Im riesigen Pool der Anbieter suchen die Kunden eine Entscheidungshilfe, einen Wiedererkennungseffekt und vor allem etwas Bekanntes, das ihnen vertraut ist und sie vor einer Fehlentscheidung bewahrt. Sie wollen sich mit einer Marke identifizieren können und über diese Markierung auch sich selbst nach außen hin definieren.

EINE MARKE SCHAFFT ALSO VERTRAUEN, DIFFERENZIERT ABER AUCH UND BEWIRKT SOMIT TRENNUNGEN UND UNTERSCHEIDUNGEN. EINE MARKE IST EINE EIGENE PERSÖNLICHKEIT.

Als Unternehmer müssen Sie wie ein Bildhauer vor einem unbehauenen Stein vor Ihrem Produkt / Ihrer Dienstleistung stehen, und die Umrisse der zukünftigen Form des Endproduktes sehen, bevor Sie den Meißel ansetzen. Entwerfen Sie anhand einer Skizze Ihr Ziel und arbeiten Sie erst dann zielgerichtet darauf hin. Analysieren Sie immer wieder den aktuellen Zustand (Ist-Analyse), vergleichen diesen mit der Skizze, dem Marketingplan (Soll-Analyse) und nehmen immer wieder entsprechende Korrekturen vor. Diese Vorgehensweise ist, wie Sie auch bei dem Vergleich mit dem Bildhauer sehen können, keine einmalige Aktion, sondern begleitet den Bildhauer und auch Sie als Unternehmer während des gesamten Prozesses der Markenbildung und Pflege. Im Gegensatz zum Bildhauer und seiner Skulptur wird Ihr Werk jedoch nie wirklich fertig.

Markenbildung ist ein endloser Prozess

Winken Sie an dieser Stelle nicht ab und erklären, dass nur große Unternehmen wirkliche Marken hervorbringen und auch professionell pflegen können. Das stimmt nicht. Zum einen sind die meisten großen Unternehmen erst mit der Entwicklung einer oder auch mehrerer Marken entsprechend gewachsen. Zum anderen gibt es auch bei den kleinsten Unternehmen, z.B. den Kiosken oder Pommes-frittes-Buden wirkliche Marken.

Auch kleine Unternehmen können Marken hervorbringen

MARKIERUNG BEDEUTET NICHT NOTWENDIG, DASS EIN PRODUKT NATIONAL UND INTERNATIONAL ALS MARKENARTIKEL BEKANNT SEIN MUSS, SONDERN ES SIND AUCH ERFOLGREICHE REGIONALE MARKIERUNGEN MÖGLICH.

Denken Sie einmal darüber nach, welche bekannten Publikumsmagnete es in Ihrer Stadt / Region gibt. In meinem Umfeld ist es zum Beispiel eine ganz bestimmte Eisdiele, die nach Meinung vieler Kunden ein besonders wohlschmeckendes Eis bereitet, welches nicht nur die nahen Anwohner, sondern Feinschmecker aus dem ganzen Ruhrgebiet anzieht. Während meiner Kindheit gab es in meiner Heimatstadt Wanne-Eickel eine „Pommesbude", die von drei Schwestern geführt wurde. Obwohl eine der Damen nicht nur zu ihren Schwestern, sondern auch oft zu ihren

erfolgreiche Markierung in der Region

Kunden sehr kauzig sein konnte und die Imbissbude sehr klein, eng und auch spartanisch eingerichtet war, kannte jeder in der Stadt die „Pommesbude von Omma Kühn" und die meilenweit besten Pommes und Currywürste der Stadt.

Es gab sicherlich auch an anderer Stelle mindestens genauso gute Imbissprodukte oder ein vergleichbares Eis. Aber darum geht es bei einer Marke nicht. Hier zählt nicht der eine oder andere sachlich und wissenschaftlich nachprüfbare optimale Einzelwert, sondern die einzigartige Mischung von Eigenschaften.

Die Aufgabe des Marketings ist es nun, diese Mischung der Eigenschaften zu ermitteln und beständig zu optimieren.

DER MARKETINGPLAN IST SOZUSAGEN DAS DREHBUCH FÜR DIE INSZENIERUNG EINES ERFOLGSPRODUKTES BEZIEHUNGSWEISE EINES ERFOLGREICHEN UNTERNEHMENS.

2.1 Am Anfang steht immer die Analyse

Eine erfolgreiche Strategie benötigt immer das Fundament der Analyse. Ohne genaue Kenntnisse der aktuellen Zustände werden permanent falsche Entscheidungen getroffen. Es ist wie eine Irrfahrt im dichten Nebel. Da man nicht genau weiß, wie die Umgebung beschaffen ist und auch kein direktes Ziel in Sicht ist, fährt man einfach immer weiter und bewegt sich dabei oft im Kreis oder auch zurück, anstatt vorwärts zu kommen.

Der Vergleich zwischen Ist- und Soll-Analyse ermöglicht eine exakte Ausrichtung auf das Ziel

Der Vergleich zwischen Ist- und Soll-Analyse ermöglicht hingegen eine permanente Korrektur und dadurch auch ein punktgenaues Eintreffen am Zielpunkt.

Viele Klein- und mittelständische Unternehmen erinnern mich in diesem Zusammenhang an Bergwanderer, die ohne vorherigen Check der aktuellen Wetterdaten eine große Bergtour beginnen. Auch wenn sich der Himmel verdunkelt und die schwarzen Wolken ein nahes Unwetter unmissverständlich ankündigen, rechnen sie immer noch damit, das Ziel schon irgendwie zu erreichen. Erst wenn der Regen den Pfad in ein Schlammrinnsal verwandelt und der Bergsteiger immer wieder ausrutscht und ins Tal zu stürzen droht, wird ein Blick auf die Wanderkarte geworfen, um eine Schutzhütte zu finden, in die man flüchten kann.

Viele Unternehmer beginnen ihre Tour ebenfalls ohne Check der Wirtschaftswetterlage. Neben der Bewältigung des Tagesgeschäfts im eigenen Unternehmen bleibt doch einfach keine Zeit, sich ausführlich zu informieren. Und selbst wenn die ersten Umsatzeinbrüche oder Kundenabwanderungen erkennbar werden, vertraut man weiter auf die eigene Stärke und darauf, dass alles schon nicht so schlimm kommen wird. Erst das Donnergrollen der Banken oder mahnenden Lieferanten lässt erste Zweifel an der schadlosen Zielerreichung aufkommen.

Dabei hätte man mit strategischer Planung der Unternehmenswanderung und unter Berücksichtigung der Wirtschaftswetterlage einen Weg gewählt, der in ausreichenden Abständen Schutzhütten bereithält und ein verhältnismäßig sicheres Erreichen des gesteckten Zieles garantiert. In diesem Sinne beginne ich im nächsten Kapitel mit einer Darstellung der Ist-Analyse und ihrer Bestandteile.

2.1.1 Die Ist-Analyse

Die Ist-Analyse umfasst die gesamte Unternehmensrealität. Es geht hierbei nicht um Schönfärberei oder Erklärungen, was weshalb wie gekommen ist, sondern um ein Abbild der Realität, um eine Fotografie ohne Retusche. Und ähnlich wie ein Foto ist die Ist-Analyse auch eine Momentaufnahme. Auf dieser erkennen Sie alle Details, die zu diesem Zeitpunkt im Fokus des Betrachters standen.

Erfassung der gesamten Unternehmensrealität

DIE IST-ANALYSE UMFASST ALLE BEREICHE EINES UNTERNEHMENS, SEINES MARKTES UND AUCH DES GESELLSCHAFTLICHEN UMFELDS.

An erster Stelle steht natürlich das Unternehmen mit allen seinen Bestandteilen selber. Danach folgt die Betrachtung der Produkte, der Kunden, der bisherigen und aktuellen Werbung und der Konkurrenz.

Bedienen Sie sich dabei aller Daten, die Sie sowohl in Ihrem Unternehmen als auch bei externen Quellen erhalten können. In den folgenden Kapiteln gebe ich dazu auch immer einige Empfehlungen.

Verhalten Sie sich bei der Aufstellung dieser Ist-Analyse wie ein professioneller Dokumentator oder Geschichtsschreiber, der ohne eigene Kommentierungen alles das festhält, was er sieht. Wenn Ihnen eine solche emotionslose Anschauung unmöglich erscheint, führen Sie diese Analyse mit einem externen Beobachter gemeinsam durch. Oft sind gerade kleine und mittelständische Unternehmer so stark persönlich mit ihrem Unternehmen verbunden, dass sie vor lauter Betriebsblindheit und emotionalen Bezügen keine sachliche Darstellung erstellen können.

gefundene Sachverhalte nicht kommentieren oder gar schönfärben

Beginnen wir im nächsten Kapitel zuerst mit der Betrachtung des Unternehmens.

2.1.1.1 Das Unternehmen

Wie schon erwähnt, geht es an dieser Stelle nicht um eine Wunschdefinition, sondern um das reale Bild.

Das beste Hilfsmittel für die Analyse Ihres Unternehmens ist die sogenannte SWOT-Analyse (Stengths, Weaknesses, Opportunities, Threats), die einige auch auf deutsch als SSMG-Analyse bezeichnen. Dabei erfassen Sie in einer Tabelle alle Unternehmensfaktoren, Daten und Beobachtungen und ordnen sie den einzelnen Ausprägungen zu.

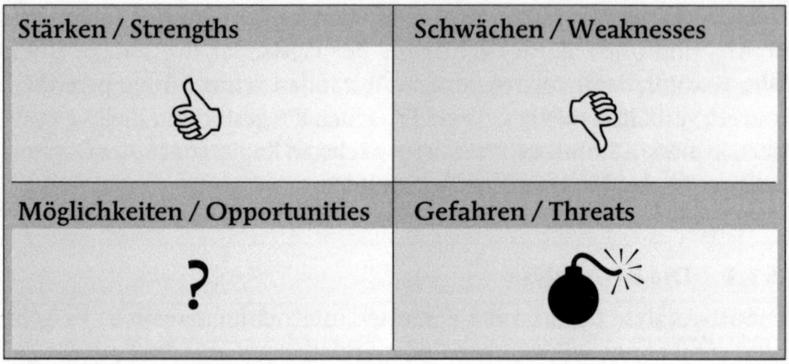

Stärken / Strengths	Schwächen / Weaknesses
👍	👎
Möglichkeiten / Opportunities	**Gefahren / Threats**
?	💣

Abb. 1: Die Felder der SWOT-Analyse

Die Stärken und Schwächen beschreiben entsprechende betriebliche Faktoren. Jedes Unternehmen hat diese Stärken und auch Schwächen. Es ist dabei unbedeutend, wie groß eine Firma ist. Große Unternehmen sind oftmals finanziell und auch personell zahlenmässig stark, während zu den Stärken kleiner Unternehmen ihre Flexibilität, meist gute interne Kommunikation und optimale Einbringung ihres kompletten Mitarbeiterpotenzials zählen.

Stärken   Gehen Sie in Gedanken alle Bereiche Ihres Unternehmens durch und scannen diese auf die entsprechenden Stärken. In das Feld Stärken tragen Sie wirklich alle Pluspunkte Ihres Unternehmens ein.

Beispiele für Stärken kleiner Unternehmen:
- flache Hierarchieebenen
- optimale interne Kommunikation
- beste Kenntnisse des regionalen Marktes
- persönliche Kundenbeziehungen
- motivierte Mitarbeiter
- fachlich bestens geschulte Mitarbeiter
- niedrige Kosten
- optimale interne Kommunikation
- persönlich gute Beziehungen zu den Mitarbeitern
- überschaubare Betriebsabläufe
- gut funktionierende regionale Netzwerke
- geringe Mitarbeiterfluktuation
- Flexibilität
- hohe Qualität der Produkte und Dienstleistungen
- individuelles Profil

Schwächen

Danach folgt das gleiche Prozedere in Bezug auf die Schwächen. Auch für diesen Bereich gilt es ohne rosa Brille zu agieren, auch wenn es schwer fällt. Manche Schwächen sind auch auf fehlerhaftes Verhalten des Unternehmers zurückzuführen und sollten trotzdem in dieser Auflistung nicht fehlen. Denn nur, wenn Sie alle Schwachstellen erkennen, können Sie sie auch sinnvoll abarbeiten.

> **Beispiele für Schwächen gerade kleiner und mittlerer Untenehmen:**
> - schlechter Standort
> - strategisches Marketingkonzept fehlt
> - Kundendatei nicht aktualisiert
> - technische Büroausstattung veraltet
> - geringes Eigenkapital
> - hohe Abhängigkeit von einzelnen Großkunden
> - überalterte Produkte
> - starke Kundenabwanderung
> - zu hohe Lagerbestände
> - zu lange Lagerverweilzeiten
> - zu hoher Personalbestand
> - mangelhafte Motivation der Verkäufer
> - Abteilungsdenken der Mitarbeiter
> - mangelnde Markierung des Unternehmens und der Produkte
> - fehlende Öffentlichkeitsarbeit / PR
> - zu starke Machtkonzentration auf die Person des leitenden Unternehmers
> - fehlende Unternehmerpersönlichkeit

Bei den nun folgenden zwei Bereichen Möglichkeiten und Gefahren handelt es sich um äußere Einflusskräfte des Marktes. Diese Faktoren können den verschiedensten Quellen entspringen, von denen ich einige auch in den nächsten Kapiteln noch näher betrachten werde. Dazu zählen beispielsweise Kunden, Konkurrenten, die Gesetzgebung, gesellschaftliche Entwicklungen und auch die Medien bzw. die öffentliche Meinung.

Möglichkeiten und Gefahren liegen in äußeren Einflusskräften des Marktes

So haben etwa im Zusammenhang mit den diversen Lebensmittelskandalen der Vergangenheit (BSE, Acrylamid in Chips und Knäckebrot u.Ä.) teilweise übertriebene Darstellungen in den Medien große Auswirkungen sowohl positiver als auch negativer Art auch für nicht direkt betroffene Unternehmen gehabt.

> **Beispiele für Chancen und Möglichkeiten für kleine Unternehmen:**
> - Mitbewerber ziehen sich aus dem Markt zurück.
> - Eine neue Gesetzgebung erfordert Nachrüstungen, Umrüstungen oder Investitionen, die mit Produkten des eigenen Portfolios bedient werden können.
> - Netzwerkplattformen bieten Möglichkeiten für Kooperationen und neue Kundenakquise.
> - Kunden investieren verstärkt in Firmenprodukte.
> - Ein neues Kundensegment entwickelt sich positiv.
> - Positive öffentliche Berichterstattung über Firmenprodukte.
> - Neue Produkte am Markt ergänzen das eigene Angebotsportfolio.
> - Neue Subventionen für von Ihnen angebotene Produkte / Dienstleistungen.

Und zum Abschluss noch einige Beispiele für Gefahren:

> **Typische Gefahren für kleine Unternehmen:**
> - Anti-Produkt-Kampagnen erschweren den Absatz.
> - Konkurrenz kämpft mit hohen Rabatten und versucht Kunden abzuwerben.
> - Subventionen werden gestrichen.
> - Neue Gesetzgebung erschwert / verhindert den Absatz (Dosenpfand).
> - Öffentliche Diskussion / Medienberichte verschrecken Kunden.
> - Konkurrenz wirbt gute Mitarbeiter ab.
> - Zulieferer schließen oder stellen die Produktion eines für Sie wichtigen Produktes ein.
> - Schlechte Arbeit oder mangelhafte Produkte der Mitbewerber bringen die eigene Branche in Verruf.

Exakte Zahlen oder Hintergrundinformationen komplettieren die Tabelle

Komplettieren Sie alle Punkte dieser Tabelle und deren Folgen für Ihr Unternehmen um exakte Zahlen oder Hintergrundinformationen. Bewerten Sie die einzelnen Punkte in Bezug darauf, wie groß die Folgen für Ihr Unternehmen sind und bringen Sie sie dann in eine entsprechende Reihenfolge, bei der die schwer wiegendsten Ereignisse und Fakten an erster Stelle stehen. So erhalten Sie eine erste Grundlage für die spätere To-Do-Aktionsliste.

Am Anfang steht immer die Analyse

Wenn Sie über ein Ladenlokal oder gastronomischen Betrieb verfügen, ergänzen Sie diese SSMG-Tabelle um die Ergebnisse der in Teil III, Kapitel 2.1 beschriebenen Videofahrt durch Ihr Lokal und die anschließende To-Do-Liste:

Ist-Zu-stand	Soll-Zu-stand	Diffe-renz	Priorität	Aufgabe	Zustän-diger Mitar-beiter	Datum (zu er-ledigen)	Lösung (ge-plant)	Budget	Datum (erle-digt)	Lösung (ausge-führt)

Somit verfügen Sie jetzt über eine detaillierte Ist-Analyse Ihres Unternehmensbereiches.

Im nächsten Kapitel stehen die Produkte bzw. Dienstleistungen des Unternehmens im Mittelpunkt der Analyse.

2.1.1.2 Die Produkte

Genauso wenig, wie es sich die Autoindustrie leisten kann, zu weit hinter dem Verbraucher herzuhinken, kann sie es sich leisten, ihm zu weit voraus zu sein. Mit einem neuen Produkt zu früh herauszukommen, ist genauso schlecht wie zu spät.

Lee Iacocca (Topmanager)

Die Basis Ihres Geschäftserfolges sind in erster Linie Ihre Produkte oder Dienstleistungen. Mithilfe der Kriterien in der umseitig wiedergegebenen Tabelle (die auch als Kopiervorlage verwendbar ist) können Sie den Stellenwert der einzelnen Produkte oder Dienstleistungen in Ihrem Angebotsportfolio exakt ermitteln und davon sinnvolle Marketingaktionen ableiten.

Die Basis Ihres Geschäfts-erfolges sind in erster Linie Ihre Produkte oder Dienst-leistungen

In diesem und den nächsten Kapiteln gehe ich auf den Hintergrund der einzelnen Kriterien ein.

Produkte und Dienstleistungen
Über welche Produkte und Dienstleistungen verfügen Sie?

Produktvariationen
In welche Produktvariationen ist Ihr Angebot gestaffelt? Welche Produkte lassen sich eventuell bündeln, um den Kundennutzen zu erhöhen?

Zusatzleistungen
Welchen Service und welche Zusatzleistungen bieten Sie an? Manche der Zusatzleistungen, die Sie vielleicht schon seit Jahren als ergänzenden

Ermittlung des Stellenwertes der einzelnen Produkte und Dienstleistungen im Angebotsportfolio

Produkt/Dienstleistung	Produktvariationen	mit dem Produkt verknüpfter Zusatzservice	Klassifizierung (nach Boston-Matrix)	Umsatz in Euro	Anteil. Umsatz am Gesamtumsatz in %	Zusätzliche Informationen	Kernzielgruppe	Kundennutzen	Verkaufsargumente	Marketingmaßnahmen	Konkurrenten

kostenlosen Kundenservice erbringen, bergen durchaus das Potenzial zu einer eigenständigen Dienstleistung oder einem zusätzlichen Einzelprodukt.

Klassifikation nach Boston-Matrix

Welchen Anteil an Ihrem Ertrag erwirtschaften Ihre einzelnen Produkte? Durch die Klassifizierung Ihrer Produkte innerhalb der Boston Matrix erhalten Sie einen guten Überblick über die Zusammensetzung Ihres Angebotsportfolios. Dabei werden alle Ihre Produkte entsprechend ihrer relativen Marktanteile und ihrer Marktwachstumsraten bewertet. Der relative Marktanteil bezeichnet das Verhältnis Ihres Marktanteils zum Marktanteil Ihres größten Konkurrenten. Daher ist er ein Indikator dafür, in welcher Größenordnung Sie mit Ihrem entsprechenden Produkt den Markt beherrschen.

Bewertung Ihrer Produkte entsprechend ihrer relativen Marktanteile und ihrer Marktwachstumsraten

Die Beobachtung der Marktwachstumsrate ist ebenfalls sehr wichtig. Wächst der Markt, steigt auch meist der Produktabsatz in die Höhe. Ein höherer Absatz bedingt jedoch auch immer zusätzliche Investitionen für die höhere Vorfinanzierung des Einkaufs, den erweiterten Vertrieb, eine stärkere Verkaufsunterstützung, eventuell sogar zusätzliches Personal und Maschinen. Diese Entwicklung belastet somit auch die Barmittel. In der Marketingplanung spricht man von einem hohen Marktwachstum, wenn die entsprechende Rate 10 Prozent und höher pro Jahr liegt.

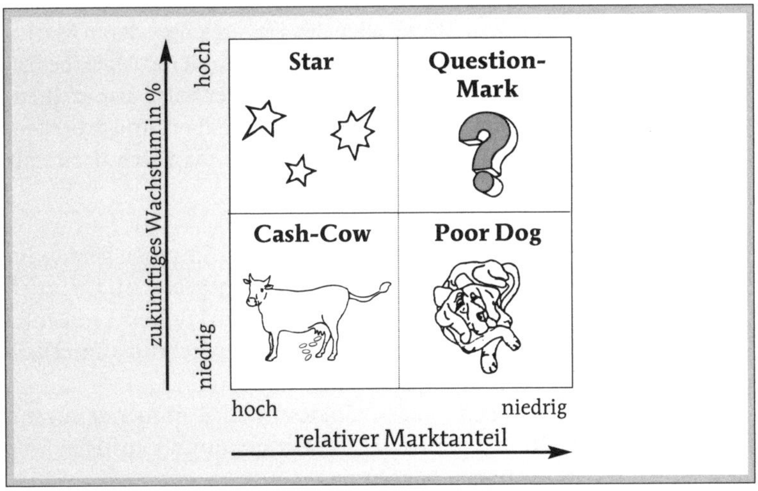

Abb. 2: Ordnen Sie Ihre Produkte in das Boston Portfolio ein

- Die **Stars** (Sterne) haben einen hohen Marktanteil und ein hohes Marktwachstum (barmittelneutral). Hierbei handelt es sich um aktuelle, trendige Produkte, die weiteres großes Wachstumspotenzial beinhalten, da bisher nur eine geringe Marktsättigung erreicht worden ist. Stars verursachen hohe Marketingkosten, da der hohe Marktan-

Stars verursachen hohe Marketingkosten

teil mit erhöhtem Kommunikations- und Werbeaufwand erkämpft und dann auch erhalten werden muss. Zusätzlich benötigte Modifikationen erzeugen weitere Kosten im Entwicklungsbereich. Allerdings sind die Sterne auch wichtige Gewinnbringer sowohl im buchhalterischen Sinn als auch im Hinblick auf das Unternehmensimage.

Gewinnerzeuger

- Die **Cash Cows** (Goldesel) verfügen über hohe Marktanteile und nur geringes Marktwachstum (barmittelerzeugend). Es handelt sich hierbei um ausgereifte gut am Markt eingeführte Produkte, die nur noch ein geringes Wachstum verzeichnen. Dadurch, dass der Aufwand an Modifikationskosten und Werbekosten gering ist, sind diese Goldesel die höchsten Gewinnerzeuger.

hohes Marktwachstumspotenzial

- Die **Fragezeichen** belegen geringe Marktanteile, verfügen aber über ein hohes Marktwachstumspotenzial (barmittelbelastend). Als Fragezeichen bezeichnet man Produkte, die neu eingeführt worden sind und daher noch keine großen Marktanteile erzielen konnten, deren Wachstumspotenzial aber sehr hoch ist. Sie werden deshalb als barmittelbelastend angesehen, weil das Unternehmen eine Menge Barmittel investieren muss, um diese Produkte mithilfe von Marketingmaßnahmen am Markt zu etablieren, sie aber aufgrund geringer Marktanteile (zunächst noch) wenig Umsatz generieren.

geringer Marktanteil und auch geringes Wachstum

- Die **Flops** (Hunde) haben nur noch einen geringen Marktanteil und auch ein geringes Marktwachstum (barmittelneutral). Die „armen Hunde" haben ihre besten Zeiten hinter sich und sind ehemalige Cash Cows, zu früh abgestürzte Sterne oder aber Fragezeichen, deren Marktwachstumspotenzial z.B. aufgrund kurzfristig geänderter Marktbedingungen rapide gesunken ist. Sie sind zwar größtenteils barmittelneutral, da sie aber keinerlei Zukunftschancen haben und trotzdem geringen Betreuungsaufwand erfordern, sollte man sich dazu entschließen, sie aus dem Angebot zu streichen.

Verorten Sie alle Ihre Produkte in dieser Matrix und Sie sehen bereits auf einen Blick, an welchen Stellen Handlungsbedarf gegeben ist. Um auch die kurzfristige zukünftige Entwicklung darstellen zu können, versuchen Sie für jedes Produkt zu prognostizieren, in welche Richtung innerhalb der Felder der Matrix es sich bewegen wird.

Es empfiehlt sich, neben einigen Goldeseln auch immer genügend Fragezeichen und Sterne im Portfolio zu besitzen, um zukünftigen Entwicklungen Rechnung tragen zu können.

Umsatz

Welchen Umsatz erzielen Ihre einzelnen Produkte?

Anteiliger Umsatz

Welchen anteiligen prozentualen Umsatz am Gesamtergebnis Ihres Unternehmens erzielen die einzelnen Produkte?

Zusätzliche Informationen

In dieser Rubrik notieren Sie u.a. folgende Informationen, für die Sie je nach Branche auch eine eigene Spalte einrichten können:
- Lieferanten- / Lieferinformationen
- Design / Verpackung des Produktes
- Transportinformationen für das jeweilige Produkt (Gewicht, Verpackung, Kosten)
- potenzielle Vertriebswege des Produktes (POS, Handelsvertreter, Internet)
- Variabilität der Produktion / des Nachschubs bei Absatzveränderungen
- Specials: Beratungsaufwand, Betreuungsaufwand, Potenzial für Folge- / Ergänzungsgeschäfte

2.1.1.3 Das wichtigste Potenzial: Die Kunden

Ich habe kein Marketing gemacht. Ich habe immer nur meine Kunden geliebt.
Zino Davidoff (Zigarrenhersteller)

Der wichtigste heute vernachlässigte Managementgrundsatz ist die Nähe zum Kunden. Seine Bedürfnisse zu erfüllen und seinen Wünschen zuvorzukommen: Darum geht es! Für allzu viele Unternehmen ist der Kunde zum lästigen Störenfried geworden. Sein unberechenbares Verhalten wirft wohl durchdachte strategische Pläne über den Haufen, seine Handlungen bringen die EDV durcheinander, und obendrein besteht er auch noch hartnäckig darauf, gekaufte Produkte müssten funktionieren!
Lew Young (Chefredakteur „Business Week")

Die Kunden sind keine lästigen Störfaktoren, sondern Partner! Manchmal wäre es gut, wenn sich Unternehmer wieder als Tauschhändler begreifen würden. Dann würden sie sich nicht länger als die wohltätigen Anbieter von einzigartigen Produkten sehen, sondern als Tauschpartner des Kunden, dessen Tauschwunsch sie wecken müssen, weil sie an sein Produkt (heute meist Transfermittel Geld) kommen möchten. Der Anbieter ist somit gleichzeitig Konsument und der Kunde gleichzeitig Anbieter!

Kunden als Tauschpartner begreifen

Nachdem Sie in den vorangegangenen Kapiteln Ihr Unternehmen im Allgemeinen und Ihre Produkte analysiert haben, wenden wir uns nun Ihren wichtigsten Geschäftspartnern, den Kunden zu und behandeln in unserer Tabelle die 3 weiteren Spalten „Kernzielgruppe", „Kundennutzen" und „Verkaufsargumente".

Kernzielgruppe

Wer nimmt eigentlich Ihr Angebot in Anspruch? Natürlich wünscht sich jeder Anbieter, dass seine Produkte alle Menschen begeistern und zum

Kauf verleiten. Das bleibt jedoch meist ein frommer Wunsch. Für jedes Produkt gibt es eine so genannte Kernzielgruppe, die sich in erster Linie sehr stark für das jeweilige Erzeugnis oder die Dienstleistung interessiert und diese auch in Anspruch nimmt.

bestimmte Käufergruppen bestimmten Angeboten zuordnen

Falls Sie diese spezielle Zielgruppe nicht eindeutig bestimmen können, versuchen Sie anhand der Ihnen vorliegenden Kunden- und Bestelldaten produktspezifische Gemeinsamkeiten Ihrer Käufer zu ermitteln und so einzelne Kundengruppen zu isolieren, die sich bestimmten Produkten zuordnen lassen. Sie können auch über Ihren Verband, die Kammern, Lieferanten oder Branchenkollegen Daten über Zielgruppen bestimmter Produkte abfordern.

Kundennutzen

Wenn Sie zunächst noch keine spezifischen Kundengruppen ermitteln können, tragen Sie zuerst in die nächste Spalte den Nutzen eines jeweiligen Produktes ein. Versuchen Sie dabei weniger vom Produkt als vielmehr aus der Sicht Ihrer Kunden zu argumentieren. Ihre Kunden sind nämlich weniger an objektivierbaren Produktkriterien als vielmehr an ganz konkreten Lösungen für individuelle Probleme interessiert. Welchen besonderen Kundennutzen stiften Ihre Produkte? Welche Lösungen und Annehmlichkeiten realisieren Ihre Dienstleistungen?

spezifischer Kundennutzen statt objektivierbarer Produktkriterien

Beschränken Sie sich nicht nur auf den Hauptnutzen, sondern tragen Sie zusätzliche Nebennutzen ein. Auch hieraus lässt sich eine ganze Reihe neuer Impulse sowohl für die Werbung, für die Formulierung der Verkaufsargumente und vielleicht sogar neue Produkte oder Produktvariationen gewinnen.

Verkaufsargumente

Formulieren Sie für die dritte Zusatzspalte dieses Kapitels kurze Verkaufsargumente, die sich aus der Festlegung der Kernzielgruppe und dem/den Kundennutzen ergeben. Sie erhalten dabei wichtige Stichworte für Ihr Verkaufspersonal und dessen Argumentationen gegenüber den Kunden und auch Formulierungshilfen für Ihre Presseinformationen und Ihre Werbeunterlagen.

Anhand der beschriebenen Kriterien haben Sie jetzt die potenziellen Kernzielgruppen Ihres analysierten Produktportfolios festgelegt.

bestehende Kundendaten analysieren und auswerten

Im Rahmen der Ist-Analyse geht es jedoch auch darum, Ihre bestehenden Kundendaten zu analysieren und auszuwerten. Hierzu dient die nachstehende Tabelle (Abb. 3) lediglich als Beispiel, die Sie je nach Branche und Kundenbestand anpassen müssen:

Tragen Sie in diese Tabelle alle Kundendaten ein oder führen Sie entsprechende Selektionen mit Ihren verwendeten Computerprogrammen durch, um die entsprechenden Daten zu erhalten. Definieren Sie auch in dieser Liste für jeden Kunden eine oder auch mehrere Zielgruppenbe-

Kunde	Ge-schlecht	Alter	Business-Kunde oder Consumer	Ziel-gruppe	Einkom-men/ Kauf-kraft	PLZ/ Region	Ein-kaufs-Umsatz	Tendenz des Um-satzes	gekaufte Waren-gruppen

Abb. 3: Erfassung von Kundenprofilen

zeichnungen. Anhand der ersten Liste, in der Sie jedem Produkt eine Zielgruppe zugeordnet haben, können Sie nun Ihren jeweiligen Kunden passende weitere Produkte offerieren, die zu seiner Zielgruppe passen.

Nachdem Sie Ihren Bestand so komplett untersucht und dargestellt haben, überprüfen Sie anschließend, für welche weiteren Kundenkreise Ihr Angebot ebenfalls interessant sein könnte. Auch mithilfe externer Quellen (siehe Teil II, Kap. 1.2.1) können Sie anhand Ihrer Kernzielgruppen zusätzliches Kundenpotenzial für Ihre angebotenen Produkte ermitteln und darstellen.

zusätzliches Kundenpotenzial ermitteln und darstellen

2.1.1.4 Die bisherige und aktuelle Werbung

Nicht nur für Großunternehmen, sondern auch für kleine und mittlere Unternehmen sind die Themen Werbeerfolgskontrolle und Werbedokumentation wesentliche Instrumente der Ist-Analyse. Viele KMUs scheinen sich ihrer Werbung jedoch eher zu schämen oder betreiben sie gewissermaßen nur als Alibi. Selbst wenn nur geringe Summen in die Werbung gesteckt werden, sollte jeder Unternehmer die Effekte genau ermitteln und dokumentieren. Erstellen Sie auf jeden Fall einen Media-Jahresplan, in dem Sie alle Maßnahmen eintragen und jederzeit nachvollziehen können. Sammeln Sie alle Belegunterlagen in einem Ordner und überprüfen Sie anhand der Umsatzentwicklungen, ob es Korrelationen zwischen Werbeschaltungen und Umsatzentwicklungen gegeben hat.

Media-Jahresplan: Ergebnisse von Werbung möglichst genau ermitteln und dokumentieren

Auch an dieser Stelle greifen wir unsere Liste zur Erfassung des Produktportfolios auf und widmen uns der Spalte Marketingmaßnahmen.

Marketingmaßnahmen

Erfassen Sie bitte hier alle bisherigen Werbemaßnahmen, die für das jeweilige Produkt durchgeführt wurden.

Im Zusammenhang mit den Spalten Kernzielgruppe, Kundennutzen und Verkaufsargumente können Sie nun auch sehr gut überprüfen, ob die jeweils durchgeführte Maßnahme strategisch sinnvoll war oder eher auf die guten verkäuferischen Talente eines Anzeigenverkäufers zurückzuführen ist. Überprüfen Sie genau, ob Ihre angestrebte Zielgruppe für das beworbene Produkt auch die aktuelle Zielgruppe des Mediums ist. Die alte Gewohnheit ist immer der schlechteste Ratgeber und deshalb stellen Sie alle Maßnahmen auf den Prüfstand der Effektivität. Selbstverständlich werden Sie nicht im Zusammenhang mit jeder Maßnahme unbedingt auch eine spürbare Umsatzveränderung verzeichnen können. Im Laufe der Zeit und mit Überprüfung mehrerer Variationsmöglichkeiten werden Sie aber auf jeden Fall feststellen, über welches Medium Sie Ihre Kernzielgruppe am besten erreichen.

Dokumentation der Werbemaßnahmen (Anzeigen)

Anzeige aufkleben:

Name des Mediums: ....
Zielgruppe: ....
Auflage: ....
Erscheinungsweise: ....
Weitere Schaltungstermine: ....
Erstellt durch: ....
Kosten Erstellung: ....
Kosten Schaltung: ....
Anzahl der Kunden-Feedbacks: ....
Messbare Umsatzentwicklung: ....
Messbarer Imagegewinn: ....

2.1.1.5 Die Konkurrenz

Wenn ein Unternehmen auf Dauer bestehen und fortschrittlich bleiben will, gibt es nichts Schlimmeres, als keine Wettbewerber zu haben.
Robert Bosch (Firmengründer)

Es gibt eine alte Geschichte über eine Straße in Wien, in der sich vier Bäckereien befanden. Um sich von der Konkurrenz abzuheben, stellte die erste ein Schild neben den Eingang, auf dem sie das feinste Gebäck in ganz Wien offerierte. Die zweite Bäckerei antwortete mit einem Schild: „Die feinsten Backwaren in ganz Österreich". Die dritte Bäcker konterte mit dem Angebot: „Die besten Backwaren der Welt". Das alles beeindruckte den vierten Bäcker

keinswegs. Er postierte vor seinem Laden ein Schild, das bescheiden verkündete: „Hier erhalten Sie die feinsten Backwaren in dieser Straße."
unbekannt

Ein guter Bekannter, der in seiner Freizeit Rennen läuft, hat mir einmal erzählt, dass ein Läufer ohne Konkurrenten langsamer ist, als einer mit Mitbewerbern. Also scheint doch, genau wie auch Robert Bosch sagt, Konkurrenz das Geschäft zu beleben. Allerdings ist es für einen Unternehmer auch unerlässlich, nicht nur allgemein von der Konkurrenz zu sprechen, sondern auch jedes einzelne Gesicht, das sich dahinter verbirgt genau zu kennen. Schließlich haben die Kunden grundsätzlich immer auch die Alternative, zu Ihrem Konkurrenten zu gehen und seine Produkte oder Dienstleistungen zu ordern.

Konkurrenz belebt das Geschäft

Konkurrenten

Wir ergänzen also unsere Tabelle um einen entsprechenden Eintrag in die letzte Spalte „Konkurrenten":

Tragen Sie dort alle Konkurrenzanbieter des jeweiligen Produktes ein und Sie haben danach eine optimale Kontroll- und Planungsunterlage für Ihre Marketingmaßnahmen. Nehmen Sie diese bei jeder Planung zur Hand und Sie haben alle wesentlichen Enzscheidungshilfen vorliegen.

Um jedoch die Mitbewerbersituation detaillierter analysieren zu können, erstellen Sie eine weitere Tabelle, die sich ausschließlich mit Ihren Konkurrenten im direkten Vergleich mit Ihrem Unternehmen beschäftigt. Neben der ersten Definitionsspalte und der Spalte mit den Charakteristika Ihres Unternehmens legen Sie so viele Spalten an, wie Sie Mitbewerber am Markt haben:

detaillierte Analyse der Mitbewerbersituation

Faktoren der Mitbewerberanalyse	Ihr Unternehmen	Mitbewerber 1	Mitbewerber 2
Firma			
Anschrift			
Homepage			
Telefon- / Faxnummer			
E-Mail			
Produkt- bzw. Dienstleistungspalette			
Kernzielgruppe			
POS / Standorte			
Distributionswege			

Mitarbeiteranzahl			
Preise (Vergleich der wichtigsten Standardartikel)			
Sonderaktionen / Sonderangebote			
Stärken (Nennen Sie 10 Punkte)			
Schwächen (Nennen Sie 10 Punkte)			
Kundenbindungsfähigkeiten und Aktionen			
Was sagen die Kunden über ... (mind. 5 Punkte)			
Was sagen die Lieferanten über ... (mind. 5 Punkte)			
Werbemaßnahmen und Public Relations			
Kooperationspartner und Netzwerke			

Liste ständig aktualisieren

Da auch der Markt immer in Bewegung ist, sollten Sie diese Liste ständig aktualisieren lassen. Wenn Sie alle Bewegungen Ihres Gegners genau kennen, können Sie auch entsprechend reagieren. Diese Aktion ist auch für manche Unternehmer sehr hilfreich, die von großen Mitbewerbern umgeben sind und angesichts der Marktmacht dieser Konkurrenten eher zur Erstarrung, denn zur Aktion neigen. Durch die umfassende Kenntnis des Gegners verliert dieser ziemlich schnell seinen Schrecken. Machen Sie sich die Kenntnis seiner Schwächen zunutze, um in einem der nächsten Schritte eigene Stärken zu entwickeln.

2.1.2 Die Soll-Analyse

Wenn man mich fragen würde, was denn das wichtigste Kriterium oder der schwer wiegendste Einzelpunkt des Erfolges war, dann würde ich einfach sagen, dass wir das, was wir vorhatten, tatsächlich gemacht haben. Das ist wohl ein bisschen vergleichbar mit der Ehe: man kann lange darüber reden, aber letztlich kommt es darauf an, dass man es macht und nicht nur plant.

Peter Jungen (Topmanager)

Marketingplanung ist vergleichbar mit einer Routenplanung. Nachdem Sie in den letzten Kapiteln detailliert den Ist-Zustand analysiert und dokumentiert, sozusagen den Startort definiert haben, folgt nun in einem zweiten Schritt die Festlegung des Zielortes. Bei der Marketingplanung spricht man in diesem Fall von der Soll-Analyse.

An der Vergleichbarkeit der Begrifflichkeiten „Ist-" und „Soll-Analyse" – in beiden Fällen spricht man von einer Analyse – können Sie schon erkennen, dass es bei der Angabe des Ziels nicht nur um eine vage Beschreibung geht, sondern um eine analytisch ermittelte exakte Ortsangabe mit Straße, Hausnummer, PLZ und Ort.

Soll-Analyse: Festlegung des Zielortes

Sie tun sich selber als verantwortlicher Unternehmer keinen Gefallen, wenn Sie entweder gar kein Ziel (das berühmte Umherstochern im Nebel) oder nur ein völlig vages Ziel anpeilen. Ein Unternehmer, der sich ein Ziel steckt, ist wie ein Mensch mit einem Wurfanker. Wirft er den Anker zu vorsichtig nur irgendwie in die Zielrichtung und überprüft nicht genauestens, ob sich sein Hilfsmittel auch am richtigen Ort korrekt verhakt hat, kann er nur mit halber Kraft am Seil ziehen und riskiert immer, dass sich der Anker wieder löst und er zurückstürzt. Hat er seinen Anker jedoch mit voller Kraft an der richtigen, vorher analysierten Stelle fest platziert, kann er sich nach einem kurzen aber heftigen Zugfestigkeitstest mit seiner ganzen Kraft am Seil entlang ans Ziel ziehen.

Ziele zu fixieren ist der Fortbewegung mit einem Wurfanker vergleichbar

Mir hat dieses Bild sehr geholfen, meine anfänglich zaghafte Festlegung weicher flexibler Zielräume aufzugeben und nur noch mit festen Fixpunkten zu arbeiten. Aus vielen Gesprächen mit Unternehmern weiß ich, dass sie, genau wie ich früher auch, nur deshalb keine Fixpunkte wählen, weil sie sich ihrer Entscheidung nicht sicher sind. Was ist denn, wenn die gewählten Ziele nicht die richtigen sind? Wenn sich gerade auch durch bestimmte, von außen gesteuerte Veränderungen, ein Ziel auf dem festgelegten Weg nicht mehr erreichen lässt?

Auch in Bezug auf solche Befürchtungen kann das Bild weiterhelfen. Das „Schicksal" ein falsches oder nicht zu realisierendes Ziel anzuvisieren, kann sowohl den zögerlichen als auch den zupackenden „Ankerwerfer" treffen. Der Unterschied wird allerdings auch sofort deutlich. Der Werfer mit dem weichen Ziel verliert den einzigen stabilen Halt unter seinen Füßen und stürzt mit seinem nicht korrekt verkeilten Anker ab. Das harte Ziel mit dem gut verkeilten Anker gibt dem Werfer dagegen Gelegenheit sich abzufangen und verleiht ihm genügend Halt, bis er sich einen neuen sicheren Standort ausgesucht hat, von dem er erneut – nach Analyse der veränderten Gegebenheiten – ein erreichbares fixes Ziel anvisieren und seinen Zielanker nunmehr dort befestigen kann.

Zielkorrekturen sind immer möglich

Durch die Analyse Ihres aktuellen Standpunktes haben Sie ja eine ganze Reihe von Daten, Fakten oder auch Erfahrungswerten, um ein realistisches Ziel anzuvisieren.

Legen Sie also im Rahmen der exakten, kurzfristigen Planung zunächst möglichst konkret fest, wo Sie mit Ihrem Unternehmen in 12 Monaten stehen wollen und im Rahmen der mittel- und langfrsitigen Planung, in welche Richtung sich Ihr Unternehmen in den nächsten 48 oder 60 Monaten entwickeln soll.

In einem zweiten Schritt stecken Sie dann die erforderlichen Schritte auf dem Zielweg ab. Formulieren Sie die Stufen zum Erfolgspodest genauso exakt, wie die Beschaffenheit des Siegerpodestes selbst.

Wenn Sie z.B. Marktführer in Ihrer Branche im regionalen Bereich werden wollen, haben Sie das Ziel genau festgelegt. Anhand der Daten, die Sie aus der eigenen Unternehmens- und der Mitbewerberanalyse gewonnen haben, wissen Sie ziemlich genau, wo Sie jetzt stehen und welche Faktoren verändert werden müssen, um den jetzigen Platzhirsch von seinem Marktplatz zu verdrängen.

der Benchmark als Messlatte im Vergleich Ihres eigenen mit anderen Unternehmen

Nehmen Sie in diesem Fall noch einmal die Mitbewerber-Analyse-Tabelle zur Hilfe und ermitteln Ihren so genannten „Benchmark". Dieser Benchmark umfasst alle Werte, Prozesse, Produkte und Dienstleistungen, in Bezug auf die Ihr Mitbewerber besser abschneidet als Sie. Der Benchmark ist also gewissermaßen die Messlatte im Vergleich Ihres eigenen mit anderen Unternehmen und zeigt Ihnen die Größen, die es zu übertreffen gilt. In der abschließenden Analysebilanz aller Faktoren muss nachher ein höherer Wert auf Ihrer Seite stehen.

Erstellen Sie einen Maßnahmen-Jahresplan

Nachdem Sie nun die einzelnen Maßnahmen festgelegt haben, geht es darum diese auch umzusetzen. Erstellen Sie einen Maßnahmen-Jahresplan und kontrollieren Sie während des gesamten Jahres immer wieder genau, ob dieser Plan noch aktuell ist, ob sich wichtige Eckdaten verändert haben, und ob Sie mit Ihrem Unternehmen an der richtigen Stelle im Sollplan sind. Wenn alles richtig läuft und sich keine Veränderungen der Eckdaten ergeben haben, muss sich die aktuelle Ist-Analyse somit immer mehr der Zielsetzung der Soll-Analyse anpassen.

2.1.2.1 Die Ziele des Unternehmens

In anderen Wünsche erregen, die uns unserem Ziele näher bringen.
Wer diesen meinen Rat befolgt, wird die Menschen auf seiner Seite haben.
Wer ihn verschmäht, wird abseits stehen.
Dale Carnegie (Rhetoriklehrer u. Unternehmensberater)

Streben Sie nach Erfolg und nicht danach, Fehler zu vermeiden.
Cyril Northcote Parkinson (Historiker u. Publizist)

Im Rahmen des letzten Kapitels „Die Soll-Analyse" habe ich bereits dargelegt, wie wesentlich eine realistische Zielfestlegung für einen erfolgreichen Unternehmer ist. Alle Maßnahmen, vor allem auch alle Marketingmaßnahmen, müssen sich an diesem Ziel ausrichten. Da ich sowohl bei mir selbst, als auch bei vielen Unternehmern und in vielen Unternehmen, die ich kennen gelernt habe, feststellen musste, dass statt des aktiven Agierens viel häufiger das passive Reagieren das unternehmerische Handeln bestimmt, gehe ich in diesem Kapitel noch einmal intensiver auf das Thema Ziele und Zielfestlegung ein.

In jedem Unternehmen gibt es grundsätzlich mehr Ziele als das, was von den Finanzämtern als Unterscheidung zwischen unternehmerischem Handeln und Liebhaberei zugrunde gelegt wird: die Gewinnerzielungsabsicht. Die rein monetären Ziele Steigerung der Umsatzrentabilität, Gewinnmaximierung sowie Liquiditätssicherung und Erhöhung sind zwar überlebenswichtige Richtungsvorgaben, ohne die ein Unternehmen auf Dauer nicht bestehen kann. Um jedoch langfristig wirklich erfolgreich zu sein, benötigt jeder Unternehmer noch weitere sehr wesentliche Zielvorstellungen. Der Volksmund spricht in diesem Zusammenhang auch davon, dass „Geld allein auch nicht glücklich macht". *wichtige, nicht monetäre Zielsetzungen*

In Unterhaltungen mit glücklichen und erfolgreichen Unternehmern kommen diese zusätzlichen Beweggründe dann auch meist zur Sprache:
- **Die Verwirklichung eigener Ideen:** Nicht nur Künstler und Forscher haben den Drang, ihre eigenen Ideen zu realisieren und ihr kreatives Potenzial einzusetzen. Jeder Mensch trägt dieses Bedürfnis in sich. Viele, die es in ihrem beruflichen Umfeld nicht zur Geltung kommen lassen können, sind dafür in ihrer Freizeit umso aktiver. Mit Kreativität und Energie gestalten diese Menschen ihre Gärten, Balkone, Wohnungen, üben ein bestimmtes Hobby aus und präsentieren ihre Exponate in der Öffentlichkeit oder verkaufen diese auf Märkten und im Internet. Dieses Ziel der Selbstverwirklichung entfacht die stärksten Energien zum aktiven Agieren. *Selbstverwirklichung*
- **Der Image- oder Einflussgewinn:** Ein Mensch der seine Umwelt aktiv mitgestaltet, gewinnt darüber auch Einfluss auf diese Umwelt. Diesbezüglich fällt mir immer das Bild eines stehenden oder langsam fahrenden und eines mit hoher Geschwindigkeit dahinrasenden ICE ein. Ersterer erzeugt keinerlei Sogwirkung und man kann sich in seiner Nähe aufhalten ohne dass man ungewollt seinen Standpunkt verlässt. Letzterer kann eine so starke Anziehungskraft entwickeln, dass jeder Gegenstand in der Nähe unfreiwillig angezogen wird. *Umwelt aktiv gestalten*

  Ähnliche Wirkung erzielt auch derjenige, der kraftvoll und zielstrebig sein Ziel verfolgt. Er steigert damit sein positives Image und gewinnt gesellschaftlichen und auch politischen Einfluss.
- **Die positive Veränderung des sozialen Umfeldes:** Ein Unternehmer schafft durch seine Aktivitäten meist neue Arbeitsplätze und / oder sichert diese auch. Die soziale Verantwortung für das eigene Umfeld führt unter anderem auch dazu, dass gerade in den KMUs, in denen noch Unternehmer an entscheidender Stelle stehen, das größte Potenzial an Ausbildungsstellen und die geringste Mitarbeiterfluktuation zu finden ist. *soziale Verantwortung wahrnehmen*

ausgewogenes Verhältnis aller Zielsegmente

Die größte Wirkung in Richtung Zielerreichung erhält man dann, wenn alle diese Zielsegmente in einem ausgewogenen Verhältnis zueinander stehen und gleichmäßig eingesetzt werden können. Wenn aufgrund einer managementstrategischen Modeerscheinung eines dieser Zielsegmente überbetont wird, weil man glaubt, allein in der Dominanz dieses Zieles liege der Erfolg verborgen, gerät dieses ganzheitliche Gefüge wie ein unwuchtiger Kreisel aus dem Gleichgewicht und beginnt zu trudeln. Es kommt also nicht auf die Optimierung eines einzelnen Segments, sondern auf die Abstimmung aller Zielsegmente an.

Abb. 4: Quadrophonie der Zielsegmente

Analysieren Sie deshalb sowohl Ihren eigenen Betrieb, als auch die Unternehmen Ihrer Mitbewerber auf das Vorhandensein dieser Zielsegmente und ihr Verhältnis zueinander. Als Hilfsmittel kann Ihnen die folgende Tabelle dienen. Formulieren Sie zuerst einzelne Zielgrößen, die Ihrer Meinung nach in Ihrem Unternehmen in den jeweiligen Zielsegmenten eine Rolle spielen, z.B.:

mögliche Zielkategorien

- **Monetäre Ziele:** Kostenminimierung, Gewinnmaximierung, Steigerung der Umsatzrentabilität, Erhöhung der kurzfristigen / langfristigen Liquidität, Erhöhung des Eigenkapitalanteils
- **Selbstverwirklichungsziele:** Nutzung des eigenen Kreativitätspotenzials, Nutzung der Mitarbeiterkreativität, eigene Entscheidungsspielräume der Mitarbeiter, Raum für Entfaltung der eigenen Persönlichkeit (Mitarbeiter, Unternehmer), Kenntnis der außerberuflichen Fähigkeiten, Hobbies (Mitarbeiter, Unternehmer), Privatleben (Mitarbeiter, Unternehmer), Eigenverantwortung
- **Macht- und Prestigeziele:** Image des Unternehmens (Kunden, Mitarbeiter, Anwohner, Mitbewerber, Lieferanten, Presse/allg. Öffentlichkeit, Verwaltung), öffentliches / ehrenamtliches Engagement (Mitarbeiter/Unternehmer), Netzwerke (Mitarbeiter, Unternehmer)
- **Soziale Ziele:** Arbeitsplatzsicherung, Arbeitszufriedenheit, Ausbildungsplätze, Lohnniveau, Leistungslohn, Engagement für die Mitarbeiter, Engagement der Mitarbeiter für das Unternehmen, Sponsoring regionaler Aktivitäten

In die zweite Spalte tragen Sie die Indikatoren ein, die Sie für Ihre Bewertung heranziehen werden. Dass Ihre Verkäufer abwechselnd für die eigenverantwortliche Gestaltung des Schaufensters zuständig sind, wäre zum Beispiel ein Indikator dafür, dass in Ihrem Unternehmen die Nutzung der Mitarbeiterkreativität sehr wichtig ist. Wenn Sie bei Einstellungen Bewerber bevorzugen, die sich neben Ihrem Beruf auch ehrenamtlich engagieren (und dieses auch einmal zu einem Telefonat vom Arbeitsplatz aus führen kann) wird klar, dass Ihnen soziales Engagement und ein positives Image Ihrer Mitarbeiter in der Öffentlichkeit wichtig ist. Lehnen Sie dagegen jegliches Gespräch mit kritischen Anwohnern oder der Presse ab, zeigt das wiederum, dass Ihnen das Image des Unternehmens in diesen Zielgrößen weniger wichtig wenn nicht sogar egal ist.

Indikatoren für die Zielumsetzung

Vergeben Sie danach für die einzelnen Zielgrößen jeweils 0 bis 4 Punkte nach folgendem Schema:

Gewichtung der Ziele

wesentlich = 4 Punkte   weniger wichtig = 1 Punkte
sehr wichtig = 3 Punkte   unbedeutend = 0 Punkte
wichtig = 2 Punkte

Wenn Sie nun alle Punkte eines Segmentes addieren und in das jeweilige Feld neben dem Zielsegment eintragen, erhalten Sie einen Überblick über die Gewichtung der anvisierten Ziele.

Führen Sie den gleichen Prozess auch einmal für Ihre wichtigsten Mitbewerber durch. Beziehen Sie die Kenntnisse und Eindrücke Ihrer Mitarbeiter mit ein, indem Sie jeden Mitarbeiter bitten, eine solche Tabelle sowohl für das eigene, als auch für die Konkurrenzunternehmen auszufüllen.

Analyse der Ziele der Mitbewerber

Vergleichen Sie die unterschiedlichen Gewichtungen und überdenken danach, wie Sie Ihr Feintuning so optimieren könen, dass Sie einen Vorteil gegenüber Ihren Mitbewerbern am Markt erzielen können.

Die Maßnahmen, die Sie ergreifen wollen, um das Feintuning der Zielgrößen und damit auch der Zielsegmente zu optimieren, tragen Sie in die letzte Spalte ein.

Maßnahmenkatalog

Analyse und Priorisierung von Zielen			
Zielgrößen nach Segmenten geordnet	Indikatoren	Bewertung	Maßnahmen
1. monetäre Ziele			
2. Selbstverwirklichungsziele			
3. Macht- und Prestigeziele			
4. soziale Ziele			

zur Zielerreichung geeignete Marketingmaßnahmen ableiten

Nachdem Sie so, ziemlich detailliert, Ihre Unternehmensziele dargestellt und die Ihrer Mitbewerber analysiert haben, können Sie daraus auch die entsprechenden Marketingziele ableiten und anhand der aufgelisteten Maßnahmen Ihre Marketingstrategien entwickeln.

Zur Aufstellung des Marketingplanes benötigen Sie nun noch die Informationen über den von Ihnen festzulegenden Marketing-Mix, den wir in Kapitel 3 besprechen werden. Vorher müssen wir uns aber noch einmal näher mit der Identität bzw. Persönlichkeit Ihres Unternehmens auseinander setzen. Die soeben erstellte Tabelle kann dabei sehr hilfreich sein.

2.1.2.2 Das Unternehmen als Persönlichkeit

Eine Persönlichkeit ist derjenige, der in der Öffentlichkeit dieselbe Meinung vertritt wie unter vier Augen.

Rolf Handke (Hobby-Aphoristiker)

Was eine Persönlichkeit auszeichnet

Bei meiner Internetrecherche nach interessanten und treffenden Zitaten stieß ich bei der Eingabe des Stichwortes Persönlichkeit immer wieder auf bestimmte Eigenschaften, die eine Persönlichkeit auszeichnen sollen:
- im Besitz einer eigenen und einheitlichen Identität
- selbstbewusst
- aktiv
- im Besitz eines gefestigten Charakters
- vertrauenswürdig
- standhaft, lässt sich nicht so schnell verbiegen

Ein Mensch wird im Laufe seines Lebens durch die vielen Erlebnisse positiver und auch negativer Art geformt und geschliffen. Das, was nach viel Lebensarbeit dabei herauskommt ist der harte Kern, der den jeweiligen Menschen charakterisiert. Dieser Kern ist einzigartig und nicht veränderbar und von daher immer wieder zu erkennen. Diese Entwicklung führt auch dazu, dass man Persönlichkeiten vertraut, weil sie „echt" sind.

Ausgewogenheit der Ziele als Grundlage für die gesunde Persönlichkeitsstruktur eines Unternehmens

An dieser Stelle wird auch das ganze Dilemma unserer heutigen Unternehmenslandschaft und der gesamten Wirtschaft sichtbar. Im letzten Kapitel habe ich anhand der Quadrophonie der Zielsegmente aufgezeigt, wie wichtig hier ein ganzheitliches und ausgewogenes Feintuning ist. Es ist die Grundlage für eine gesunde Persönlichkeitsstruktur eines Unternehmens, die nur langsam und langfristig von innen heraus erarbeitet werden kann. Eine von außen übergestülpte Identität wirkt dagegen ähnlich überzeugend wie ein introvertierter Mensch nach dem Besuch eines Schnellkurses in Rhetorik – meistens sehr künstlich und verkrampft.

Je größer ein Unternehmen ist, umso schwieriger ist dieser Prozess der Identitätsbildung. Ein Zitat von Lee Iacocca zeigt, warum dies so ist:

Der Schlüssel zum Erfolg sind nicht Informationen. Das sind Menschen.
Lee Iacocca (Topmanager)

Die Menschen in einem Unternehmen bestimmen in erster Linie die Persönlichkeitsstruktur des gesamten Unternehmens durch mehr oder weniger starke Einbindung ihrer eigenen Persönlichkeit. Aus diesem Grund ist die Kenntnis der erarbeiteten Corporate Identity-Richtlinien nicht nur für die Marketingabteilung, sondern in ganz besonderer Weise auch für die Personalabteilung von eminenter Bedeutung. Fachliche und soziale Kompetenz sind sehr wichtige, aber nicht die einzigen Voraussetzungen, die ein Mitarbeiter mitbringen muss, um zu einem Steinchen im Unternehmensmosaik bzw. einer Fassette in der Unternehmenspersönlichkeit zu werden. Nur wenn ein Bewerber mit seiner gesamten Identität in das Identitätsschema eines Betriebes passt, wird eine langfristige und positive Kooperation möglich.

Die Mitarbeiter bestimmen die Persönlichkeitsstruktur des gesamten Unternehmens

Und an dieser Stelle kommen wir genau auf eine Ursache des eingangs erwähnten Dilemmas zu sprechen: Persönlichkeitsentwicklungen eines Menschen, Identitätsschaffung bzw. CI-Entwicklung in einem Unternehmen oder Markenbildung sind allesamt langfristige Prozesse und keine Instant-Entwicklungen. So schnell „mal eben" wächst keine massive Eiche oder ein Mammutbaum heran. Und deshalb sind hohe Mitarbeiterfluktuation, ständige Management- oder Trainerwechsel keine neuen, der heutigen Zeit entsprechenden Vorgehensweisen, um den Entwicklungen des Marktes Rechnung zu tragen, sondern eher Ausdruck von Konzeptlosigkeit und mangelndem Realitätssinn. Auf der Suche nach schnellen statt nachhaltigen Erfolgsrezepten und sofortigen Gewinnmitnahmen werden im Grunde gesunde Unternehmenswälder wegen nur leicht kränkelnder Einzelbäume komplett und vorzeitig gerodet und es wird viel verbrannte Erde hinterlassen.

Persönlichkeitsentwicklung ist ein langwieriger Prozess

Eine Weisheit aus dem Verkauf würde hier so manchem Management weiterhelfen:

Es ist wesentlich günstiger Bestandskunden gut zu pflegen und ehemalige / alte Kunden zu reaktivieren als komplett neue Kunden zu gewinnen.

Übertragen Sie diese Erkenntnis einmal auf das Thema Managementwechsel, das boomende und schillernde Trainingsangebot und die vielfach hohe Mitarbeiterfluktuation.

Nachdem ich nun das grundlegende Fundament für eine gesunde und effektive Unternehmensidentität aufgezeigt habe, kommen wir zur näheren Betrachtung der Begriffe CI, CD, CB, CW, CC etc. und ihren Inhalten.

Die CI (Corporate Identity), also das „gemeinsame Selbstverständnis" eines Unternehmens muss zuerst mittels diverser Analyseverfahren ermittelt und dann gemeinsam und vor allem für alle verbindlich festge-

Corporate Identity

legt werden. Ist eine solche Persönlichkeitsstruktur erst einmal bestimmt, beginnt die unternehmensspezifische „Typberatung".

Das Corporate Design regelt die einheitliche Unternehmenspräsentation

Danach werden dann die einzelnen Elemente des CD (Corporate Design) festgelegt, damit sich das Unternehmen auch typgerecht und einheitlich nach außen und innen präsentieren kann. Zum CD gehören u.a. das Firmenlogo, Farb- und Farbkombinationsfestlegungen, Festlegung der Gestaltung der Firmengebäude, -fahrzeuge und -kommunikationsunterlagen (Geschäftsausstattung, Anzeigen, Plakate etc.).Meist wird diesbezüglich ein komplettes Handbuch erstellt, an dem sich auch alle Kooperationspartner orientieren müssen.

Über das CD hinaus können im Bereich des CW (Corporate Wording) bestimmte Aussagen, Redewendungen oder auch der Gebrauch bestimmter Wörter genau festgeschrieben werden. Das CC (Corporate Clothing) kennt man nicht nur von öffentlichen Institutionen (Polizei, Feuerwehr, ÖPNV, Bundeswehr) sondern auch von vielen Großunternehmen (Lufthansa, DB, Aral). Auch im Promotionbereich wird aufgrund der Markierung des jeweiligen Unternehmens Wert auf ein einheitliches optisches Erscheinungsbild der Mitarbeiter gelegt, an dem auf den ersten Blick das betreffende Unternehmen zu erkennen ist.

einheitliches optisches Erscheinungsbild der Mitarbeiter

Bleibt noch der Begriff des CB (Corporate Behavior), also des einheitlichen, gemeinsamen Verhaltens oder des Verhaltenscodex innerhalb des Unternehmens und gegenüber Außenstehenden.

Gemeinsam decken diese Einzelbestandteile der Unternehmens-CI alle Bereiche des Betriebes ab und reichen bis tief in die Wurzeln der Firma hinab. Jetzt verstehen Sie auch, warum eine solche CI-Entwicklung und -umsetzung kein kurzfristiger, schnell umzusetzender Vorgang ist, sondern aufgrund der vielen Abstimmungsprozesse nur über einen längeren Zeitraum durchgeführt werden kann.

Teil II dieses Buches geht noch einmal ausführlich auf die Themen Unternehmerpersönlichkeit und Persönlichkeitsentwicklung ein.

2.1.2.3 Die Zielgruppe und ihre Wünsche

Ein mittelständischer Unternehmer hat mir auf die Frage nach seiner Zielgruppe geantwortet: *„Ich habe keine fest definierte Zielgruppe! Ich will alle Menschen, mit Ausnahme von Sozialhilfeempfängern und Millionären als Kunden erreichen."* Dem entsprechend sah es in seinen Verkaufsräumen auch aus. Die Sonderaufbauten für die eine Zielgruppe vergraulten eine weitere Zielgruppe, die völlig andere Bedürfnisse und Vorstellungen hatte.

vielfach keine klare Zielgruppenansprache

Die Definition der Zielgruppe ist eminent wichtig und wird gerade von mittelständischen Unternehmern oftmals vernachlässigt. Aufgrund der Maxime, möglichst viele Kunden erreichen zu wollen, werden klare Zielgruppenansprachen vermieden und die Folge daraus ist dann, das in Wirklichkeit niemand angesprochen wird. Daraus resultiert dann auch ein weiteres Problem. Solche austauschbaren Breitenanbieter ohne eigenes Profil haben meistens große Discounter als Konkurrenten, deren einzige Maxime der niedrige Preis ist. Sie sollten sich immer vor Augen halten, dass selbst die Großen der Branche, wie z.B. ALDI, MEDIA MARKT und SATURN nicht alle Kunden gleichermaßen ansprechen können, sondern mit ihren Markenzeichen bzw. Aktionen bestimmte Kundenkreise nicht erreichen.

Definieren Sie Ihre Zielgruppe so genau wie möglich. Dabei ist Ihnen die in Kapitel 2.1.1.2 eingeführte Tabelle zum Angebotsportfolio behilflich. Dort haben Sie ja zu jedem Produkt die entsprechende Kernzielgruppe definiert und besitzen jetzt einen Überblick über das Kernzielgruppenpotenzial Ihres Unternehmens aus Sicht der Produkte. Im Anschluss versuchen Sie die so ermittelte Zielgruppe so detailgetreu wie möglich zu erforschen (Vorlieben, Bedürfnisse, Animositäten). Am besten legen Sie sich dafür wieder eine Tabelle an; allerdings den Fragestellungen und Erfordernissen Ihres Unternehmens angepasst. So haben Sie alle entsprechenden Daten für Ihre Planungen immer im Blick. Hier ein Beispiel:

Definieren Sie Ihre Zielgruppe so genau wie möglich

Analyse der Zielgruppenfaktoren			
	Kernzielgruppe 1	Kernzielgruppe 2	Kernzielgruppe 3
Familienstand			
Berufsstand			
Ø Jahreseinkommen			
Ø Alter			
Vorlieben: Mode, Fahrzeuge, Sport, Kultur, Filme, Design, Handymarke, Wohnen, Urlaub, Haustiere, Getränk, Essen + Snack			
Bedürfnisse: Persönlichkeitsstruktur, Kundentyp, Lebenseinstellungen, Must-haves			
Animositäten: Reizthemen, falsche Verhaltensweisen und Fragen / Aussagen			
Bevorzugter Werbestil / bevorzugtes Medium			
Ø Werbeinvestitionen			
Ø Anteil an der Kundschaft			
Ø Anteil am Gesamtumsatz			
Ø Umsatz je Kunde			

Die genaue Kenntnis Ihrer Kernzielgruppe verhilft Ihnen dazu, dass Sie Ihre Kunden mit all ihren Fassetten auch wirklich ernst nehmen und ein dementsprechendes Verhalten zeigen. Überprüfen Sie Ihre Lokalität, den Unternehmensauftritt, die Werbung, die Produktpalette und auch die Mitarbeiterauswahl und stimmen Sie sie auf Ihre Kernzielgruppe ab. Ihre Zielgruppe sollte oberste Priorität genießen. Überprüfen Sie dabei auch, ob Sie selbst als Unternehmer mit dieser Zielgruppe zurechtkommen. Denn Ihr Denken über Ihre Kunden ist an Ihrem Unternehmen ablesbar und bei aller Anpassung an den Kunden muss immer die Identität des Unternehmens gewahrt bleiben.

Kunden emotional an das Unternehmen binden

Sorgen Sie immer dafür, dass der Kunde viele positive Erinnerungen und Erlebnisse mit Ihrem Unternehmen verknüpft. Je stärker die dadurch erzielte emotionale Bindung ist, desto größer ist der Widerstand beim Kunden selbst, sich von Ihrem Unternehmen zu trennen. Erst wenn eine bestimmte „Schmerzgrenze" überschritten ist, siegt der Wechselwille über die Trägheit.

2.1.2.4 Exkurs: Marktforschung

„Wer fragt und nicht wer klagt, der führt!" ist ein Tipp, den ich vielen KMUs mit auf den Weg geben möchte. Erzählen Sie Ihren Kunden nicht immer, wie schrecklich doch die momentane Situation für den Einzelhandel oder das Gewerbe ist und verankern damit eine negative Erinnerung an Ihr Unternehmen im Kunden – Ihr Kunde verbindet Ihr Unternehmen sonst mit diesen negativen Gesprächen. Diese Funktion übernehmen doch wahrlich zur Genüge viele Politiker und die Medien. Fragen Sie Ihren Kunden lieber immer wieder nach seiner Meinung über Ihre aktuelle Deko, Ihre Produkte und Dienstleistungen und zeigen ihm dadurch zum einen, wie wichtig Ihnen seine Meinung als Partner ist. Zum anderen erhalten Sie ohne Kostenaufwand ein Puzzleteilchen Ihrer LBM-Marktforschung.

direkte Rückmeldung Ihres Marktes und Ihrer Kunden

Beim Thema Marktforschung denken viele Unternehmer immer an hohe Kosten, unverständliche Auswertungen und tausende von Erhebungen. Dabei ist auch die Marktforschung im Kleinen sehr effektiv! Sie benötigen keine wissenschaftlich haltbare und international gültige Umfrage, sondern lediglich eine direkte Rückmeldung Ihres Marktes und Ihrer Kunden. Bitten Sie die Kunden um kurze Beurteilungen zu den geschalteten Anzeigen, zu geplanten oder auch bereits durchgeführten Veranstaltungen und zu Ihrem Produktportfolio.

Für die Gastronomen unter Ihnen habe ich im Detail noch einiges zu diesem Thema in Teil III dieses Buches vermerkt (Kap. 2.1). Wenn Sie einen guten Draht zu Ihren Kunden haben, sind diese auch gerne bereit, einen kurzen Fragebogen auszufüllen und damit gleichzeitig an einer Verlosung teilzunehmen. Auf den nächsten beiden Seiten finden Sie ein Beispiel für einen solchen Umfragebogens als Anregung.

Die Produktpolitik

Marktforschung: Fragebogenaktion

1   Persönliche Daten:

1.A	Name, Vorname *(optional)*:..........	1.B	Anschrift *(opt.)*: ....
1.1	PLZ:	1.2	Familienstand: ....
1.3	Anzahl u. Alter der Kinder:	1.4	Alter: ....
1.5	Beruf:	1.6	Ausbildung: ....
1.7	Geschlecht *(opt.)*:	1.8	Einkommen *(opt.)*: ....

2   Allgemeine Fragen:

2.1   Welche Tageszeitung(en) haben Sie abonniert und/oder lesen Sie regelmäßig?
....

2.2   Welche Rubriken der Tageszeitung(en) lesen Sie:
Regelmäßig: .... Häufig: ....
Selten: .... Nie: ....

2.3   Welche Zeitschrift(en) haben Sie abonniert und/oder lesen Sie regelmäßig?
....

2.4   Welche Hobbies haben Sie und üben diese auch regelmäßig aus?
....
....

2.5   Nennen Sie bitte Ihr bevorzugtes / Ihren bevorzugten:

2.5.1 Urlaubsziel: .... 2.5.2 Automodell: ....
2.5.3 Kinofilm: .... 2.5.4 Buch: ....
2.5.5 Handymodell: .... 2.5.6 Musik-CD: ....

2.6   Welche Medien / Werbeunterlagen nutzen Sie als Entscheidungshilfe für Ihre Einkäufe?
....
....

3   Unternehmensspezifische Fragen:

3.1   Seit wann sind Sie Kunde unseres Unternehmens? ....
3.2   Wie oft suchen Sie unser Unternehmen auf? ..... mal tägl./wöchentl. monatl./jährl.
3.3   Welche Werbemaßnahmen des Unternehmens sind Ihnen bisher aufgefallen?
....
....
und wann haben Sie diese das letzte Mal bewusst wahrgenommen?...................
3.4   Wie beurteilen Sie die Werbung unseres Unternehmens?
....
....

3.5　Welche Produkte / Dienstleistungen kaufen / nutzen Sie regelmäßig?
....
....

3.6　Welche Produkte / Dienstleistungen, die bisher von uns nicht angeboten werden, würden Sie gerne bei uns kaufen / nutzen?
....
....

3.7　Bitte bewerten Sie die folgende Bereiche / Einrichtungen unseres Unternehmens mit den Schulnoten 1 bis 6:
3.7.1　die Außenwerbeanlagen ....　3.7.2　die Parkzone ....
3.7.3　den Eingangsbereich ....　3.7.4　die Inneneinrichtung ....
3.7.5　die Abteilungen:　　X .....　　Y .....　　Z .....　　.....
3.7.6　das Callcenter / die Bestellannahme .....
3.7.7　Den Kundenservice:　　allg. ......　　Pre-Sales .....　　After-Sales .....
3.8　Mit der Hilfe welchen Verkehrsmittels / Kommunikationsmittels besuchen / kontaktieren Sie unser Unternehmen?
3.7.1　zu Fuß　　　　　　　　　　❑　　3.7.2　mit dem Fahrrad　　❑
3.7.3　mit öffentl. Verkehrsmitteln　❑　　3.7.4　mit dem eig. Auto　❑
3.7.5　per Telefon　　　　　　　　❑　　3.7.6　per Post　　　　　❑
3.7.7　per Internet　　　　　　　　❑

4　Branchenspezifische / regionalspezifische Fragen:

4.1　Welche weiteren Unternehmen im Umkreis von X km werden von Ihnen ebenfalls regelmäßig kontaktiert? ....
4.2　Welche Anbieter / Dienstleistungen vermissen Sie im Umkreis unseres Unternehmens?
....
4.3　Was erwarten Sie grundsätzlich von einem Anbieter unserer Branche (bitte ankreuzen):
(Fügen Sie hier typische Leistungen Ihrer Branche ein!)
❑　...　❑　...

5　Ihre Tipps und Anmerkungen:
....
....

Vielen Dank für Ihre Unterstützung! Sie helfen uns mit Ihren Antworten und Hinweisen dabei, unseren Service für Sie und unsere anderen Kunden noch weiter zu verbessern und Ihren Bedürfnissen anzupassen. Wir freuen uns darauf, Sie auch in Zukunft optimal betreuen zu können und wünschen Ihnen alles Gute!

(Unterschrift)

3 Auf die Mischung kommt es an: Der Marketing-Mix

In Kapitel 2.1.2.1 „Die Ziele des Unternehmens" wurden die entsprechenden Unternehmensziele und die Marketingziele ermittelt und festgelegt. Um diese auch erreichen zu können, stehen dem Unternehmer verschiedene marktpolitische Instrumente zur Verfügung, die in unterschiedlichen Kombinationen und Gewichtungen eingesetzt werden können. Deshalb spricht man in diesem Zusammenhang auch vom Marketing-Mix der leistungs- bzw. produktspezifischen Aufgabenstellungen.

marktpolitische Instrumente, die in unterschiedlichen Kombinationen und Gewichtungen eingesetzt werden können

Der Marekting-Mix umfasst folgende Instrumente:
- Der **Produktpolitik** liegt die Frage zugrunde, welche Problemlösung oder Leistung am Markt überhaupt angeboten und wie diese genau ausgestaltet werden soll.
- Innerhalb der **Preispolitik** werden der Preis und die Konditionen ermittelt, zu denen das entsprechende Produkt oder die Leistung am Markt offeriert werden kann und soll.
- Über die diversen Wege, über die die Leistungen zu den Konsumenten gelangen, entscheidet die **Distributionspolitik**.
- Im Rahmen der **Kommunikationspolitik** wird schließlich entschieden, welche Informations- und Motivationsmaßnahmen angewandt werden sollen, um die Produkte und Leistungen abzusetzen.

Um die Unternehmensziele auch wirklich zu erreichen ist es erforderlich, den einmal festgelegten Marketing-Mix permanent auf seine Effektivität hin zu kontrollieren und immer wieder auch nachzujustieren.

3.1 Die Produktpolitik

Im Rahmen der Produktpolitik werden alle diejenigen Entscheidungen getroffen, die sich auf die marktgerechte Gestaltung der Produkte und Dienstleistungen beziehen. Es geht also in erster Linie darum, das Produktportfolio den Bedürfnissen, Wünschen und Problemen der Nachfrager entsprechend zu gestalten und somit die Marktposition des Unternehmens im Wettbewerb auszubauen und zu sichern.

Produktportfolio den Bedürfnissen, Wünschen und Problemen der Nachfrager entsprechend gestalten

Jedes Produkt lässt sich in 3 verschiedene Dimensionen gliedern, die jeweils geplant und gestaltet werden müssen.

3 Produktdimensionen

- In der ersten Dimension geht es um die **Funktion und Beschaffenheit des Produktes** an sich. Die Produktqualität und die Gestaltung des Produktäußeren (Form, Farbe, Material) müssen dabei festgelegt werden.

- In der zweiten Dimension geht es um die **Verpackung** des jeweiligen Produktes. Sie hat dabei unter Berücksichtigung der aktuellen Recyclingvorschriften nicht nur Schutz- und Logistikaspekte zu verfolgen, sondern soll auch den Abverkauf des Produktes fördern.
- Und damit wären wir auch bei der dritten Dimension, der **Markierung** des jeweiligen Produktes. Die Markierung ist der Versuch, ein einzelnes Produkt aus der Masse gleichartiger Produkte durch entsprechende Individualisierung hervorzuheben. Das kann sowohl über die Gestaltung, das Design des Produktes, die Namensgebung sowie die Kreation und Inszenierung eines emotionalen Netzes durch entsprechende Werbung erfolgen.

ein Produkt aus der Masse gleichartiger Produkte durch entsprechende Individualisierung hervorheben

Aus den Ausführungen zum Thema Persönlichkeit und CI wissen wir, dass eine gewisse Einheitlichkeit unabdingbare Grundlage für unternehmerischen Erfolg ist. Diese Erkenntnis gilt auch im Rahmen der Produktpolitik für die Gesamtheit der angebotenen Waren und man spricht in diesem Zusammenhang vom Produktportfolio oder dem Sortiment. Selbst ein so genannter Vollsortimenter hält dabei gewisse problem- bzw. lösungsthematische Grenzen ein. Werden diese überschritten – z.B. im Fall von Lebensmittelmärkten, die plötzlich Autos anbieten – führt dies grundsätzlich nicht nur zu Absatzschwierigkeiten bei den grenzüberschreitenden Produkten, sondern kann auch zu Irritationen und Verunsicherungen der Kernzielgruppen in Bezug auf das ursprüngliche Sortiment führen, sodass das Unternehmen bei seinen Zielgruppen an Vertrauen einbüsst.

Das Produktportfolio oder Sortiment sollte die Persönlichkeit des Anbieters erkennen lassen

Trotz wünschenswerter Angebotsvielfalt sollte die Sortimentszusammensetung in sich sinnvoll sein und konsequent auf den Bedarf der Zielgruppen und den unverwechselbaren Unternehmensauftritt des Anbieters ausgerichtet werden.

Instrumente des Sortimentsaufbaus und der Sortimentspflege

Zur Durchführung des Sortimentsaufbaus und der Sortimentspflege stehen dem Unternehmer diverse Instrumente zur Verfügung:

Die Produktinnovation

Produktinnovationen müssen nicht immer völlig neue Erfindungen darstellen, da der Begriff der Innovation sehr unterschiedlich bewertet werden kann. Ein Produkt, das bei einer bestimmten Abnehmergruppe schon eingeführt ist, kann für eine andere Zielgruppe eine Neuheit darstellen. Am TV-Markt spricht man beispielsweise bei der Erstausstrahlung von bereits bekannten Kinofilmen von der TV-Premiere. Ein Produkt, das bisher nur im professionellen Geschäftsbereich eingesetzt wurde, wird bei seiner Einführung am Consumer-Markt zur Innovation, obwohl es schon viele Jahre in unveränderter Form produziert und verkauft wird.

Ansprache unterschiedlicher Zielgruppen

Da jedes noch so gut aufgestellte Sortiment im Laufe der Zeit nicht mehr aktuell ist – eine logische Entwicklung, wenn man bedenkt, dass die angebotenen Produkte aktuelle Problemlösungen für die Menschen darstellen sollen und sich diese Probleme, wenn auch teilweise nur in kleinen Bestandteilen, im Lauf der Zeit verändern – benötigt jedes Unternehmen immer eine gewisse Anzahl von Innovationen, um auf Dauer erfolgreich zu sein.

Um auf Dauer erfolgreich zu sein, wird immer eine gewisse Anzahl von Innovationen benötigt

Nutzen Sie aus diesem Grund alle Ihnen zur Verfügung stehenden Informationsquellen aus und beobachten ständig den Markt. Von der ersten Idee bis zur Markteinführung einer Produktinnovation benötigen Sie immer auch ein bestimmtes Potenzial an Zeit.

Die Produktmodifikation

Dieses Instrument stellt eine Möglichkeit dar, der Veränderung von Problemstellungen des Verbrauchers im Zeitablauf und der dadurch geänderten Lösungs-Nachfragesituation Rechnung zu tragen. Der grundlegende Charakter des Produktes wird dabei nicht verändert, sondern es werden lediglich einzelne Dimensionen neu gestaltet.

einzelne Dimensionen neu gestalten

Die Produktvariation ist auch eine gute Möglichkeit, um sich von bestimmten Wettbewerbern mit gleichen Produktangeboten zu unterscheiden. Mobilfunkanbieter bieten zwar grundsätzlich die gleichen Telefone diverser Hersteller an. Durch unterschiedliche Softwarebestandteile oder zusätzliche Gerätekomponenten bzw. eine eigene Markierung der Mobiltelefone versuchen sie den Kunden mit der „besseren" Problemlösung zu sich zu locken. Eine ähnliche Funktion erfüllen zusätzliche Beigaben oder die Bündelung diverser Produkte oder von Produkten mit speziellen Dienstleistungen.

sich vom Wettbewerb differenzieren

Die Produktdifferenzierung

Um zusätzliche Kundensegmente bedienen zu können, bieten Sie Ihre Produkte zusätzlich in verschiedenen Varianten an. Autohersteller führen aus diesem Grund verschiedene Motorisierungen, Ausstattungsvarianten und Karosserietypen eines Modells in ihrem Programm.

neue Kundenkreise ansprechen

Die Produkteliminierung

Die Produkteliminierung gehört ebenso zum Unternehmensalltag, wie ihr Gegenpol die Produktinnovation. Jedes Produkt erfordert ein gewisses Maß an Pflege und bindet somit Zeit und Geld des Unternehmens. Aus diesem Grund muss regelmäßig geprüft werden, ob diese Investitionen sich auch immer noch auszahlen.

Zahlen sich Investitionen in Produkte aus?

In einigen Fällen, in denen ein Produkt nicht einmal mehr minimale Gewinne erwirtschaftet, sondern für sich alleine nur Kosten verursacht, kann es aber trotzdem ratsam sein, dieses Produkt im Angebotsportfolio zu belassen. Dies ist z.B. dann der Fall, wenn das Image des Unternehmens stark mit diesem Produkt verknüpft ist. Eine Eliminierung könnte dann einen Imageschaden nach sich ziehen und sollte deshalb möglichst vermieden werden.

Die Programmdiversifikation

neue, zusätzliche Produkte in das Absatzprogramm aufnehmen

Die Programmdiversifikation ist vergleichbar mit der Produktdifferenzierung, nur dass in diesem Fall keine Variationen eines bestimmten Produktes, sondern komplett neue, zusätzliche Produkte in das Absatzprogramm aufgenommen werden. Diese Produkte sollen dazu dienen, das Wachstum des Unternehmens zu sichern und das Risiko zu streuen. Dabei wird das Ziel verfolgt, in neue Märkte (neue Regionen, Kundengruppen) einzusteigen.

ständige Analysen der Programmstruktur

Um das Angebotsprogramm immer den aktuellen Marktbedingungen anpassen zu können, muss der Unternehmer ständige Analysen der Programmstruktur vornehmen. Mithilfe dieser Analysen erhält er selbst bei umfangreichen und unübersichtlichen Angebotsprogrammen einen komprimierten Überblick als Entscheidungsgrundlage für den Einsatz der oben aufgeführten Instrumente.

4 Kennzahlen Ihres Sortiments

Zur Erstellung einer umfangreichen Analyse benötigen Sie 4 Kennzahlen Ihres Sortiments:

- Für jedes Produkt kann man unabhängig von der gesamten Lebensdauer einen Lebenszyklus darstellen. Er beginnt mit der Einführungsphase und danach folgen die Wachstumsphase, die Reifephase, das Marktsättigungsstadium und die Degenerationsphase.

Produktlebenszyklus: Analyse des Altersaufbaus des Sortiments

Da jede Phase andere Auswirkungen auf Umsatz, Umsatzzuwachs, Umsatzrentabilität, Gewinn und Kostenentwicklung aufweist, ist eine gesunde Streuung der **Lebenszyklen im Gesamtsortiment** sehr wichtig. Aus diesem Grund wird in einer ersten Stufe eine Analyse des Altersaufbaus des Sortiments durchgeführt.

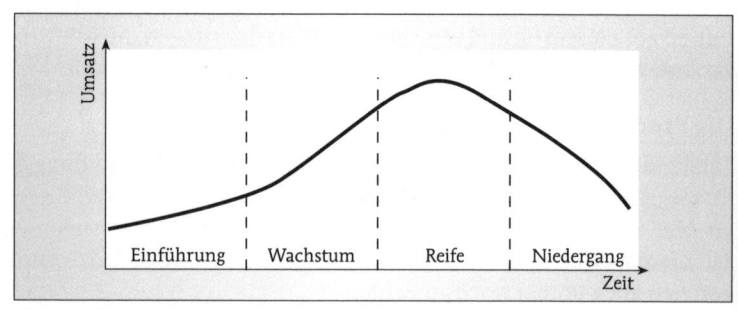

Abb. 5: Phasen des Produktlebenszyklus

Analyse der Umsatzstruktur

- In der zweiten Stufe wird die Verteilung der Umsätze und Absatzmengen auf die verschiedenen Sortimentsbestandteile untersucht und somit eine Analyse der Umsatzstruktur erstellt.

- Im Rahmen der Kundenstrukturanalyse findet man heraus, welche Artikel des Sortiments von bestimmten Zielgruppen nachgefragt werden.   *Kundenstrukturanalyse*
- Um auch eine erfolgsoptimierte Sortimentspolitik betreiben zu können, sollten Sie in der vierten Stufe eine Analyse der Deckungsbeiträge aller Produkte durchführen.   *Deckungsbeitragsanalyse*

Je nach Branche oder Struktur Ihres Unternehmens können Sie auch noch weitere Kenngrößen (z.B. kapitalbindende Lagerzeiten eines Produktes) zur Analyse Ihres Produktsortiments heranziehen.

3.2 Die Preispolitik

Es gibt kaum etwas auf dieser Welt, das nicht irgend jemand ein wenig schlechter machen und etwas billiger verkaufen könnte, und die Menschen, die sich nur am Preis orientieren, werden gerechte Beute solcher Machenschaften.
Es ist unklug, zu viel zu bezahlen, aber es ist noch schlechter, zu wenig zu bezahlen. Wenn Sie zu viel bezahlen, verlieren Sie etwas Geld, das ist alles. Wenn Sie dagegen zu wenig bezahlen, verlieren Sie manchmal alles, da der gekaufte Gegenstand die ihm zugedachte Aufgabe nicht erfüllen kann.
Das Gesetz der Wirtschaft verbietet es, für wenig Geld viel zu verlangen. Nehmen Sie das niedrigste Angebot an, müssen Sie für das Risiko, das Sie eingehen, etwas hinzurechnen. Und wenn Sie das tun, dann haben Sie auch genug Geld, um für etwas Besseres zu bezahlen.
John Ruskin (Sozialphilosoph)

Der Preis legt den Tauschwert des jeweiligen Produktes aus der Sicht des jeweiligen Anbieters fest. Beim Tauschvorgang geht es nun darum, zwei entgegengesetzte Maximierungsabsichten auf einen Nenner zu bringen. Jeder Anbieter zielt darauf ab, den größtmöglichen Nutzen aus der Abgabe seines Tauschgegenstandes zu erzielen. Eine Einigung wird erst dann erzielt, wenn beide Parteien davon überzeugt sind, dass der nach eigener Meinung erzielbare Gesamtnutzen des jeweils fremden Gegenstandes höher ist, als der des eigenen.

Sie sehen an dieser grundlegenden Darstellung, dass nicht in erster Linie die eigenen Kosten oder die eigene Wunschvorstellung einen Preis bestimmen, sondern der Markt. Auch in der Produktpolitik ist der Markt, bzw. der Nutzen des Tauschpartners, die endgültig bestimmende Komponente. An dieser Stelle müsste jedem Unternehmer auch klar werden, dass die einzig Erfolg versprechende Ausrichtung des unternehmerischen Handelns die Kundenorientierung ist.   *Der Markt bestimmt den Preis*

Wenn Sie an einer anderen Stelle als am Markt Ihre Preisbildung beginnen, werden Sie immer wieder Abstimmungsprobleme haben. Ausge-

Kalkulation von dem am Markt erzielbaren Preis aufbauen

hend von dem am Markt erzielbaren Preis müssen Sie Ihre Kalkulation aufbauen. Sie können dabei nur in zwei Richtungen arbeiten. Entweder Sie erhöhen den in den Augen Ihres Partners mit dem Erwerb Ihres Angebotes verbundenen Nutzen, um einen höheren Tauschwert zu erzielen, oder aber Sie minimieren den Tauschwert, um trotz eines geringeren Nutzens doch noch einen Tauschvorgang stattfinden zu lassen. Der Darstellung des Nutzens (und damit der Kommunikationspolitik) kommt also eine wesentliche Aufgabenstellung zu.

Preisstellung der Mitbewerber beachten

Ermitteln Sie also in der ersten Phase den möglichen Preis, den Ihr Produkt am Markt erzielen kann. Beachten Sie dabei nicht nur, welchen Preis Ihr potenzieller Kunde zahlen würde, sondern auch, welchen Preis Ihre Mitbewerber anbieten können oder bereits anbieten.

Preis-Absatzfunktion

Die in der Marketingtheorie gebräuchliche Erklärungsform der Preis-Absatzfunktion kann dabei behilflich sein. Die Preis-Absatzfunktion zeigt, welche Mengen eines bestimmten Produktes in einem bestimmten Zeitintervall bei jeweils verschieden hohen Preisforderungen absetzbar sind. Im Optimalfall des vollkommenen Marktes steigt die abgesetzte Menge mit sinkendem Preis. Besonders interessant sind dabei die Sonderfälle.

- Durch Nutzung der Marketinginstrumentarien und optimale Inszenierung der Produktnutzen (z.B. Markenprodukte) wird ein so genannter monopolistischer Bereich zwischen zwei Preishöhen geschaffen. Innerhalb dieser Preisspanne schwankt die abgesetzte Menge nur minimal, die Käufer zeigen somit keine Reaktion auf die Preisvariationen.
- Es gibt die Sonderfälle der psychologischen Preise, bei denen man annimmt, dass
  - mit einem ungeraden Preis ein höherer Absatz zu erzielen ist als mit einem geraden Preis,
  - die Erhöhung eines Preises, der geringfügig unter einer runden Zahl liegt, auf diese runde Zahl (9,60 € auf 10,00 €) zu einem höheren Absatzrückgang führt, als die Erhöhung des runden Preises auf eine darüber liegende Zahl (10 € auf 11 €).
  - gebrochene Preise (7,54 €) auf eine scharfe Kalkulation hinweisen.
  - geringfügig unter einem runden Preis liegende Preise optisch besser wirken (8,99 € besser als 9,00 €)
- Bei der Annahme eines Preis-Qualitätszusammenhangs kann eine Preiserhöhung sogar zu einer Steigerung des Umsatzes führen. So wird beispielsweise im Rahmen des „Snob-Effektes" zunächst durch eine Preiserhöhung die allgemeine Nachfrage eingeschränkt, um dann (argumentativ unterstützt durch die Darstellung einer Steigerung des psychologischen Nutzens) die Nachfrage im Segment anspruchsvollerer und zahlungskräftigerer Kunden zu steigern.

Wenn Sie Ihre Preisgrundlage festgelegt haben, errechnen Sie die Kosten, die Ihnen bei der Produktion und zur Verfügungstellung des Produktes entstehen und welchen Gewinn Sie erzielen wollen. Gleichen Sie diese Werte mit dem zuvor ermittelten erzielbaren Marktpreis ab. Sie können nun durch Kostenminimierung und / oder Nutzensteigerung die Differenz, das ist dann Ihr verbleibender Gewinn, zwischen den Kosten und dem erzielbaren Marktpreis variieren.

3.3 Die Distributionspolitik

Das Ziel der Distributionspolitik lässt sich wie folgt definieren: Die Produkte oder Dienstleistungen sollen
- in der richtigen Menge,
- in einwandfreiem Zustand,
- zur gewünschten Zeit
- am gewünschten Ort

vorhanden sein.

Da in der heutigen Wirtschaft weder der Ort der Produktion mit dem Ort des Konsums zusammenfällt, noch die Zeitpunkte beider Vorgänge unmittelbar aufeinander folgen, ergibt sich für den Unternehmer folgende grundlegende Entscheidung:
- Wahl des Unternehmensstandortes
- Bestimmung der Absatzwege
- Ausgestaltung des eigentlichen Transportes

Die Standortwahl wird von verschiedenen Bestimmungsgrößen abhängig gemacht. Technische Erfordernisse, öffentliche Subventionen und Steuervorteile, das Potenzial an entsprechend benötigten Arbeitskräften, verfügbare Kaufkraft, Park- und Belieferungsmöglichkeiten, Größe des Einzugsgebietes und auch traditionelle Hintergründe des Unternehmens sind dabei entscheidende Faktoren.

Standortwahl

Bei der Bestimmung der Absatzwege stehen zwei Möglichkeiten zur Auswahl. Beim direkten Absatz wird der Handel ausgeschaltet und die Versorgung der Konsumenten mit Gütern erfolgt durch unternehmenseigene Verkaufsorgane (Verkaufsabteilung, Reisende, Filialen), Absatzhelfer (Makler, Handelsvertreter) oder auch das Internet. Für diese Form der Distribution eignen sich Produkte mit hoher Erklärungs- und / oder hoher Überzeugungsbedürftigkeit sowie transportempfindliche Produkte. Sinnvoll ist der direkte Absatz auch, wenn eine starke räumliche Konzentration der Konsumenten vorliegt.

Bestimmung der Absatzwege

Bei flächenmäßig weit verteilter Nachfrage wird dagegen grundsätzlich die Einschaltung von Absatzmittlern (Großhandel, Einzelhandel), also der Weg des indirekten Absatzes bevorzugt.

intensive oder exklusive Distribution

Unterscheiden lassen sich auch noch die Selektions- und die Akquisitionspolitik. Innerhalb der Selektionspolitik gibt es die Wahl zwischen intensiver Distribution, bei der versucht wird, die Produkte durch eine große Anzahl verschiedener Geschäftstypen zu vertreiben und die exklusive Distribution, bei der die Anzahl der Absatzmittler bewusst beschränkt wird. Mit der exklusiven Vertriebsvariante versucht man das Image der Produkte zu heben und die Preise und Services direkter zu kontrollieren.

Im Rahmen der Akquisitionspolitik unterscheidet man zwischen der Pull- und der Push-Methode. Bei der Pull-Methode wird mithilfe einer aggressiven Konsumentenwerbung eine Nachfrage auf den Absatzmarkt erzeugt. Bei der Push-Methode werden die jeweiligen Produkte mit speziellen, auf den Handel gerichteten Verkaufsförderungsmaßnahmen durch die so aktivierte Mitarbeit des Handels in den Konsumentenmarkt gedrückt.

Die Gestaltung des eigentlichen Transportweges bezieht sowohl die Wahl des Transportmittels als auch Lagerhaltungsentscheidungen mit ein.

3.4 Die Kommunikationspolitik

Die Kommunikationspolitik umfasst jeglichen Austausch von Informationen zwischen den beiden Tauschpartnern. Schon im Rahmen der Produktpolitik benötigt der Unternehmer ausführliche Informationen über die Konsumenten, die über die diversen Möglichkeiten der Marktforschung ermittelt werden können, um das Produkt entsprechend zu gestalten.

den Kundennutzen kommunizieren

Eine weitere wesentliche Aufgabe ist die optimale Nutzendarstellung. Diese beschränkt sich nicht nur auf die Präsentation des Grundnutzens, sondern umfasst auch die Präsentation von real existierenden und die Projektion von potenziellen Zusatznutzen in die Köpfe der Verbraucher. Der Abstand zwischen den realen und den projizierten Nutzen darf jedoch nicht zu groß werden, weil sonst das erzeugte Bild wie eine Seifenblase platzt und der Konsument von seiner Tauschentscheidung Abstand nimmt.

UM DIE OPTIMALE NUTZENDARSTELLUNG ERZIELEN ZU KÖNNEN, MUSS DER ANBIETER DIE DENKMUSTER UND EMOTIONALEN WELTEN SEINER ZIELGRUPPEN ERFORSCHEN UND SEINE PRÄSENTATION DARAUF ABSTIMMEN.

die wichtigsten Kommunikationsinstrumente

Die Mittel und Wege, die dazu benötigt werden, nennt man Kommunikationsinstrumente. Zu den wichtigsten Kommunikationsinstrumenten zählen:

- Werbung (Anzeigen, Werbespots, Außenwerbung, Kataloge, Prospekte, Ausstellungen, etc.)
- Direktmarketing
- Public Relations / Öffentlichkeitsarbeit
- Sponsoring
- Event-Marketing
- Verkaufsförderung
- Product-Placement

Denken Sie bei der Planung aller Maßnahmen auch an das Erfolgs-Controlling. Trotz guter Vorbereitung und Durchführung wird sich die eine oder andere Maßnahme als nicht so erfolgreich erweisen. Modifizieren und optimieren Sie diese oder wechseln Sie sie gegen eine andere, besser geeignete Aktion aus. Diesen Optimierungsprozess können Sie jedoch nur durchführen, wenn Sie immer wieder die (Aus-)Wirkung Ihrer Kommunikation auf den Prüfstand stellen. Je geringer der Etat, umso effektiver muss diese Erfolgskontrolle funktionieren.

Erfolg der Maßnahmen kontinuierlich überprüfen

Positive Effekte Ihrer Kommunikationsmaßnahmen können Sie jedoch nicht in erster Linie an direkten Umsatzsteigerungen festmachen. Die Werbung kennt vier Wirkungsstufen, die teilweise oder auch komplett von Ihrer Kommunikationsmaßnahme ausgelöst werden.

vier Wirkungsstufen der Werbung

- **Die Wahrnehmung:** Stellen Sie fest, ob Ihre kommunikative Botschaft vom Empfänger überhaupt registriert wird. Ermitteln Sie anhand von Umfragen in Ihrer Zielgruppe, ob und wie diese die Botschaft erhalten hat. Falls Ihre Zielgruppen Ihre Kommunikation wiedererkennt, haben Sie auf dieser Ebene schon einen ersten Erfolg erzielt, weil Sie, Ihr Angebot und Ihr Unternehmen wahrgenommen werden.

Wie werden Sie wahrgenommen?

- **Die Verarbeitung:** In unserer heutigen multi-kommunikativen Zeit, werden zwar sehr viele Botschaften wahrgenommen, aber nicht nachhaltig im Bewusstsein verankert. Ihr Ziel muss es jedoch sein, dass der Empfänger Ihre Botschaft erkennt und dann bewusst als Lösungsmöglichkeit mit seinen aktuellen „Problemstellungen" verknüpft. Durch diesen Prozess der bewussten Verarbeitung des Werbesignals „verbindet" der Konsument ein Bild (Image) mit Ihnen/Ihrem Unternehmen als Sender der Nachricht und bezieht den Inhalt Ihrer Botschaft auf seine individuellen Bedürfnisse und Problemstellungen. Überprüfen Sie auch an dieser Stelle wieder durch Befragung, welche Bilder / Images der Konsument mit Ihrem Unternehmen und seinem Angebot in Verbindung bringt. Ermitteln Sie, inwieweit Ihr Angebot eine Lösungsmöglichkeit für ihn darstellt und ob im besten Fall der Kunde sogar Ihre Botschaft an sein Netzwerk weitervermittelt.

Was verbindet der Kunde mit Ihrem Unternehmen?

- **Die Verhaltensänderung:** Bislang ging es lediglich um Prozesse, die zwar die Grundlage für das erwünschte Handeln des Konsumenten bilden, aber noch keine Reaktion auslösen. In der dritten Stufe verändert Ihre Kommunikationsmaßnahme jedoch auch das (Kauf-) Verhalten des Empfängers. Anhand einer erhöhten Zahl von Erstkonsumenten und auch an einer gesteigerten Kauffrequenz der bestehenden Konsumenten erkennen Sie, dass Ihre Werbung eine positive Verhaltensänderung in Richtung konkreter Kaufhandlungen bewirkt.

Bewirkt Ihre Werbung eine Verhaltensänderung der Kunden?

- **Die ökonomische Veränderung:** Bedingt durch das veränderte Käuferverhalten können Sie auch anhand Ihrer Umsatz- und Gewinnentwicklungen positive Tendenzen und Wirkungen Ihres Marketings feststellen.

An dieser Stelle habe ich nur mögliche positive Entwicklungen angesprochen. Eine falsche oder verfehlte Kommunikationsmaßnahme oder gar das komplette Fehlen von Marktkommunikation verursacht selbstverständlich auch negative Einflüsse, die sich ebenfalls anhand der beschriebenen Kriterien nachvollziehen lassen.

DIE SICHERSTE METHODE DAS EIGENE UNTERNEHMEN UND SEIN ANGEBOT BEKANNT ZU MACHEN IST DIE KONTINUIERLICHE, MÖGLICHST INDIVIDUALISIERTE KOMMUNIKATION MIT DEM TAUSCHPARTNER BZW. DEN ZIELGRUPPEN.

4   Der Marketingplan

Das letzte Kapitel des ersten Teils dieses Buches widmet sich kurz der Zusammenfassung der Ergebnisse der vorangegangenen Kapitel in einem Dokument, dem Marketingplan für Ihr Unternehmen. Der Marketingplan fasst nämlich die bislang beschriebenen und für jede Marketingaktivität grundlegenden drei Strategie- und Planungsbereiche übersichtlich zusammen:

Zusammenfassung der drei grundlegenden Strategie- und Planungsbereiche

- Ist-Analyse bzw. Status quo Darstellung,
- Soll-Analyse bzw. Zieldarstellung und
- Marketingstrategie bzw. Weg-Darstellung.

Zwar variieren je nach Branche und Unternehmensgröße einzelne Inhalte eines solchen Marketingplans, trotzdem möchte ich Ihnen anhand eines Beispiel-Inhaltsverzeichnisses die Grundstruktur aufzeigen:

1. Einleitung
   (Kurze Darstellung der Gründe für die Aufstellung des Plans)

2. **Kurzüberblick / Zusammenfassung**
   (Kurze Einführung in das Thema und die Inhalte des Plans, um dem Leser einen ersten Eindruck und eine kleine Orientierungshilfe zu geben.)
3. **Ist-Analyse** (siehe Kapitel 2.1.1)
4. **Soll-Analyse** (siehe Kapitel 2.1.2)
5. **Marketingstrategie** inklusive des geplanten Marketing-Mix (siehe Kapitel 3)
6. **Zeitpläne / Aktionspläne** (Beispiele siehe Anhang)
   (Welche Maßnahme soll wann, wie lange, wie oft, wie, mit wem zu welchen Kosten realisiert werden?)
7. **Budgetplanung**
8. **Maßnahmen-Controlling und Korrekturprozesse**
9. **diverse Anhänge**

Der Gesamtplan sollte klar und präzise sein und nicht zu weit ausholen. Detailreiche Unterlagen der Marktforschung und auch der Aktionsplanung sollten im Anhang präsentiert werden, damit sich der Leser des Plans nicht an kleinen Details und Randthemen lange aufhalten muss und dabei den roten Faden bzw. den Gesamtüberblick und somit auch die Logik des Gesamtplans aus den Augen verliert.

Detaillierte Literatur zur Erstellung eines Marketingplanes finden Sie in den Literaturhinweisen.

Teil II

Was Sie über Low-Budget-Marketing wissen sollten

Nach der Einführung in das Thema allgemeines Marketingwissen wenden wir uns nun im zweiten Teil des Buches direkt dem effektiven Marketing mit schmalem Budget bzw. dem Low-Budget-Marketing (LBM) zu.

Einführung: Mythen über das Low-Budget-Marketing

Eine Weisheit der Dakota-Indianer sagt: „Wenn du entdeckst, dass du ein totes Pferd reitest, steig ab." Doch im Berufsleben versuchen wir oft andere Strategien, nach denen wir in dieser Situation handeln:
- *Wir besorgen eine stärkere Peitsche.*
- *Wir wechseln die Reiter.*
- *Wir sagen: „So haben wir das Pferd doch immer geritten."*
- *Wir gründen einen Arbeitskreis, um das Pferd zu analysieren.*
- *Wir besuchen andere Orte, um zu sehen, wie man dort tote Pferde reitet.*
- *Wir erhöhen die Qualitätsstandards für den Beritt toter Pferde.*
- *Wir bilden eine Task Force, um das tote Pferd wiederzubeleben.*
- *Wir schieben eine Trainingseinheit ein, um besser reiten zu lernen.*
- *Wir stellen Vergleiche unterschiedlich toter Pferde an.*
- *Wir ändern die Kriterien, die besagen, ob ein Pferd tot ist.*
- *Wir kaufen Leute von außerhalb ein, um das tote Pferd zu reiten.*
- *Wir schirren mehrere tote Pferde zusammen an, damit sie schneller werden.*
- *Wir erklären: „Kein Pferd kann so tot sein, dass man es nicht schlagen könnte."*
- *Wir machen zusätzliche Mittel locker, um die Leistung des Pferdes zu erhöhen.*
- *Wir machen eine Studie, um zu sehen, ob es billigere Berater gibt.*
- *Wir kaufen etwas zu, das tote Pferde schneller laufen lässt.*
- *Wir erklären, dass unser Pferd „besser, schneller und billiger" tot ist.*
- *Wir bilden einen Qualitätszirkel, um eine Verwendung für tote Pferde zu finden.*
- *Wir überarbeiten die Leistungsbedingungen für Pferde.*
- *Wir richten einen unabhängige Kostenstelle für tote Pferde ein.*

Unbekannt

In diesem Sinne lässt sich ein „totes Pferd" auch nicht durch Low-Budget-Marketing wiederbeleben. Um keine falschen Schlussfolgerungen zuzulassen, möchte ich daher gleich zu Beginn einige kursierende Irrtümer aufklären.

- **Das Low-Budget-Marketing ist lediglich die Billigversion des „richtigen" Marketings und deshalb nur für „arme" Unternehmen gedacht**

Das Pendant zum LBM ist nicht das Marketing an sich, sondern High-Budget-Marketing (HBM), wobei sich die Bezeichnung „Budget" rein auf die finanziellen Ressourcen bezieht.

Einführung: Mythen über das Low-Budget-Marketing 53

Um es produktionstechnisch auszudrücken: Zur Erzielung eines gewünschten Effektes benötige ich grundsätzlich brutto den mengenmäßig gleichen Einsatz von Rohstoffen. Lediglich das Mischungsverhältnis der Rohstoffe verändert sich. Beim High-Budget-Marketing setzt das Unternehmen eine große Menge monetärer Rohstoffe (sprich Euros) ein. Im Low-Budget-Marketing ersetzt der Unternehmer diese, meist nicht im benötigten Ausmaß vorhandenen monetären, gegen alternative Ressourcen. Um diese alternativen Rohstoffe geht es in den folgenden Kapiteln.

statt monetärer alternative Ressourcen

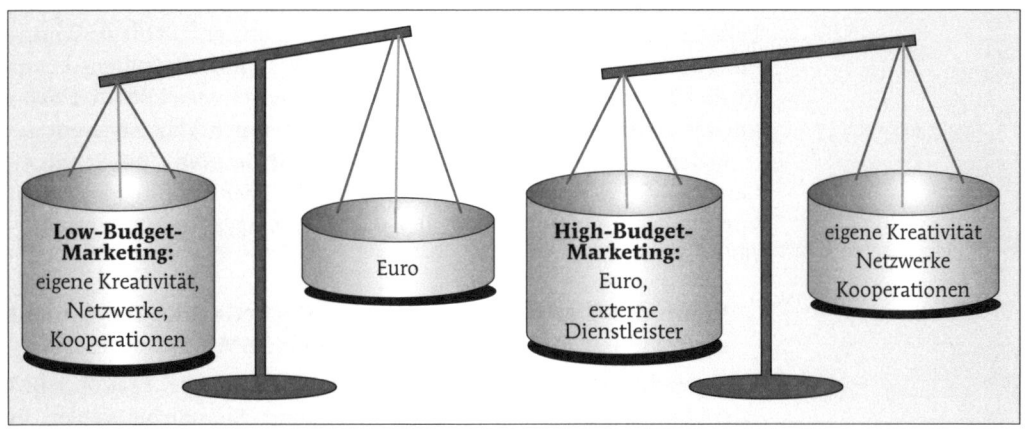

Abb. 1: Low-Budget-Marketing versus High-Budget-Marketing

Bei vielen Low-Budget-Projekten werden Sie im Vergleich zu High-Budget-Projekten feststellen, dass im Gegensatz zur anfänglich gemachten Aussage auch die eingesetzten Ressourcen unterm Strich gesehen geringer sind. Das hängt allerdings nicht grundsätzlich mit der Natur des LBM zusammen, sondern ist eine Folge des hohen Effektivitätsgrades des LBM. Die an den Marketingmaßnahmen beteiligten Personen arbeiten in kleinen Einheiten meist unter direktem Einbezug des Unternehmers oder Geschäftsführers. Alle vorhandenen Kommunikationsmittel müssen effizient gestaltet und eingesetzt werden und es fällt wesentlich weniger Aufwand an Zeit und Geld für Kommunikation, Protocolling und Controlling an, weil die Hierarchien flach und die Organisationsstrukturen überschaubar sind.

hoher Effektivitätsgrad des LBM

DIE SCHMALEN BUDGETS ERFORDERN EINE GRÖSSTMÖGLICHE EFFIZIENZ UND EINE OPTIMALE REDUZIERUNG VON STREUVERLUSTEN.

- **Bei LBM handelt es sich um Marketingmaßnahmen, die sich selber finanzieren und für den Unternehmer somit aufkommensneutral sind**

Wie bereits erwähnt erfordert der Mangel an Geld den durchweg effizienten Einsatz der vorhandenen Finanzmittel und zur Füllung der finan-

Alternative Ressourcen lassen sich oftmals nicht in buchhalterischer Form bilanzieren

ziellen Lücke den Einsatz alternativer Ressourcen. Diese Ressourcen lassen sich mit bekannten Kennzahlen oftmals nicht in buchhalterischer Form bilanzieren. Es gibt selbst in der modernen Buchhaltung nur Positionen, die sich auch direkt in der monetären Größe Euro beziffern lassen. Soziale Kompetenz, gute Allgemeinbildung, Kreativität und eine ausgebildete Persönlichkeit sind zwar für jedes Unternehmen unerlässliche aber leider auch unschätzbare (d.h. nicht quantifizierbare) Werte.

Die Leistungen einer externen Werbeagentur können Sie zumindest laut Rechnung wertmäßig beziffern. Eine adäquate Leistung Ihrer Mitarbeiter, Ihres Netzwerks oder der Kooperationspartner fällt oft als Erbringung der normalen Arbeitsleistung oder eines Freundschaftsdienstes unter den Buchhaltertisch. Nur deshalb sieht es bei einigen LBM-Aktionen auf den ersten Blick so aus, als ob sie wenig oder nichts kosten würden.

Bedenken Sie jedoch immer, dass es auch für diese No-Cost-Services / Goodwill-Services Konten gibt, die Sie nicht über Gebühr überziehen können, sondern regelmäßig auch wieder mit eigenen Leistungen auffüllen müssen.

- **Wenn das Werbebudget „normale Marketingaktionen" nicht mehr zulässt, weichen wir mal eben auf LBM-Maßnahmen aus**

Erfolgreiches Marketing benötigt immer eine Strategie. Egal ob HBM oder LBM, keine der beiden Richtungen können Sie beliebig wählen. In den folgenden Kapiteln werden Sie sogar feststellen, dass es wesentlich einfacher ist, innerhalb kürzester Zeit eine teure Anzeigenkampagne oder sogar einen Fernsehspot zu produzieren, als eine effektive LBM-Maßnahme.

Nachhaltigkeit und Dauerhaftigkeit sind im Bereich des LBM unerlässlich

Für HBM-Maßnahmen benötigen Sie in erster Linie lediglich monetäre Mittel, deren Beschaffung grundsätzlich wesentlich kurzfristiger möglich ist als noch nicht vorhandene oder leere Goodwill-Service-Konten zu eröffnen oder zu füllen. Nachhaltigkeit und Dauerhaftigkeit sind in diesem Bereich nun mal die Basis für gut gefüllte Konten.

Die fundamentalen Grundlagen des LBM sind daher:

> **Die fundamentalen Grundlagen des Low-Budget-Marketing (LBM)**
>
> - Ausgeprägte Persönlichkeit des Unternehmers und seines Unternehmens.
> - Lückenlose Kenntnisse des Marktes durch optimale Nutzung aller zur Verfügung stehenden Informationsquellen.
> - Umfangreiches Kreativitätspotenzial im eigenen Unternehmen.
> - Ein funktionstüchtiges und weit reichendes Netzwerk.

Diese einzelnen Elemente werden in den folgenden Kapiteln ausführlich durchgesprochen.

1 Grundlagen

Zu Beginn des Buches habe ich bereits ausgeführt, dass die Begriffe **Low-Budget-Marketing** und **Guerilla-Marketing** die gleichen Inhalte benennen. Es gibt faktisch keine Unterschiede. Der effektive Einsatz des LBM sichert Ihnen und Ihrem Unternehmen das erfolgreiche Überleben im Wettbewerbsdschungel.

Die Begriffe Low-Budget-Marketing und Guerilla-Marketing sind synonym

Die Schlagzeilen in der Tagespresse und die Statistiken der Kammerverbände und Städte sprechen eine klare Sprache. Trotz einer ganzen Reihe von Existenzgründungen gibt es einen immer stärkeren Negativtrend im Unternehmenssaldo wegen zu vieler Insolvenzen.

Natürlich ist in einigen Fällen die Kapitaldecke zu gering gewesen oder war Missmanagement schuld am Desaster. Doch in vielen Fällen scheitern Unternehmen an mangelnden Umsätzen infolge verfehlter oder nicht vorhandener Marketingstrategien bzw. deren Realisation. Und selbst viele bestehende Unternehmen verschenken Umsätze aus besagten Gründen.

Gerade viele kleine und mittlere Unternehmen verfügen nur über geringe Budgets und versuchen damit verzweifelt, die Strategien der Großunternehmen zu kopieren und auf ihr Maß herunterzubrechen. Die eigene unternehmerische Kreativität weicht einer Mischung aus starrer Befolgung von Lehrbuch gebundenen Gesetzmäßigkeiten und Kopierlust, die auf dem Wunsch basiert, die manchmal auch nur vermeintlichen Erfolge der Großunternehmen ebenfalls erzielen zu können. Auch die Angst vor „Auffälligkeiten" – gerade die deutschen Unternehmer haben starke Probleme mit nicht normierten und deshalb auffälligen und somit sinnvollen Aktionen – und die Furcht, damit das Startsignal für ein Marketing-Wettrüsten zu geben, lähmen viele Unternehmen.

Finanzschwache Kleinunternehmen versuchen die Strategien der Großunternehmen zu kopieren

An dieser Stelle setzen die Taktiken des LBM an. Dank mangelnder Ausstattung der „Kriegskasse" muss der Guerillero kreativ improvisieren. Durch die betriebsbedingten Strukturen (kleine Einheiten) – die für erfolgreiches LBM ein Muss sind – sind LBM-Unternehmer in der Lage, auf kleinste Veränderungen in ihrem „Sektor" schnellstmöglich zu reagieren.

kreative Improvisation als Ansatzpunkt des LBM

Auch im Grunde negative Ereignisse, z.B. Baustellen direkt vor dem Schaufenster (siehe Teil III, Kap. 1.4), können so zur Verkaufsförderung eingesetzt werden. Gesellschaftlich / regional interessante Themen lassen sich beispielsweise in die Gestaltung des Schaufensters oder auch thematisch in Mailings, Radiospots und Anzeigen einbeziehen. In Zusammenarbeit mit den Kunden können auch Hobbyausstellungen die Schaufensterdekokosten stark herabsetzen. Joint-Ventures (Leihgaben; themenorientierte Gemeinschaftsdekorationen, bei denen der Rahmen gleich ist und nur die Produkte des jeweiligen Unternehmens variieren; Gemeinschaftsprospekte etc.) mit Unternehmen, die die gleichen Zielgruppen anvisieren, senken im erheblichen Maß die Kosten und führen über das dadurch praktizierte Empfehlungsmarketing zu neuen Kunden.

KURZE ENTSCHEIDUNGSWEGE FÜHREN DAZU, DASS INFORMATIONEN ÜBER KUNDENMÄRKTE SCHNELL UMGESETZT WERDEN KÖNNEN UND KREATIVE IDEEN DER VERKÄUFER AN „VORDERSTER FRONT" AUCH REALISIERT WERDEN.

Der größte Vorteil der „Guerilleros" ist ihre Gebietskenntnis

Der größte Vorteil der „Guerilleros" ist ihre Gebietskenntnis. Niemand sonst verfügt über einen so detaillierten Informationsstand bezüglich des eigenen „Sektors" wie ein Guerillero. Ebenso ist / sollte es auch bei kleinen und mittelständischen Unternehmen sein. Die offiziellen Kontaktdaten der Kunden (Firma, Ansprechpartner, Anschrift, Telefon, Fax etc.) werden durch detaillierte Zusatzinformationen ergänzt und bieten dem LBM-Unternehmer so ein detailliertes und individuelles Abbild seiner Klientel.

individuelle Stammkundenpflege

Dadurch wird auch die aktive Stammkundenpflege erleichtert. Bei der Sammlung der ausführlichen Kundendaten sind alle Informationen wichtig. Die Einrichtung der Firma und des Büros, das Fahrzeug, die Hobbies, der Familienstand sowie Informationen über Urlaube, Lieblingsessen und Getränke etc. geben Auskünfte über den Menschen, mit dem Geschäfte getätigt werden und sind im Verkaufsgespräch Basis für maßgebende und manchmal auch kaufentscheidende Argumentationen.

IM LOW-BUDGET-MARKETING SPIELT DIE INSZENIERUNG DER EIGENEN WERBUNG UND DES EIGENEN UNTERNEHMENSAUFTRITTS EINE WESENTLICHE ROLLE.

Ein Kinofilm, in dem die Inszenierung einer sachlichen Aneinanderreihung von Szenen weicht, wird unweigerlich zum Flop an der Kinokasse. Viele deutsche Unternehmen rechnen jedoch immer noch mit der Anspruchslosigkeit ihrer Kunden. Die fehlenden Inszenierungen in den Schaufenstern und am Point of Sale (POS) lassen einen Stadtbummel vielfach genauso interessant erscheinen wie das Durchblättern eines Reiseprospekts ohne Fotos.

Informationsüberschwemmung statt punktgenauer und wirkungsvoller Inszenierung

Unternehmensbesichtigungen und Präsentationen sind bis auf wenige Ausnahmen reine Informationsüberschwemmungen. Zahlen und Fakten werden endlos aneinander gereiht und präsentiert.

Weil die meisten Unternehmer immer noch nicht wahrhaben wollen, dass Kaufentscheidungen in erster Linie mit dem Bauch gefällt werden, finden Präsentationen eines Stahlwerks nicht in der Werkhalle, einer Autofabrik nicht am Fließband (Ausnahme: Gläserne Fabrik), eines Puddingproduzenten nicht an der Puddingtheke statt. Die Unternehmen „beeindrucken" lieber mit einem meist auswechselbaren Konferenzraum und servieren Kaffee und Kekse, auch wenn dies in keinster Weise zur Unternehmensidentität passt.

Bei vergleichbarer Qualität entscheiden jedoch vielfach nicht marginale Preisunterschiede über eine Kaufentscheidung, sondern das (Wohl-)Gefühl.

Aus diesem Grund ist der LBM-Unternehmer auch Meister der Inszenierungen. Nicht nur der allgemeine Unternehmensauftritt muss den Regeln der Corporate Identity (CI) – der eigenen Uniform – gehorchen, sondern auch jedes Event, jede Präsentation und jede Verkaufsförderung. Vervielfältigte Kataloglösungen sind auch hier „tödlich", da Kunden dann das Unternehmen nicht eindeutig wiedererkennen und / oder es zu Verwechslungen mit dem „Gegner" kommen kann.

Der LBM-Unternehmer ist Meister der Inszenierungen

Trotz der vielfältigen Ausprägungen der LBM-Konzepte, der Kern bleibt jedoch bei allen gleich:

EIN LBM-UNTERNEHMER IST EIN WIRKLICHER UNTERNEHMER UND KEIN UNTERNEHMENSVERWALTER MIT LEBENSLANGER RUHEGARANTIE.

1.1 Persönlichkeit zählt

Persönlichkeiten werden nicht durch schöne Reden geformt, sondern durch Arbeit und eigene Leistung.
Albert Einstein

Im Verkauf gibt es neben der Aussage „*Sex sells*" auch den Spruch: „*Personality sells*". Dass dieser Spruch stimmt, kann man gerade in schwierigen Zeiten an verschiedenen erfolgreichen Unternehmen ablesen, die bezüglich der Aufstellung und strikten Umsetzung der eigenen Corporate Identity Vorbildcharakter haben.

„Personality sells"

Doch welche Eigenschaften sind es genau, die diese Unternehmen so erfolgreich machen?

Ein Produkt setzt sich immer aus diversen Komponenten zusammen. Ich meine damit nicht die einzelnen stofflichen oder im Falle einer Dienstleistung inhaltlichen Komponenten, sondern die Unterscheidung des Kernproduktes an sich vom Verkaufsumfeld und von den mit dem Angebot und dem Verkauf des Produktes zusammenhängenden Serviceleistungen. Nehmen wir z.B. das Produkt Auto, so erhalten Sie beim Kauf desselben ja nicht nur das Kfz inklusive der dazu gehörenden

Welche Eigenschaften machen Unternehmen erfolgreich?

Papiere, sondern auch eine ganze Reihe von Dienstleistungen, die mehr oder weniger stark mit dem nackten Produkt verbunden sind. Schon vor Unterzeichnung des Kaufvertrages nutzen Sie den Verkaufsraum, das Know-how und die Beratung des Verkäufers und die Möglichkeit einer Probefahrt. Bei und nach dem Verkauf kommen noch allgemeine Services wie die Finanzierung oder das Leasing, Zulassung, Garantien, Wartungspakete, Übergabe mit technischer Einführung, After-Sales Betreuung sowie weitere zusätzliche Servicepakete des jeweiligen Autohauses dazu.

Kunden fällt es zunehmend schwer, vergleichbare Produkte voneinander zu unterscheiden

Mit zuehmender Internationalisierung und Normierung vieler Produktkomponenten fällt es Kunden immer schwerer, vergleichbare Leistungen/Produkte zu unterscheiden. Die durch Internetzugang und vielfältige Vergleichs- und Informationsmöglichkeiten wachsende Markttransparenz aufseiten der Verbraucher stellt eine zusätzliche Herausforderung für die Anbieter dar.

Von Angeboten und Informationen förmlich überflutet, sehen Kunden als einzigen Ausweg aus ihrem Entscheidungsdilemma immer öfter nur noch den radikalen Preisvergleich als Lösung. Dass dabei allerdings oft „Äpfel mit Birnen" verglichen werden, liegt am gesichtslosen und uniformen Auftritt vieler Unternehmen.

zwei Möglichkeiten sich positiv von der Konkurrenz abzugrenzen

Es gibt nun zwei grundsätzliche Möglichkeiten, dieser Entwicklung Rechnung zu tragen, um sich von der Konkurrenz abzugrenzen und eine so genannte USP (Unique-Selling-Proposition; einzigartige Verkaufsvoraussetzung) zu erzielen:

1. Alleinstellung über den Preis

Der Preis wird vergessen, die Qualität bleibt.
Aus Frankreich

Gefahren der Reduzierung des Marketings auf Maßnahmen der Preispolitik

Neben den Discountern versuchen auch viele kleine und mittelständische Händler und Anbieter über niedrige – meist subventionierte – Preise die Kunden zum Kaufen zu bewegen. Wenn zunehmend der Trend zu beobachten ist, dass viele Kunden nur noch auf den Preis zu schauen bereit sind, birgt die Reduzierung des Marketings auf Maßnahmen der Preispolitik folgende Gefahren.

statt Kundenbindung Nomadisierung der Kunden

Nicht erst die „*Geiz-ist-geil-Kampagne*", sondern auch viele andere Rabattaktionen führen zu einer Nomadisierung der Kunden. Preisdumpings und Rabattschlachten stärken immer mehr den Shopping-Tourismus, dessen Folgen bereits heute in vielen Städten sichtbar sind (Leerstände, Voranschreiten von Ladenketten). Wenn einzig der Preis einer Ware für den Kunden der entscheidende Faktor für die Auswahl eines Anbieters ist, fühlt er sich nicht mehr an bestimmte Anbieter gebunden und sucht ständig nach neuen Schnäppchen.

Fast jedes Kernprodukt ist darüber hinaus über das Medium Internet erhältlich. Da Internethändler niedrigere Deckungsbeiträge erwirtschaften müssen – ihre Kosten sind bekanntlich wesentlich geringer als die von Anbietern mit Ladengeschäft – können sie ihre Produkte auch meist zu niedrigeren Endkundenpreisen anbieten.

Allerdings darf man jetzt nicht mit dem Finger auf die „wankelmütigen und treulosen Kunden" zeigen – wie dies von vielen Anbietern und Einzelhändlern getan wird –, die für dieses Desaster zuständig sein sollen. Welche Alternativen haben die Kunden denn, um eine Kaufentscheidung zu fällen?

Viele Anbieter und Händler selbst haben durch wenig signifikante Kommunikation, einfallslose Präsentation der Waren im Innen- und Außenbereich, durch gravierende Einsparungen auf dem Personalsektor (geringe Verkäuferdichte, fehlende Anreizsysteme, schlechte Aus- und Fortbildung, geringe Motivation), durch Streichung von Dienstleistung und Service, durch fehlende Individualisierung und auch mangelnde Transparenz ihres Produkt- oder Dienstleistungsangebotes dazu beigetragen, dass der Kunde lediglich den Preis als ausschlaggebende Komponente erkennen kann.

2. Alleinstellung über die Implementierung von persönlichen Produktkomponenten

Man muss in einer Branche nicht der Erste,
aber origineller sein als die anderen.
Paul Gauselmann (Erfinder u. Unternehmer)

Das Geheimnis des Erfolgs? Anders sein als die anderen.
Woody Allen (Schauspieler u. Regisseur)

Wie bereits erwähnt, führt die Normierung der Basisprodukte dazu, dass die einzelnen Anbieter sich lediglich noch über Preisunterschiede differenzieren. Diese selbstmörderische Minimierung der Margen – da die Rabattaktionen nicht zu einer wesentlichen Erhöhung des Absatzvolumens führen, reduzieren sich die Einkaufspreise nicht in dem Maß, wie sich die Verkaufspreise verringern – führt in den meisten Fällen zur Austrocknung des Unternehmens und somit zum Exitus!

Rabattaktionen kommen teuer zu stehen, da sie nicht notwendig auch zu höheren Absätzen führen

Einige große Markenartikler haben dies erkannt und gehen hier den wesentlich erfolgreicheren Weg der Implementierung von individuellen unternehmensspezifischen Produktkomponenten in an sich normierte Produkte.

Seit beispielsweise die Mobilfunkanbieter Telefone mit eigenem Branding und auf die eigenen Internetdienste abgestimmter Software anbieten, hat sich deren Verdienst mit diesen gebrandeten Handys gegenüber den üblichen Handys fast verdoppelt.

ABER AUCH GERADE MITTELSTÄNDISCHE UND KLEINE REGIONALE ANBIETER HABEN AUSREICHEND MÖGLICHKEITEN, OHNE GROSSE INVESTITIONEN IHRE ANGEBOTENEN NORMPRODUKTE ZU PERSONALISIEREN.

Dabei spielt die eigene Unternehmens-CI eine wesentliche Rolle. Die normierten Standardautos kann beispielsweise jeder Autohändler und im Prinzip auch jeder Baumarkt, Lebensmittelmarkt oder jedes Versandhaus vertreiben. Dank der einheitlichen Regelungen innerhalb der EU kommen noch weitere Vertriebler mit günstigsten Konditionen dazu. Die nach eigenen Vorstellungen und der Art des jeweiligen Autohauses kreierten Sondereditionen gibt es jedoch nur in diesem einen Autohaus. Das Gleiche gilt auch für alle anderen Branchen. Die wichtigste Grundlage ist und bleibt dabei die *unverwechselbar, überzeugend und nachhaltig umgesetzte eigene Identität des Unternehmens*.

Oft fehlt den mittelständischen Unternehmen eine Persönlichkeit und viele nur scheinbar „persönliche" Komponenten sind lediglich bei Branchenkollegen abgekupfert und aus diesem Grund auch wieder austauschbar. Ein Kfz-Sondermodell, das nur mit einem serienmäßigen Winterreifenpaket oder einer in jedem Zubehörkatalog des jeweiligen Herstellers erhältlichen Alufelge ausgestattet wird, weist neben dem Preisvorteil keine „persönlichen" Eigenschaften auf. Eine Kombination mit regionalen (Jahreskarten für einen Freizeitpark oder ein prämiertes Strandbad) oder limitierten Specials (Spezialfelge, Spezialleder, Fotokalender mit dem eigenen Fahrzeug) hingegen ist eng mit dem Anbieter verknüpft und trägt seine persönliche Markierung. Der Mut zu eigenen Wegen muss gar nicht so stark ausgeprägt sein. Die Gefahr von Kundenverlusten ist meist geringer , dafür aber die Chance von Kundengewinnen meist höher als eingeschätzt. Der Grund dafür, dass trotz dieser Tatsache so wenige Unternehmer den persönlichen Weg einschlagen, ist weniger unternehmerisches Kalkül als vielmehr menschliche Trägheit.

Da gerade *branchenübergreifende Netzwerke sind ein wahrer Quelltopf für neue Ideen* sind, sollten Sie in Ihrer Region solche Netzwerke suchen. Verzichten Sie lieber auf die vor vielfach Selbstmitleid triefenden Branchenmeetings, die in der Regel nur wenig neue Impulse setzen.

1.1.1 Die Persönlichkeit des Unternehmers

Menschen sind ersetzbar; eine Persönlichkeit nicht.
Unbekannt

Nur Persönlichkeiten bewegen die Welt, niemals Prinzipien.
Oscar Wilde (Literat)

„Was bin ich?" hat Robert Lemke über Jahre mit Erfolg stellvertretend für seine geheimnisvollen Gäste das prominente Rateteam gefragt und die

Nation hat gebannt mit geraten. „*Wer oder was bin ich?*" könnten heute auch viele Unternehmer, sowohl solche der großen Wirtschaft als auch der Regionalwirtschaft, viele Menschen fragen und es gäbe ein stundenlanges Raten, bei dem ein Sparschwein bestimmt nicht reichen würde, um alle Fünfmarkstücke zu fassen.

Woran liegt es, dass die Öffentlichkeit weder die Krupps und Henkels – außer sie stehen mit einer Skandal-Story in den Goldenen Blättern und Bildzeitungen – noch die Tante Emmas und anderen Regionalunternehmer wirklich (er-)kennt? *Anbieter und Unternehmen sind vielfach unbekannt*

Sicherlich spielt die jüngste Entwicklung auf den Starbühnen der Öffentlichkeit eine Rolle, bei der immer grellbuntere Vögel die anderen bunten Vögel in den Schatten stellen. Doch auch in der Vergangenheit gab es immer wieder solche Erscheinungen.

Ein weiterer möglicher Grund scheint der zunehmende Mangel an Allgemeinbildung und Interesse für Politik, Wirtschaft, Kultur und Gesellschaft zu sein. Doch gerade dieser Grund ist eher eine Folge des Ursprungsproblems, dem Mangel an authentischen und wirklichen Persönlichkeiten. *Mangel an authentischen und wirklichen Persönlichkeiten*

Nicht nur die Elitenbildung, sondern auch die Entwicklung und Förderung von Persönlichkeiten ist in unserem Land ein großes Problem. Schon in den Kindergärten und Schulen wird versucht, jedes Kind in ein allgemein gültiges und normiertes System einzufügen. Individualität ist zu zeit-, personal- und kostenaufwändig und muss von daher eingedämmt werden. Auch im Berufsleben wird meist die geordnete Nutzung der allgemeinen „Arbeitskraft" der Einbringung der gesamten persönlichen Kapazität vorgezogen. Wo sollen dann noch die Persönlichkeiten herkommen?

Unsere Gesellschaft und unsere Wirtschaft braucht dringend mehr Persönlichkeiten. Denn nur authentische Menschen haben den Mut eigene Entscheidungen zu treffen sowie die volle Verantwortung dafür zu übernehmen und auch die Energie, diese Entscheidungen dann in die Tat umzusetzen.

Was alle Erfolgreichen miteinander verbindet, ist die Fähigkeit, den Graben zwischen Entschluss und Ausführung äußerst schmal zu halten.
Peter F. Drucker (Managementlehrer)

Wirkungsvolle Autorität beruht nicht auf Privilegien, sondern auf mehr Wissen, Einsatz und Energie.
Cyril Northcote Parkinson (Historiker u. Publizist)

In meiner Funktion als Vorstandsmitglied einer Wirtschaftsvereinigung bin ich auch für die Rekrutierung von Referenten zuständig. Ich suche dabei nach eben diesen wirkungsvollen Autoritäten, von denen man immer wieder etwas lernen kann und bei denen es nie langweilig wird zu-

zuhören. Die Überzeugung, ihre Visionen auch in die Tat umzusetzen zu können, gibt ihnen die Energie, auch dann nicht aufzugeben, wenn andere schon längst das Handtuch geworfen haben. Die Formulierung „Das geht aus irgendeinem Grund einfach nicht und damit ist die Sache erledigt", also die Kapitulationserklärung vor den kleinen und größeren Schwierigkeiten, ist ihre Sache nicht. Wenn nicht auf diesem Weg, dann muss es eben einen anderen geben, um das gesteckte Ziel zu erreichen.

Im folgenden Kapitel nehme ich Sie auf einen kleinen Exkurs zum Thema Persönlichkeitsentwicklung mit.

1.1.2 Exkurs: Persönlichkeitsentwicklung, Markenentwicklung, EGO-Marketing

In den beiden vorangegangenen Kapiteln habe ich Ihnen verdeutlicht, wie wichtig die Entwicklung und Pflege der eigenen Persönlichkeit bzw. Marke ist. Mit diesem Exkurs zeige ich Ihnen das Potenzial des EGO-Marketings, d.h. der Vermarktung des „Produktes Ich" auf.

das menschliche Ego als Produkt, das es zu vermarkten gilt

Sie haben richtig gelesen! Auch wenn Sie angesichts der Auffassung Menschen als Produkte zu begreifen, zunächst einmal schlucken und unwillkürlich an den Menschen als willenlose und kalkulierbare Maschine denken – es geht in diesem Kapitel tatsächlich um das menschliche EGO als Produkt, das es zu vermarkten gilt.

Während meiner Dozententätigkeit an einer Privatakademie für Werbung und Kunst fiel mir auf, dass viele Studenten zwar über gute bis sehr gute Marketingkenntnisse verfügten, bei der Erstellung der Marketingstrategie für ihre eigene Person – im Allgemeinen spricht man hier eher von Bewerbungen und Bewerbungsunterlagen – aber große Probleme hatten. Der gewöhnliche Sprachgebrauch kennt zwar Formulierungen wie „Man muss sich gut zu verkaufen wissen", doch die Umsetzung sieht oft nur wenig professionell aus.

Das allgemeine Bedürfnis nach Normierung hat auch den Personalmarkt fest im Griff. Bewerbungsmappenvordrucke, Bewerbungstrainings auf CD-ROM oder Seminare für Bewerber auf der einen Seite – und auf der anderen Seite normierte Assessment-Center und Checklisten. Beides ist jedoch nur ein Teil des Problems. Die Scheu gesunde und in der Praxis des Lebens entwickelte Menschenkenntnis einzusetzen führt bei vielen Personalverantwortlichen zur Reduktion des „Produktes" Mitarbeiter auf nackte Kennzahlen.

Dabei ist das Produkt Ego ist viel zu wichtig und wertvoll, um es auf wenige, vorgefertigte Vita-Seiten, kopierte Schulzeugnisse und eventuelle Praktikums-Bescheinigungen zu reduzieren.

Gemeinsam mit meinen Studenten habe ich ein Semester lang das Thema EGO-Marketing aufbereitet und bearbeitet. Zu Beginn galt es erst einmal, die eigene Sichtweise von sich selbst zu überprüfen und gegebenenfalls zu überarbeiten. Während des Studiums haben die Studenten gelernt, ihre Kreativität zu entdecken und für ihre Arbeit zielgerichtet einzusetzen.

Um eine Marketingstrategie für ein Produkt zu entwickeln, muss man alle Komponenten dieses Produktes berücksichtigen. Die vier klassischen Marketinginstrumente (Produkt-, Preis-, Distributions- und Kommunikationspolitik) sollten auch für die Vermarktung des Produktes EGO eingesetzt werden.

Die vier klassischen Marketinginstrumente auch für die Vermarktung des Produktes Ego einsetzen

Nachdem die Studenten ihre eigene normierte Vorgehensweise bei der Bewerbung aufgegeben hatten – ich schreibe, wie alle, meine Bewerbungsmappe, füge Zeugnisse und einige Arbeitsproben bei und warte dann auf Rückmeldungen – ging es direkt an die praktische Umsetzung der neuen Ideen.

Jede/jeder startete im Rahmen der Produktpolitik mit der Betrachtung des eigenen Produktes EGO. Bei der realistischen Einschätzung waren natürlich die Interviews mit den Kommilitonen im Rahmen der Marktforschungsanalyse sehr hilfreich. Die „Ist-Analyse" fiel dabei meist positiver aus als viele befürchtet hatten. Vor allem führten die Interviews dazu, dass Produkteigenschaften, die die EGOs selber gar nicht in Betracht gezogen hatten (*„Diese Eigenschaften sind doch für meinen Job nicht wichtig"*) als positive Produktkomponenten mit einbezogen wurden. Im Rahmen der „Soll-Analyse" lernten die Teilnehmer auch, ihre angestrebte Zielgruppe (die einstellenden Unternehmen) konkret zu definieren, anstatt strukturlos nach irgendeinem Job zu suchen. Entsprechende Differenzen zwischen Ist und Soll konnten anschließend wesentlich besser erkannt und auch behoben werden. Ein positiver Nebeneffekt dieses ersten Trainingsteils war die Entwicklung eines gesunden, weil realistischen Selbstbewusstseins.

Marktforschung

Entwicklung eines realistischen Selbstbewusstseins

Dieses wurde im zweiten Teil dazu benötigt, dass Instrument der Preispolitik einsetzen zu können. Anfängliche Versuche, allgemeine Gehaltslisten 1:1 zu übernehmen, wichen schnell der Erkenntnis, dass solche Unterlagen lediglich als Kalkulationshilfe dienen können. Zu unterschiedlich waren die Eigenschaften der EGOs, als dass ein einheitlicher Preis für die „gleiche berufliche Tätigkeit" gefunden werden konnte. Schnell wurde auch klar, welche Produkteigenschaften den Preis steigern und welche für die entsprechende Zielgruppe unwesentlich und somit preisneutral sind.

Preispolitik

Das Instrument der Distributionspolitik wurde anfänglich als vernachlässigbar angesehen, gewann aber bald an Bedeutung. Das Thema Mobilität des Produktes war für die meisten Studenten kein Problem – im Gegensatz zu vielen unserer Mitbürger. Viel wichtiger war das Segment Rohstoffe! Ja, auch das Produkt EGO benötigt gewisse Rohstoffe. Ich meine hier nicht den Einsatz an Lebensmitteln zum Abwenden eines Totalschadens, sondern den nicht nur in kreativen Berufen benötigten Einsatz der Rohstoffe geistige Impulse, mentale Energie, Motivation und Information. Was ist nur aus dem Volk der Dichter und Denker geworden,

Distributionspolitik

dass es vielfach und über Jahre hinweg diese Rohstoffe sträflich vernachlässigt hat. Die meisten Maschinen werden in Deutschland besser behandelt als das viel wichtigere Produkt EGO.

Kommunikationspolitik

Gegen Ende des Semesters stand dann im Rahmen der Kommunikationspolitik die Festlegung auf bestimmte Werbemittel, die Erstellung derselben sowie die Präsentation der Endergebnisse auf dem Lehrplan. Neben hervorragenden Katalogen, Prospekten, Anzeigenkampagnen, Below-the-line-Aktionen, Radiospots und Giveaways konnte ich vor allem eines feststellen: Die meisten Studenten waren sich ihres EGOs bewusster geworden und gingen das Thema „Bewerbung" genauso selbstbewusst und kreativ an, wie die Vermarktung eines „gewöhnlichen" Produktes.

Entwickeln Sie eine Marketingstrategie für Ihr Produkt Ego

Auch Sie können, egal ob Sie sich gerade für einen Arbeitsplatz oder als Unternehmer für einen Auftrag bewerben oder Ihrem „Tagesgeschäft" nachgehen, einmal Ihr Produkt EGO analysieren und eine Marketingstrategie dafür entwickeln. Es ist nie überflüssig oder ineffektiv.

Für die grundlegende Ist-Soll-Analyse sollten Sie gemeinsam mit einem guten Freund (aber bitte nicht mit dem Lebenspartner/der Lebenspartnerin) das Produkt EGO einmal „von außen" betrachten. Machen Sie sich dabei frei von Vorbehalten, Bewertungen, Verteidigungen etc. und sehen Sie Ihr Produkt ganz sachlich. Ohne diese harte Faktensammlung kommen Sie zu keinem effektiven Ergebnis. Natürlich kann man „alles irgendwie erklären", das bringt aber in diesem Fall nichts. Nehmen Sie sich für die Analyse ausreichend Zeit und Ruhe. Sie ist immerhin das Fundament Ihrer „lebensnotwendigen" Marketingstrategie – im Fall des Produktes EGO kann man auch von einem Lebensmodell sprechen.

Bitten Sie Ihren Bekanntenkreis doch einmal um das Ausfüllen von Bewertungsbögen (ohne Namensnennung), aus denen Sie bestimmt interessante Details über Außenwirkung und Fremdwahrnehmung Ihres Produktes erfahren können.

Definieren Sie danach die Zielgruppe. Dies gilt sowohl für die berufliche als auch für die private Zielgruppe. Man sollte sich ab und zu die Zeit nehmen, auch die private Zielgruppe zu analysieren, bevor man in Grenzsituationen des Lebens plötzlich unliebsame Überraschungen erlebt. Nach Erstellung der Ist-Soll-Analyse erkennen Sie vermutlich bereits die ersten Differenzen. Diese sollen Sie jedoch nicht nur nickend zur Kenntnis nehmen, sondern im Rahmen der Produktpolitik möglichst auch beheben. Erstellen Sie einen Plan, mit dem Sie diese Differenzen zielgerichtet aufarbeiten.

Befassen Sie sich im nächsten Schritt mit der Preisfestlegung. Kalkulieren Sie einen realistischen Preis für Ihre Leistungen. Verlassen Sie sich nicht alleine auf die Preiswünsche der Nachfrager, sondern errechnen Sie einen marktfähigen und für Sie Gewinn bringenden Preis. Dank der genauen Analysen im Rahmen der Produktpolitik können Sie dann gegenüber den Nachfragern dezidiert argumentieren. Beziehen Sie dabei – z.B. als potenzieller Mitarbeiter eines Unternehmens – in Ihre Argumentation auch Qualifikationen mit ein, die nicht direkt für die Arbeitsplatzanforderung benötigt werden. „Verkaufen" Sie diese Produkteigenschaften als entsprechenden Zusatznutzen für das Unternehmen. Das setzt natürlich voraus, dass Sie sich im Vorfeld mit Ihrem zukünftigen Arbeitsplatz detailliert beschäftigt haben.

Informieren Sie sich im Rahmen der Distributionspolitik über die Verfügbarkeit der Rohstoffe. Um lange Zeit erfolgreich ein Unternehmen leiten oder für ein Unternehmen arbeiten zu können, muss auch die „Chemie" stimmen – hier taucht wieder in interessanter Form das Bild der Rohstoffe auf.

Reduzieren Sie sich im Rahmen einer Bewerbung um einen Auftrag / Arbeitsplatz nicht auf die allgemeine Firmendarstellung / Vita und ein paar noch so gute Referenzen / Zeugnisse. Das ist nur ein ganz kleiner Bestandteil Ihres Produktes. Stellen Sie dem zukünftigen Konsumenten das Produkt wesentlich realitätsnäher vor und lassen Sie dabei auch Ihre Kreativität zum Zuge kommen. Arbeitgeber / Kunden, die größten Wert auf eine normierte Bewerbung legen, sind auch beim späteren Arbeits-/Auftragsverhältnis normiert. Sie können zwar versuchen, Ihr Produkt EGO irgendwie und an irgendwen zu verramschen (nach dem Motto: *„Meine Zielgruppe umfasst alle Arbeits-/Auftraggeber; Hauptsache, ich bekomme irgendeine Arbeit und mache fast alles"*). Sie sollten sich dann jedoch nicht darüber beschweren (wie es viele Einzelhändler tun), dass sich kein interessanter und solventer Neukunde bei Ihnen als Nachfrager meldet.

Stellen Sie Ihr Licht nicht unter den Scheffel

Sie können schon an diesen kurzen Ausführungen zum Thema „EGO-Marketing" sehen, dass der effektive Einsatz sowohl im beruflichen als auch im privaten Bereich zu einem zufriedeneren Leben führt, weil Sie sich selbst ernst nehmen, dadurch Ihr Leben authentisch wird und Sie eine komplett andere Ausstrahlung haben.

1.1.3 Das Unternehmen als Spiegelbild des Unternehmers

*Die meisten Menschen bewegen sich auf dem goldenen Mittelweg
und wundern sich, wenn er verstopft ist.*
Hellmut Walters (Schriftsteller)

Die Trennung von Beruf und Privatleben, die ich immer wieder in Gesprächen feststelle, mag für Angestellte ohne leitende Verantwortung noch realisierbar sein, wenn so eine Einstellung auch eher schädlich sowohl für das Unternehmen als auch für die betreffende Person selber ist. Leitende Angestellte und erst recht Unternehmer können, wenn sie wirklich authentisch und erfolgreich sein wollen, diese unnatürliche Unterscheidung nicht vornehmen. In meiner täglichen Praxis stoße ich allerdings viel zu oft auf Ausnahmen von dieser Regel. Das Unternehmen ist dann nicht Spiegelbild des Unternehmers, sondern zeigt nur unzusammenhängende Teile des Unternehmers, die künstlich mit fremden allgemein gültigen Teilen aufgefüllt werden.

Gründe für die Trennung von Beruf und Privatleben

Wenn man keine Schizophrenie unterstellen will, kann die Trennung von Beruf und Privatleben doch nur zwei Ursachen haben:
- Der Mensch steht nicht hinter seinem Job, weil er nur zum Geldverdienen, aber nicht zur Entfaltung der eigenen Person gut ist. Unternehmen sollten deshalb auch bei Bewerbergesprächen nicht in erster Linie nach den Gehaltsvorstellungen, sondern nach den Entfaltungs-/Gestaltungsvisionen der Bewerber fragen!
- Er findet in seinem Beruf nicht genügend Herausforderungen, weil dieser nicht den persönlichen Neigungen und Fähigkeiten entspricht. Für Unternehmer und Mitarbeiter gilt, dass eine Firma nicht in erster Linie Cash-Cow sein kann und darf, sondern ein Kreativprojekt, das man gestaltet und mit dem man, wenn man seine Arbeit gut macht, natürlich auch Geld verdient.

Gerade im deutschsprachigen Kulturraum wird in den meisten Unternehmen zu viel Wert auf Sachlichkeit, angeblich allgemein gültige Fakten und Uniformität gelegt. Bevor man durch persönliche Inhalte zu sehr von der branchentypischen Grundlinie abweicht, beschränkt man sich lieber auf herrschende Grundlagen. Das führt zur bekannten Eintönigkeit und Austauschbarkeit vieler Unternehmen und Produkte.

LEBEN SIE ALS UNTERNEHMER MITARBEITERN UND KUNDEN 100 PROZENT AUTHENTISCHE PERSÖNLICHKEIT IN ALLEN BEREICHEN IHRES LEBENS VOR.

Erfolgreiche Menschen, von denen man sagt, dass Sie durch Ihre Persönlichkeit gewirkt haben und ihre Aura einen ganzen Raum sofort erfüllt hat, sind immer und in jeder Situation und Umgebung eine authentische Person.

Authentisch und individuell geführte Unternehmen setzen sich positiv von den Mitbewerbern ab

Auch die Lösung für das Problem der Unterscheidbarkeit von den Mitbewerbern, die so genannte Unique Selling Proposition (USP), liegt in Ihrer Persönlichkeit und der Persönlichkeit Ihres Unternehmens begründet, welche durch die vielen einzelnen Persönlichkeiten aller Mitarbeiter geformt wird. Genau wie jeder Fingerabdruck und jede Iris ist auch jeder Mensch einmalig und somit auch jede Ansammlung verschiedener Menschen.

SIE UND IHRE MITARBEITER PRÄGEN – OB SIE DAS ZULASSEN WOLLEN ODER NICHT – DAS ERSCHEINUNGSBILD IHRES UNTERNEHMENS UND MACHEN SO AUSTAUSCHBARE PRODUKTE ODER DIENSTLEISTUNGEN EBENFALLS EINMALIG.

Legen Sie deshalb den größten Wert auf die Auswahl und langfristige Kooperation mit Ihren Mitarbeitern. Es ist ähnlich wie bei Kunden wesentlich effektiver vorhandenes Potenzial zu pflegen und weiterzuentwickeln, als immer wieder neues zu rekrutieren und in das Unternehmensgeflecht einzuweben. Die Persönlichkeit Ihres Unternehmens ist ein Markenzeichen, das Sie zwar nicht patentrechtlich schützen müssen, das Sie aber immer optimal pflegen sollten.

1.2 Know-how durch umfassende Marktbeobachtung

Wenn ich Hundefutter verkaufen will, muss ich erst einmal die Rolle des Hundes übernehmen; denn nur der Hund allein weiß ganz genau, was Hunde wollen.

Ernest Dichter (Sozialforscher)

Am Markt lernt man die Leute kennen.

Dt. Sprichwort

„*Dafür habe ich nun wirklich nicht auch noch Zeit!*" ist die Antwort, die ich in den meisten Fällen höre, wenn ich bei Vorträgen oder in Beratungsgesprächen das Thema umfassende Marktbeobachtung anspreche. Auch folgt an dieser Stelle vielfach der Verweis darauf, dass „die Großen" dafür ja schließlich auch eine eigene Abteilung hätten. Diesen Luxus könne man sich als „Kleiner" in der Branche nicht leisten.

Bei den Referaten zum Thema „Guerilla-Marketing" zitiere ich an dieser Stelle immer den Volksmund mit dem Spruch „*Wissen ist Macht*" und führe dann am Beispiel der Guerilleros aus, dass das einzige wirkliche Machtinstrument der Guerilleros im Kampf gegen ansonsten übermächtige Gegner die umfassende Information über das von ihnen beherrschte Gebiet ist. Sie kennen sprichwörtlich jeden Grashalm, jedes Versteck und auch jeden Menschen und wissen ganz genau, wie sie sich in ihrem Areal bewegen müssen und auf wen oder was sie sich verlassen können und wovor sie sich in Acht nehmen müssen.

Nur möglichst umfassende Information über den eigenen Markt verschafft den „Kleinen" Wettbewerbsvorteile

Vage Vermutungen und die Meinungen und Einschätzungen anderer sind zwar manchmal ganz hilfreich. Um die eigene Strategie zum Erfolg zu führen, muss sich der Guerilla-Anführer aber immer sein eigenes Bild von der Situation machen. Sein großer Vorteil gegenüber den großen und ortsfremden Einheiten ist immer der „direkte Draht" zu den Realitäten und Verhältnissen vor Ort.

Direkter Draht" zur Realität vor Ort

Wie beim Kinderspiel „Stille Post" verlieren Informationen, die erst durch verschiedene Abteilungen weitergereicht werden, immer an Authentizität, weil jeder Übermittler die Details unterschiedlich versteht, bewertet und entsprechend gewichtet weitergibt. Der strategische Leiter eines großen Stabes hat somit selten zeitnahe und authentische Informationen.

zeitnahe und authentische Informationen

Schauen Sie sich in der alten und neuen Geschichtsschreibung um, entdecken Sie viele Belege für diesen Sachverhalt. Schon in der Antike verloren übermächtige Heere in fremden Ländern gegen kleine Kampfeinheiten ortsansässiger Krieger. Auch in jüngerer Vergangenheit zeigen die großen Probleme der russischen und amerikanischen Großmacht beim Kampf gegen kleine, waffentechnisch schlecht ausgestattete Guerillakämpfer in Afghanistan, Tschetschenien und dem Irak, dass Größe nicht unbedingt auch die Vorherrschaft sichert. Entsprechende Parallelen finden Sie auch überall in der Wirtschaftsgeschichte.

Größe sichert nicht notwendig auch Vorherrschaft

Da mangelnde Informationen zu Fehlentscheidungen und als Folge davon dann auch zu Verlusten führen, sollten Sie alle zur Verfügung stehenden Quellen nutzen und immer genügend Zeit für die Aufnahme von Informationen einplanen.

In den folgenden Kapiteln werde ich detailliert auf die jeweiligen Informationsquellen des Unternehmers eingehen und Ihnen das entsprechende Potenzial aufzeigen.

1.2.1 Informationsquellen des Unternehmers

Informationsquellen nicht nur sporadisch, sondern kontinuierlich und ausgiebig ausschöpfen

Wie bereits in der Einleitung zu diesem Abschnitt erwähnt, sollten Sie die Ihnen zur Verfügung stehenden Informationsquellen nicht nur sporadisch nutzen, sondern kontinuierlich und ausgiebig ausschöpfen.

EIN STRATEGISCH ANGELEGTES UND AUSGEDEHNTES INFORMATIONSNETZWERK IST DAS WICHTIGSTE HILFSMITTEL EINES UNTERNEHMERS.

Der hieraus zu ziehende Nutzen ist in den meisten Fällen auf andere Art und Weise nicht finanzierbar. Vielen Wissenschaftlern wird unterstellt, dass sie sich in einen Elfenbeinturm zurückgezogen haben und nicht in der realen Welt leben. Bei vielen Unternehmern hat man allerdings das Gefühl, dass dieses Bild auch für sie gilt. Bei ihren Entscheidungen spielen nicht die exakten Informationen eine Rolle, sondern irgendwo aufgeschnappte Meinungsäußerungen, die aufgrund eines mangelhaften Know-how-Pools auch nicht auf ihren Wahrheitsgehalt überprüft werden können. So werden veränderte Trends und Entwicklungen oft erst erkannt, wenn sie sich durch ausbleibende Kunden und Umsätze bemerkbar machen und eine Reaktion nur noch mit hohem Aufwand möglich ist.

Ein erfolgreicher Unternehmer absolviert nicht nur das Pflichtprogramm, sondern auch die Kür. Reden Sie mit Ihren Mitmenschen an jedem Ort, an denen sie Ihnen begegnen auch über Ihre Produkte, Ihr Unternehmen, Ihre Kunden und Gedanken, die Sie bewegen und bitten Sie sie um eine Meinungsäußerung. Die Bedienung im Restaurant, der Friseur beim Haare schneiden, der Taxifahrer oder Ihr Sitzplatznachbar in öffentlichen Verkehrsmitteln, die Verkäuferin in Ihrem Bekleidungsgeschäft oder auch die Verkäuferin im Zeitschriftenladen sind wichtige Bestandteile Ihres Informationspools. Setzen Sie Ihr Know-how auch geschickt als Tauschmittel ein, um im Gegenzug von anderen Unternehmern wieder qualitativ hochwertiges Hintergrundwissen zu erhalten.

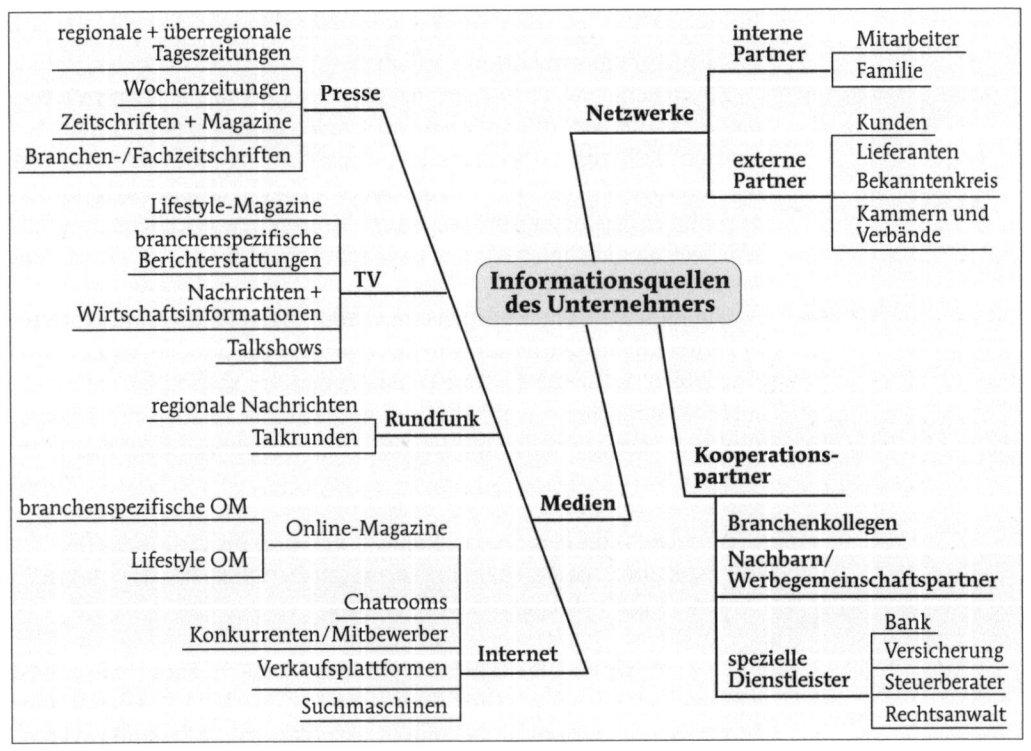

Abb. 2: Informationsquellen des Unternehmers

1.2.1.1 Die Medien (Druck, TV, Funk, Internet)

Die Zeitschriftenhandlungen in Bahnhöfen oder am Flughafen besuche ich in regelmäßigen Abständen. Es gibt immer wieder neue und interessante Magazine, die die normalen Händler in den Städten oder Vororten nicht in der Auswahl führen. Dabei konzentriere ich mich nicht nur auf die Titel meiner Branche, sondern recherchiere in allen möglichen Themenbereichen nach neuesten Trends und Themen.

Dank des Internets muss man heute nicht mehr alle möglichen Zeitschriften als Papierversion abonnieren, sondern kann sich auf der Homepage vieler Magazine als Abonnent eines kostenlosen regelmäßigen Mailingservices eintragen. Das erspart nicht nur Kosten, sondern auch die Lagerung und Entsorgung der Papierausgabe.

Im Durchschnitt habe ich ca. 25 bis 30 verschiedene Zeitschriften pro Monat in meinem Portfolio. Hinzu kommen die Kammerzeitung, die Magazine diverser Autohersteller, meiner Versicherer und meiner Bank. Am Wochenende bieten die Sonntagsausgaben diverser Verlage eine gute Informationsplattform.

breite Informationsplattform schaffen

Auch wenn Ihnen diese Vielfalt auf den ersten Blick etwas übertrieben erscheint, haben Sie doch nur dann einen Wissensvorsprung vor Ihren Mitbewerbern und einen Überblick über den Markt, wenn Sie sich eine breite Informationsplattform schaffen.

Netzwerkinformationen

Zusätzlich halte ich auch immer die Augen für solche Themen offen, die bestimmte wichtige Kollegen und Kunden interessieren könnten. Sobald ich diesbezüglich fündig werde, sende ich ihnen eine kurze Mail oder den Ausschnitt per Post. Dieser Service ist nicht nur eine nette Geste meinerseits. Einige dieser Kontaktpartner informieren mich jetzt ebenfalls über wichtige Fakten, die ihnen zu Ohren kommen oder die sie bei ihrer Recherche entdecken.

Um dieses Informationspensum abarbeiten zu können, nutze ich jedes erdenkliche Zeitfenster, von der Wartezeit im Stau, vor einem Kundentermin, während der Essenspausen und vor dem Einschlafen. Da mein Mobiltelefon sowohl über eine gute Kamera als auch eine Diktierfunktion verfügt, kann ich Ideen und Impulse jederzeit auch digital archivieren.

Nutzen Sie die regionalen Radiosender und die regionale Tageszeitung, um sich über die aktuellen Entwicklungen in Ihrer Region auf dem Laufenden zu halten.

Auch wenn Sie kein Freund des Zapping sind, sollten Sie sich ab und zu während der PrimeTime Ihrer Kernzielgruppe durch die Programme der Fernsehsender zappen. Dabei geht es nicht darum, die Sendungen komplett zu sehen, sondern einen Überblick über die zur Zeit angesagten Formate und Inhalte zu bekommen. Es geht nicht in erster Linie darum, wie Sie bestimmte Sendungen finden und welche Einstellung Sie bezüglich Talkshows, Gameshows, Gerichtsshows etc. haben. Wenn Sie mit Ihren Mitarbeitern und Kunden nicht mitreden und mitdenken können, haben Sie schon eine wichtige Plattform verloren.

zeitnahe und umfassende Information im Internet

Der Umgang mit dem unendlichen Angebot des Internets sollte Ihnen nicht nur vertraut sein, Sie sollten sich auch regelmäßig im Internet aufhalten. Keine Generation vor uns hatte dieses zeitnahe und umfassende Informationsmedium. Suchen Sie sich zusätzlich zu den permanent frequentierten Informationsseiten Ihrer Branche auch Netzwerkpartner in aller Welt und kommunizieren Sie mit Branchenkollegen in aller Welt über neue Absatzchancen und -kanäle, neue Produkte und Geschäftsideen oder über die Lösung eines Problems, das Sie mit ortsansässigen Kollegen nicht diskutieren wollen oder können.

Wenn Sie dieses umfangreiche Informationsangebot nicht nur zur Kenntnis nehmen, sondern effektiv bearbeiten und ausschöpfen, haben sie es nicht länger nötig, immer wieder nur auf altbewährte Konzepte zurückzugreifen oder das Rad immer wieder neu zu erfinden. Sie werden feststellen, dass es so viele verschiedene für Sie und Ihre Kunden neue, gute und in anderen Märkten bereits erprobte Ideen gibt, die Sie nur noch für Ihr Unternehmen adaptieren müssen. So können Sie sich viel Zeit und Probleme bei der Erfindung eigener völlig neuer Möglichkeiten sparen und bieten Ihren Kunden trotzdem immer wieder etwas Neues an.

Erfahrungen und Informationen von anderen Märkten auf das eigene Geschäftsfeld übertragen

1.2.1.2 Die Mitarbeiter

Eine vielfach unterschätzte und nicht ausgeschöpfte Quelle diverser Informationen sind die Mitarbeiter Ihres Unternehmens. Viele Unternehmer finanzieren lieber einen externen Berater, um an bestimmte Informationen zu gelangen, bevor sie ihre eigenen Mitarbeiter fragen würden. Warum? Sind Ihnen Ihre Mitarbeiter nicht ehrlich oder intelligent genug? Nun, dann haben Sie wohl bei der Einstellung derselben oder bei der Mitarbeiterführung etwas falsch gemacht.

Jeder Ihrer Mitarbeiter ist eine Sammelstelle der verschiedensten Informationen. Aktivieren Sie auch diese Quelle schnellstmöglich, und zwar von der untersten bis zur obersten Position. Es geht hier nicht um das Aushorchen der Kollegen, sondern die kreative Nutzung des oft brach liegenden Potenzials, dass Sie meist nicht mehr kostet als Aufmerksamkeit und etwas mehr Zeit mit Ihren Mitarbeitern. Bauen Sie hierarchische Hemmschwellen ab und Vertrauen auf. Führen Sie nicht nur Gespräche mit Ihren Führungsteams, sondern organisieren Sie mit den verschiedensten Mitarbeitern in wechselnder Zusammensetzung Gesprächsrunden in entspannter Frühstücks- oder Mittagessenatmosphäre.

Bauen Sie hierarchische Hemmschwellen ab und Vertrauen auf

Unterstützen und fördern Sie die Kommunikation in Ihrem Unternehmen und vermeiden interne Informationsblockaden und Machtkämpfe.

Kennen Sie überhaupt das ganze Potenzial Ihrer jeweiligen Mitarbeiter? Legen Sie ähnlich wie für Ihre Kundenkontakte eine umfassende Datensammlung über jeden Mitarbeiter an. Erkundigen Sie sich nicht nur nach den allgemeinen Personaldaten, sondern eruieren Sie Informationen über Hobbies, sonstige ehrenamtliche Engagements, zusätzliche Fähigkeiten und Fertigkeiten Ihrer Mitarbeiter. Notieren Sie zusätzlich, über welche Netzwerke die einzelnen Personen verfügen und bei welchen Projekten sich der Mitarbeiter auch außerhalb der eigenen Abteilung gerne engagieren würde. Sehen Sie den ganzen Menschen und profitieren damit auch von dessen komplettem Know-how.

umfassende Datensammlung über jeden Mitarbeiter

Selbstbewusste und aktive Mitarbeiter sind das wichtigste Kapital, über das Ihr Unternehmen verfügt. Sollten Sie aus persönlichen Gründen ein Problem damit haben, arbeiten Sie lieber an Ihrem eigenen Selbstbewusstsein und nicht an der Unterdrückung der positiven Ressourcen Ihres Unternehmens.

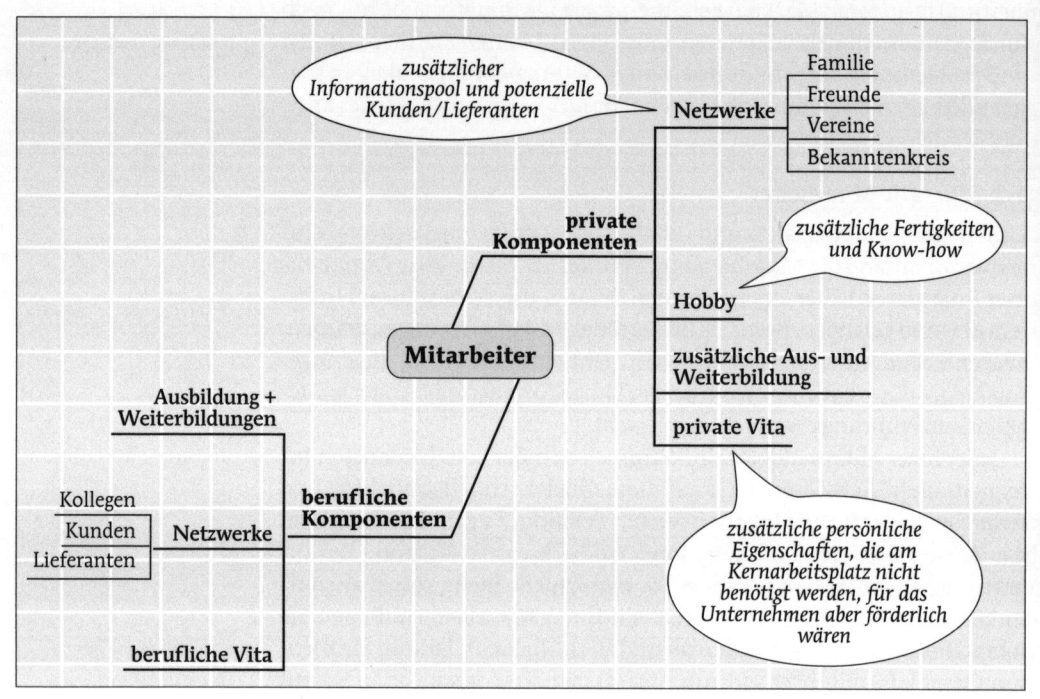

Abb. 3: Das Potenzial der Mitarbeiter ausschöpfen

1.2.1.3 Die Kunden

*Wer nicht ständig im Gespräch mit dem Kunden ist,
hat am Markt bald nichts mehr zu sagen.*

Horst Skoludek (ehemal. Vorstandssprecher Carl Zeiss Stiftung)

Der Informationsfaktor Kunde wird meist sträflich vernachlässigt

Auch in Zeiten, in denen alle Welt von CRM (Customer-Relationship-Management), also dem aktiven Kundenmanagement spricht, wird der Informationsfaktor Kunde meist sträflich vernachlässigt. Viele Seminare und auch noch so ausgefuchste Software und die entsprechende Anwendung bringen selbstverständlich überhaupt nichts, wenn die Kunden von vielen Unternehmern noch immer nicht als gleichwertige (Tausch-)Partner, sondern eher als nervige Bittsteller angesehen werden, die den reibungslosen Arbeitsablauf stören.

Sehen Sie in Ihrem Kunden einen Geschäftspartner, der mit Ihnen auf gleicher Augenhöhe steht. Er will nur das Beste für sein Tauschgut Geld bekommen und Sie wollen den besten Preis für Ihr Tauschgut erzielen. Sie beide haben den Optimierungsansatz und müssen sich einigen. Diese sachliche Sichtweise beseitigt viele Probleme, die erst durch eine emotionsgeladene Feindbildsichtweise in unserer Gesellschaft entstanden ist. Eine Zwei-Fronten-Sichtweise bringt Sie in Ihrem Unternehmen aber überhaupt nicht weiter. Deshalb zeige ich Ihnen das Potenzial, das der Kunde Ihnen zusätzlich zu seiner Kaufkraft zur Verfügung stellen kann.

Genau wie Ihre Mitarbeiter verfügen auch Ihre Kunden über eine ganze Reihe von Informationen, eine Menge an Know-how und ein mehr oder weniger großes Netzwerk an Kontakten. Solange Sie nur sein Portmonee sehen und lediglich einen Teil des Inhaltes ergattern wollen, verschenken Sie das unter der Oberfläche des Käufers verborgene Potenzial.

zusätzliches Potenzial des Kunden neben seiner Kaufkraft

Bieten Sie Ihrem Kunden eine Plattform, auf der er Ihnen etwas von seinen verborgenen Schätzen überreichen kann. Die wichtigste Information, die Ihnen Ihr Kunde vermitteln kann, sind persönliche Ansprechpartner. Bei der Bewertung von Verkäufern aller Branchen machen die meisten Unternehmer und auch namhafte Beratungsunternehmen den gravierenden Fehler, diese nur nach quantitativen Maßstäben und Kennzahlen zu bewerten.

persönliche Ansprechpartner

Ein Discounter liegt natürlich richtig, wenn er lediglich die Kundenfrequenz und maximal noch die Umsatzhöhe berücksichtigt. Ein qualifizierter Dienstleister muss dagegen jedoch auch die qualitativen Maßstäbe ansetzen. Die Reduzierung von Verkaufspersonal führt zwar zu einer Verringerung der Kosten. Aber aufseiten der Kunden steigt die Unzufriedenheit über schlechteren Service und weniger Beratung. Eine weitere, viel schlimmere Folge dieser Rationalisierungsmaßnahme ist allerdings, dass die bereits erwähnte Austauschplattform für die Kunden ebenfalls minimiert oder gleich komplett mit wegrationalisiert wird. Die Verkäufer sollen sich schließlich nicht nett unterhalten, sondern verkaufen.

Während meiner Tätigkeit als Versicherungsberater wurden wir angehalten, nicht länger als 30 Minuten für ein Kundengespräch zu „verschwenden". Wenn der Kunde in dieser Zeit nicht unterschreibt, sollten wir den nächsten Kunden abfertigen. Ich habe mich bis zum Schluss gegen diese kurzsichtige „Schnellbauweise" von eigentlich langfristig angelegten Kundenbeziehungen gewehrt. Es ist wissenschaftlich erwiesen, dass die Kosten für die Neukundenakquise wesentlich höher sind, als die Aufwendungen für die Bindung von Bestandskunden. Während meiner etwas längeren, dafür aber wesentlich intensiveren Kundengespräche habe ich immer eine Reihe von wichtigen Informationen über den Kunden, sein Umfeld, seine Netzwerke und auch sein Know-how erfahren. Diese waren nicht nur für das aktuelle Verkaufsgespräch positiv, sondern auch für oftmals erfolgte Empfehlungen. Wichtiger als viele schnelle Geschäfte waren mir längerfristige Kundenkontakte, von denen manche sogar heute noch aktiv sind, obwohl ich seit vielen Jahren nicht mehr als Versicherungsberater tätig bin.

Bestandskunden zu binden ist kostengünstiger als Neukunden zu akquirieren

Kundennetzwerke für Empfehlungsgeschäfte nutzen

Investieren Sie also in Ihren Kunden, der bereits in Ihrem Geschäft ist und einkauft oder Sie bereits beauftragt. Fragen Sie ihn nach Optimierungsmöglichkeiten Ihres Angebotes und nutzen Sie nach Möglichkeit seine Netzwerke für Empfehlungsgeschäfte. Durchsuchen Sie Ihre Kundenkartei nach so genannten Multiplikatoren, die als VIP-Kunde Ihres Unternehmens für Sie vermittelnd tätig werden könnten. In jedem Verein, jeder Wohngegend und jeder Gesellschaft gibt es diese Multiplikatoren. Es handelt sich dabei um Menschen, die meist sehr selbstbewusst und extrovertiert zu den Opinionleadern einer Gruppe gehören. Aufgrund ihrer Fähigkeiten und auch ihrer Vorlieben sind sie in ihren Organisationen in leitender Tätigkeit ehrenamtlich tätig.

Binden Sie darüber hinaus Ihre Kunden durch regelmäßige Kundeninformationen und Aktionen an Ihr Unternehmen und beteiligen Sie sie z.B. an der Erstellung Ihres Kundenmagazins.

Je partnerschaftlicher Sie mit Ihren Kunden kooperieren, umso besser können Sie auf die Menschen eingehen, die Ihnen Ihr Einkommen sichern!

1.2.1.4 Die Lieferanten

Ihre Lieferanten sind von Natur aus wichtige Informationsquellen. Meistens beschränken sie sich jedoch zu sehr nur auf Informationen, die direkt mit den gelieferten Produkten und Dienstleistungen zusammenhängen. Aber ähnlich wie Ihr Unternehmen verfügen auch Ihre Lieferanten über ein ausgedehntes Netzwerk. Pflegen Sie über das Lieferanten-Kunden-Verhältnis hinaus enge Kontakte und zapfen dabei dieses Netzwerk an. Ihr Lieferant hat neben Ihnen meist auch noch andere Kunden, teilweise auch aus Ihrer Branche. Versuchen Sie über diese Schiene Informationen über Ihre Mitbewerber und die Marktsituation aus Sicht des Lieferanten zu erhalten. Bauen Sie gute Kontakte auf, um teilweise auch vor Ihren Mitbewerbern strategisch wichtige Nachrichten über Produktentwicklungen, Neuheiten und Markttrends zu erhalten und so einen Vorsprung bei Ihren Entscheidungen zu haben.

Informationen über Ihre Mitbewerber und die Marktsituation aus Sicht Ihrer Lieferanten

1.2.1.5 Der Bekanntenkreis

Der eigene Bekanntenkreis ist im Gegensatz zur eigenen Familie weit genug vom Unternehmen und seinem Einflussbereich entfernt und gibt somit eine ungefilterte Informationsquelle ab. Unter Einflussbereich verstehe ich, dass die eigene Familie emotional stark an das Unternehmen und den Unternehmer gebunden ist und dadurch die Urteilskraft zu sehr beeinflusst wird.

objektive Beurteilung

Die eigenen Bekannten sind dagegen unabhängig genug, um das Unternehmen sachlich beurteilen zu können und trotzdem nah genug mit dem Unternehmer verbunden, um die Entwicklungen des Unternehmens auch im Zusammenhang mit dem ihnen gut bekannten Entscheider sehen und bewerten zu können. Ein gut gepflegter Bekanntenkreis kann Ihnen auch wieder aus seinem weiten Netzwerk Informationen über Ihre Kunden im Allgemeinen, neue Trends und Meinungen in der Gesellschaft und Ihre Mitbewerber liefern.

SENSIBILISIEREN SIE IHRE FREUNDE UND BEKANNTEN FÜR IHR THEMA UND BINDEN SIE SIE IN DIE MARKTBEOBACHTUNG AKTIV MIT EIN.

Meine Bekannten und Freunde und mittlerweile auch einige Kunden kennen meine Vorliebe für die Farbe Orange – eine meiner zwei CI-Farben – und so erhalte ich immer wieder Tipps, wo ich wieder nach neuen Accessoires und Ideen in Orange suchen kann. Von Urlaubsreisen oder Shoppingtouren werden mir auch ab und zu kleine Präsente in meiner Firmenfarbe mitgebracht. Darüber hinaus erhalte ich auch unaufgefordert Zeitungsartikel, Bücher und Screenshots von Internetveröffentlichungen zu „meinen Themen" Guerilla-Marketing, Ego-Marketing, LBM, Brauereien, Autohäuser, Markenpflege etc. zugesandt. Dank dieser Unterstützung vervielfachen sich meine Augen und Ohren am Markt erheblich und ich kann wesentlich mehr Impulse für meine Arbeit einfangen. Reden Sie immer wieder über Ihre Projekte, Ideen, Probleme und Erfolge und halten somit Ihr Netzwerk auf dem Laufenden. Nur dann können die Feedbacks auch für Sie effektiv nutzbar werden.

1.3 Kreativität entscheidet

Es gibt grundsätzlich nur zwei Möglichkeiten ein Unternehmen zu führen: entweder verwalten oder gestalten. In Deutschland ist leider viel zu oft der verwaltende Ansatz anzutreffen. Er führt zur Ausrichtung an der Masse, oder wie es heute oft heißt, am Mainstream – den angeblichen Gegebenheiten – und hat leider auch deren Probleme zur Folge.

verwalten versus gestalten

Der positive Grundsatz, dass in unserem Land vor dem Gesetz alle Menschen gleich sind – wobei hier mit „gleich" nicht „deckungsgleich" sondern „gleichwertig" gemeint ist – wird fatalerweise mit falscher Bedeutung auf fast alle Lebensbereiche übertragen. Die systematische Gleichmacherei finden wir mittlerweile in allen Bereichen des täglichen Lebens.

Aus Angst vor dem natürlichen und gesunden Wettbewerb, der keine Koexistenz mit der weit verbreiteten allgemeinen Trägheit zulässt, werden viele Ansätze der Förderung individueller Fähigkeiten und Leistungen erschwert oder unterdrückt. Damit sich Leistung wieder lohnen kann und damit auch wieder ein Ruck durch unser Land geht – wie es von einigen wenigen Wirtschaftsmanagern und Politikern gefordert wird –

müssen wir die negative Einstellung gegenüber der Individualität jedes Menschen und auch gegenüber der individuellen Verantwortung jedes Einzelnen ändern.

Es ist falsch, an dieser Stelle mit dem Finger auf die Politiker, Gewerkschaften und Arbeitnehmer zu zeigen und die Verantwortlichkeit auf diese abzuschieben. Auch viele deutsche Unternehmen – ich beziehe mich hier ganz besonders auch auf mittelständische und kleine Unternehmen – ziehen die laue Trägheit dem kreativen Wettbewerb vor.

Vielfach wird Wettbewerb als Gefahr für das eigene Unternehmen gesehen

In vielen Gesprächen mit Unternehmern wird der Wettbewerb als Gefahr für das eigene Unternehmen dargestellt. Solange alle Mitbewerber die geschlossene Formation beibehalten und in einer Reihe fahren, gibt es zwar bei stagnierender Marktsituation für keinen eine Chance auf positive Weiterentwicklung, aber auch für niemanden die Gefahr des Rückschlags oder Untergangs. Dieser Status quo verhilft der Eintönigkeit zum Sieg über die kreative, individuelle Vielfalt. Bei dem Versuch, diese Entwicklung umzukehren, erhalte ich in den Beratungsgesprächen immer wieder die Antwort: *„Ja, dieses Konzept hört sich gut und Erfolg versprechend an. Ich würde es auch gerne in meinem Unternehmen umsetzen. Aber wenn ich die schützende Formation verlasse, könnten meine Mitbewerber auf die gleiche Idee kommen und mich möglicherweise überholen! Und dann muss ich dauerhaft für meine Position kämpfen. Die Kunden erwarten dann permanent, dass ich kreativer und besser als der/die Mitbewerber bin. Das ist nichts für mich."*

Dabei übersehen viele, dass gerade dieser Gleichschritt der meisten Unternehmen dazu führte, dass lediglich der Preis als entscheidendes Merkmal Raum fassen konnte.

die eigene Kreativität und die der Mitarbeiter entdecken, entwickeln und Gewinn bringend einsetzen

In Kapitel 1.1 „Persönlichkeit zählt" bin ich bereits näher auf die Wichtigkeit und die Chancen der kreativen Individualität eingegangen. In den folgenden Kapiteln zeige ich Ihnen, wie Sie Ihre eigene Kreativität und auch die Ihrer Mitarbeiter entdecken, entwickeln und Gewinn bringend einsetzen können. Wichtiger Grundsatz dabei ist, dass jeder Mensch kreativ ist. Die Fähigkeit zur Entwicklung eigener Ideen und Lösungsansätze ist vielfach nur unter einer mehr oder weniger dicken Schicht angeblich allgemein gültiger Wahrheiten und Gesetzmäßigkeiten verputzt. Einige Werkzeuge, um diesen Putz auch in Ihrem Leben und Unternehmen abzuschlagen, werde ich Ihnen in den folgenden Kapiteln liefern.

Die wichtigste Grundlage für eine erfolgreiche „Restaurierung" ist die Bekämpfung der negativen Denkweise (siehe dazu Daniel Goleman: „Kreativität entdecken"). An dieser Stelle zitiere ich den Zeichner Chuck Jones mit einer sehr bildlichen Darstellung des Verhältnisses zwischen „Ja" und „Nein": *„Ich vergleiche jede Idee mit einem Golddraht. Ein wirklich prächtiges, hübsches Ding, aber auch ein bisschen zerbrechlich. Du kommst auf diese Idee, und sie ist ein JA ... und JA bedeutet: nährt mich, helft mir – ich brauche Unterstützung, sonst kann ich nicht überleben. Und wenn wir dann* *etwas zutage fördern, das wie ein NEIN aussieht, ist es wie ein plumpes, hässliches Monstrum. Es besteht aus Zement. ... Es ist eines der entsetzlichsten Wörter in unserer Sprache. Dieses NEIN kann eine Idee zerstören, denn du hast ja erst dieses kleine, zarte JA, das mühsam zu überleben versucht ... Jeder kann das fette NEIN auf das JA plumpsen lassen, bevor das überhaupt eine Chance zum Leben bekommen hat."*

Die allgemeine Geschichte, aber auch die Wirtschaftsgeschichte sind voll von diesen „NEINS":

„Wer zum Teufel will Schauspieler sprechen hören?"

Harry M. Warner, Präsident von Warner Brothers im Jahre 1927

„Das Pferd wird bleiben, das Auto ist nur ein Gag - eine Modeerscheinung."

Der Präsident der Michigan Savings Bank, als er Henry Fords Anwalt riet, nicht in die Ford Motor Company zu investieren.

„Flugmaschinen, die schwerer als Luft sind, sind ein Ding der Unmöglichkeit."

Lord Kelvin im Jahre 1895

Viele Menschen machen ihre Umgebung und die Situationen, in denen sie sich befinden, für ihre Probleme verantwortlich und geben sich mit dieser Schuldzuweisung zufrieden.

Die wirklich erfolgreichen Menschen dagegen suchen überall nach den Situationen, in denen sie eine Lösung für ihre Probleme finden können. Und wenn sie diese Situationen trotz intensiver Suche nicht finden können, gestalten sie die Situationen selbst.

1.3.1   Wie bekommt man neue Ideen?

Die Wahrscheinlichkeit, eine Blitzidee zu haben ist noch unwahrscheinlicher als die, von einem Blitz erschlagen zu werden!

Die Situation kennt, glaube ich, jeder von Ihnen: Eine neue Idee wird dringend benötigt, aber sowohl Ihnen als auch Ihrem Umfeld – Ihrem Partner, Ihren Kollegen oder Mitarbeitern – kommt kein rettender Einfall in den Sinn.

An diesem Punkt gehen die meisten Mitmenschen dazu über zu sagen, Sie seien noch nie kreativ gewesen. Schon damals im Kunstunterricht habe der Lehrer ... Alles Unsinn! Niemand kommt als kreative Ideenschmiede auf die Welt! Es ist wie bei allen Fertigkeiten, die ein Mensch im Laufe seines Lebens erlangen kann: Man muss an und mit sich selbst arbeiten. Kreativität ist lediglich die Fähigkeit, viele Gedanken und Informationen aus alten und gewohnten Zusammenhängen herauszulösen und in einem anderen, neuen Kontext wieder zusammenzufügen. Das fällt natürlich einigen Menschen, die ohnehin offener mit ihrer Umwelt

Kreativität ist zum großen Teil eine erlernbare Fertigkeit

umgehen, leichter als Menschen, die sich grundsätzlich nur auf bekanntem Terrain bewegen. Aber es bleibt dabei, dass jeder Mensch kreativ sein kann.

Bevor Sie jetzt beginnen Ihre Kreativität zu entdecken, sollten Sie eine Plattform schaffen, auf deren Grundlage sich Ihre Kreativität dann auch entwickeln kann. Dafür gibt es einige Tipps:

> **So fördern Sie Ihre Kreativität**
>
> - **Suchen Sie sich eine kreativitätsfördernde Umgebung,** die für Sie positiv belegt ist. Sie dürfen sich an diesem Ort nicht unter Druck gesetzt oder blockiert fühlen. Jeder Mensch hat bestimmte Lieblingsorte – nicht nur im Urlaub, sondern auch im heimatlichen oder beruflichen Umfeld –, an denen er sich besonders frei und entspannt fühlt und seine Gedanken auch schweifen lassen kann. Suchen Sie diese Orte bewusst auf oder schaffen Sie sich, falls ein Ortswechsel aus arbeitstechnischen Gründen nicht möglich ist, einen solchen Raum an Ihrem Arbeitsplatz.
> - Falls Sie nicht alleine, sondern besser mit anderen Menschen Kreativität entwickeln können oder dieses sogar vorgegeben wird, **wählen Sie Ihre Kreativitätspartner gut aus.** Verpflichten Sie sich und Ihre Partner zur strikten Einhaltung der Grundregeln und legen Sie auf eine positive Grundhaltung gegenüber den Kreativitätstechniken großen Wert. Ein ständiger Querulant und Nörgler hat zwar in erster Linie Probleme mit seiner eigenen Persönlichkeit, kann aber den ganzen Prozess zerstören. Weniger ist in diesem Fall auf jeden Fall mehr!
> - **Trainieren Sie Ihre Kreativität regelmäßig.** Erst mit der Übung stellen sich auch befriedigende Ergebnisse ein. Die meisten Erwachsenen müssen die kreativen Fähigkeiten, die sie als Kinder besessen haben – und zwar jeder von ihnen –, erst wieder mühsam zurückerobern.

Die meisten Kinder lernen leider schon im Kleinkindalter, dass Fragen nerven, dass neue Ideen, Möglichkeiten und Lösungen nur Angst und deshalb Blockaden auslösen und dass die vermeintlich beste Lösung in der Anpassung an den Mainstream liegt.

Schon die Erfinder der Autos, Flugzeuge, Eisenbahnen etc. haben von vielen Seiten den Ausspruch zu hören bekommen: *„Wenn Gott gewollt hätte, dass der Mensch fliegen, fahren etc. könnte, dann hätte er ..."* Kreativität und die Suche nach neuen Lösungen war somit immer schon mit der Überwindung von Widerständen verbunden. Auch in der heutigen Zeit sind viele Menschen gegenüber Innovationen und neuen Lösungsansätzen eher negativ eingestellt und deshalb im Umgang mit innovativen Ansätzen sehr ungeübt.

Um sich trotzdem den Zugang zu neuen Ideen zu erleichtern, gibt es eine ganze Reihe so genannter Kreativitätstechniken. Im folgenden Abschnitt möchte ich Ihnen die gebräuchlichsten Techniken näher erläutern.

Nach einiger Zeit werden Sie feststellen, dass sich nicht nur Ihre Fähigkeit neue Ideen zu kreieren weiterentwickelt hat, sondern auch Ihr Selbstbewusstsein und die persönliche Wahrnehmung Ihrer Umwelt.

1.3.2 Welche Kreativitätstechniken gibt es?

Ich habe aus dem großen Pool an Möglichkeiten die vier bekanntesten Kreativitätsechniken ausgewählt, die ich auch selbst, sowohl für meine eigenen Projekte als auch in der Projektarbeit, regelmäßig einsetze und werde Sie Ihnen in den folgenden Kapiteln näher erläutern. Die wohl bekannteste Technik ist das Brainstorming. Einige von Ihnen werden in den verschiedensten Bereichen Ihres Lebens bereits mit dieser Methode auf Ideenfang gegangen sein. Sie eignet sich, genau wie auch die anderen drei, zur gemeinsamen Arbeit in der Gruppe vor Ort oder zwischen Kooperationspartnern im Internet aber auch, wenn Sie für sich alleine auf neue Gedanken kommen müssen und wollen.

Wenn Sie einmal mit einer Technik nicht weiterkommen, probieren Sie es mit einer anderen aus. Stellen Sie sich vor, dass alle genannten und auch noch weitere Methoden lediglich Werkzeuge sind, um eine Aufgabe zu lösen und ein Ziel zu erreichen. Wenn Sie mit einem bestimmten Schraubenzieher nicht weiterkommen, nehmen Sie ja auch einen anderen zur Hilfe oder probieren es mit einer Zange aus.

Kreativitätstechniken sind Werkzeuge zur Ideenfindung

Sollten Sie sich noch detaillierter mit dem Thema Kreativität und Kreativitätstechniken auseinander setzen wollen, lesen Sie das Buch von Burkhard G. Busch „Erfolg durch neue Ideen", das sich umfassend mit diesem Thema beschäftigt.

1.3.2.1 Das Brainstorming

„*Die Gedanken sind frei ...!*" heißt es zumindest in einem deutschen Volkslied. In vielen Firmen, Institutionen und Gruppen gilt dies jedoch nur, solange diese Gedanken nicht geäußert werden oder sich in einem festgesteckten Rahmen bewegen. Wo kämen wir auch hin, wenn in einem Meeting der rangniedrigste Mitarbeiter die Idee für den besten Lösungsansatz liefern würde.

Die Angst vor direkten oder indirekten Konsequenzen für die Mitarbeiter, die in den Augen der Vorgesetzten sachlich falsche Ideen oder unbequeme Gedanken äußern, führt in vielen Fällen dazu, dass dem „Gehirnsturm" ganz schnell die Luft ausgeht. Aus diesem Grund ist ein gesundes Vertrauensverhältnis unter den Mitarbeitern und auch zwi-

Grundlage: gesundes Vertrauensverhältnis zwischen allen Beteiligten

schen Firmenleitung und Mitarbeitern unerlässlich, wenn man mit Hilfe des Brainstormings zu neuen Lösungsansätzen gelangen will.

alle Gedanken unkommentiert und somit auch unbewertet notieren

Während der ersten Phase (20-30 Minuten) werden, nach kurzer, wertungsfreier Darstellung der Problemstellung durch einen Moderator die Beteiligten aufgefordert, alle Gedanken unkommentiert und somit auch unbewertet zu notieren (Flipchart/Metaplan-Karten). Es darf in diesem Stadium des Brainstormings keine Vorauswahl getroffen werden. Deshalb sind jegliche Kommentare, sowohl vom Ideengeber als auch vom Plenum, untersagt. Eine vorschnelle Bewertung einzelner Gedankengänge und Ideen führt dazu, dass bestimmte potenzielle Lösungsansätze von einigen Teilnehmern schon vor Beendigung der Ideensammlung verworfen und andere präferiert werden.

Verhalten bei „Startschwierigkeiten"

Bei „Startschwierigkeiten" haben Sie folgende Möglichkeiten:
- Bringen Sie selbst den Stein ins Rollen und äußern ein bis zwei eher unkonventionelle Lösungsvorschläge.
- Führen Sie ein kurzes „Warm-up" durch (max. 5 Minuten), in dem Sie die Teilnehmer über ein unverfängliches, nicht alltägliches Problem (auf jeden Fall auch außerhalb der Unternehmensthematik) brainstormen lassen. Dabei muss jeder Mitarbeiter eine Idee äußern. Sie erreichen dadurch, dass die Teilnehmer sich entspannen und mit den Gedanken, die Sie vor dem Brainstorming hatten, besser abschließen können, um sich ganz auf die neue Problemstellung einzulassen.

Kommt das Brainstorming ins Stocken setzen Sie folgende Mittel ein:
- Frische Luft und Bewegung wirken immer belebend. Öffnen Sie kurz die Fenster und lassen die Teilnehmer im Raum einen Rundgang machen. Falls Sie einen größeren Zeitrahmen eingeplant haben, kann auch ein kurzer Spaziergang Wunder bewirken.
- Ein Sitzplatzwechsel führt manchmal auch zu neuen Sichtweisen, da sich der Blickwinkel ändert.
- Gehen Sie als Moderator auf einzelne Gesprächspartner zu und fordern diese auf, ein Statement abzugeben.
- Involvieren Sie eine der weiteren Kreativitätstechniken, um die Teilnehmer aus einer gedanklichen Sackgasse herauszuholen.

die Ideen immer unabhängig vom Ideengeber sehen

In der zweiten Phase sichten die Teilnehmer alle Notizen und teilen sie bestimmten Themengruppen zu. Je nach Größe der Teilnehmergruppe haben Sie jetzt noch die Möglichkeit, die Gruppe in kleinere Einheiten zu unterteilen. Diese Kleingruppen bearbeiten nun jeweils eine Themengruppe und bringen nach ca. 10 bis 15 Minuten ihre Ergebnisse in die Gesamtgruppe ein. Ansonsten werden alle Ergebnisse themenweise im Plenum besprochen und bewertet. Dabei ist es eminent wichtig, die Ideen immer unabhängig vom Ideengeber zu sehen.

In der dritten Phase erfolgt dann die definitive Aufgabenverteilung an die Teilnehmer. Nur dann können gute Impulse / Ideen auch nutzbar gemacht werden.

definitive Aufgabenverteilung an die Teilnehmer

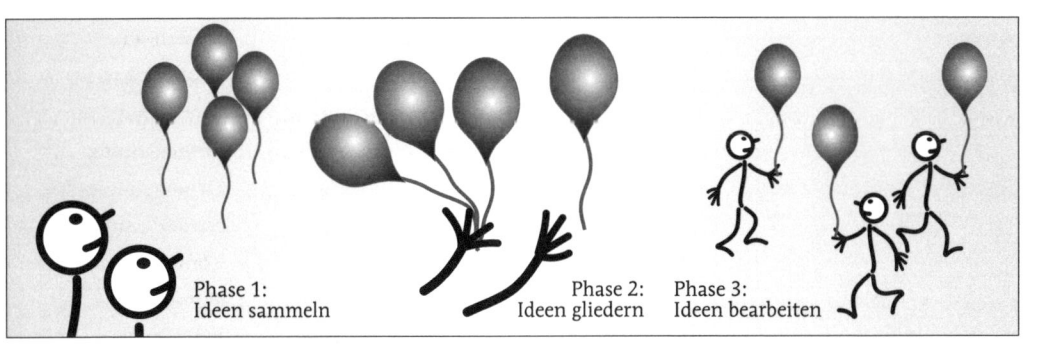

Phase 1: Ideen sammeln   Phase 2: Ideen gliedern   Phase 3: Ideen bearbeiten

Abb. 4: Die Phasen des Brainstormings

Natürlich können Sie ein Brainstorming auch ganz alleine durchführen. Als erfolgreiches Hilfsmittel setze ich dafür das Mindmapping entweder am PC oder auch auf einem großen Blatt Papier (mindestens Din A3) ein. Dabei notiere ich im Zentrum die Problemstellung und in abzweigenden Verästelungen die einzelnen Aspekte der Problemstellung und erste Lösungsansätze. Einzelne Beispiele finden Sie auch in den folgenden Buchkapiteln. Die schnell erlernbare Technik hilft selbst komplexe Projekte überschaubar darzustellen.

ein Brainstorming ganz alleine durchführen

Die Vorteile einer Software (z.B. MIND-MANAGER) liegen dabei auf der Hand und sollen am Beispiel der Ideensammlung zur Erstellung einer Firmenbroschüre demonstriert werden. Das Mindmapping, also das Erstellen einer sog. Mindmap („Gedankenlandkarte") via Brainstorming, geht dabei folgendermaßen vor sich:

Mindmapping

- Während der **Kreativitätsphase** können Sie wahllos alle Ideen und Impulse notieren, ohne zunächst auf eine Gliederung oder Zuordnung zu achten. So gehen Ihnen keine Gedanken verloren, auch wenn diese Ihnen unstrukturiert einfallen (Abb. 5).
- In einem nächsten Schritt ordnen Sie dann ohne weitere Schreibarbeit alle Punkte einander zu und bilden verschiedene **Themenblöcke** (Abb. 6).
- Im dritten Schritt kopieren Sie die Themenblöcke in das Mindmap (Abb. 7).
- Danach gliedern Sie die einzelnen Punkte in **Haupt- und Unterzweige** und weisen diese wiederum verschiedenen Abteilungen / Arbeitsgruppen oder auch Zeit- und Lösungsabschnitten zu (Abb. 8).
- Zum Schluss können Sie das so entstandene Mindmap noch mit **Anmerkungen und Symbolen** zur visuellen Markierung versehen und schaffen sich so eine Gedächtnisstütze und einen übersichtlichen Ablaufplan (Abb. 9).

Firmenbroschüre

Firmenfotos	Organigramm
Texte	Partnerfirmen
Logo	Sponsoring
Verteiler	Firmen-CI
Kunden	Leistungskatalog
Werbeabteilung	Produktkatalog
Agentur	Firmenleitung
Firmenhistorie	Firmenphilosophie
Druckerei	Niederlassungen
Produktfotos	Kontaktdaten
Mitarbeiterfotos	Homepage
Geschäftsleitung	PDF-Dateien
Gründungsfoto	

Abb. 5: Brainstormingphase

Firmenbroschüre

- **Gruppen**
  - **Inhalte der Broschüre**
    - Leistungskatalog
    - Firmenphilosophie
    - Firmenfotos
    - Firmenhistorie
    - Mitarbeiterfotos
    - Partnerfirmen
    - Firmen-CI
    - Niederlassungen
    - Homepage
    - Kontaktdaten
    - Organigramm
    - Sponsoring
    - Gründungsfoto
    - Produktkatalog
    - Kunden
    - Produktfotos
    - Geschäftsleitung
  - **Beteiligte Partner**
    - Geschäftsleitung
    - Werbeabteilung
    - Agentur
    - Druckerei
  - **To do**
    - Logo
    - Texte
    - Produktfotos
    - PDF-Dateien
    - Firmenfotos
  - **Zielgruppe der Broschüre**
    - Kunden
    - Verteiler
    - Partnerfirmen

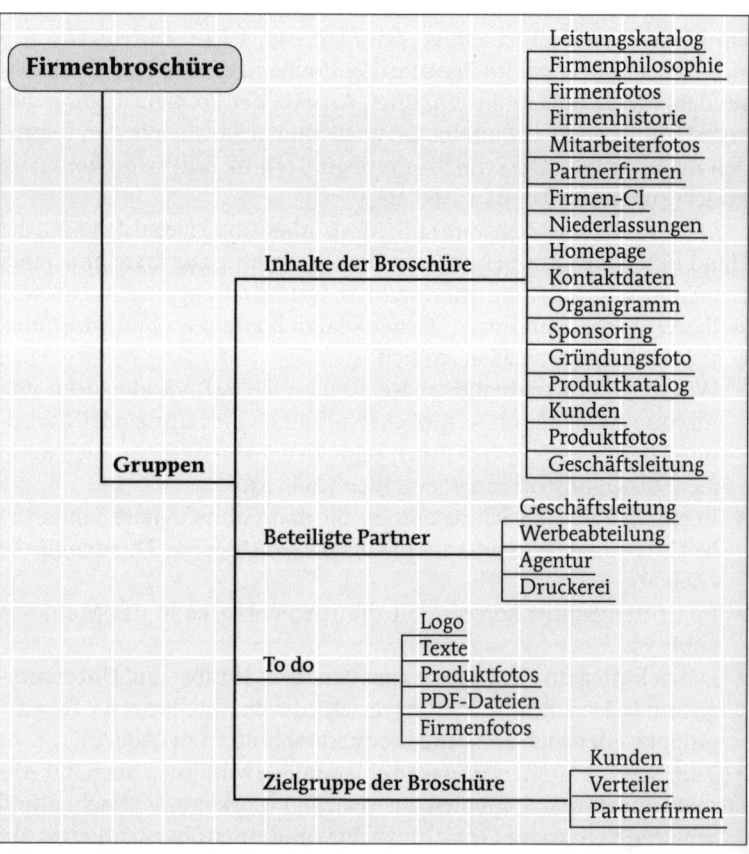

Abb. 6: Bildung von Themenblöcken

Kreativität entscheidet 83

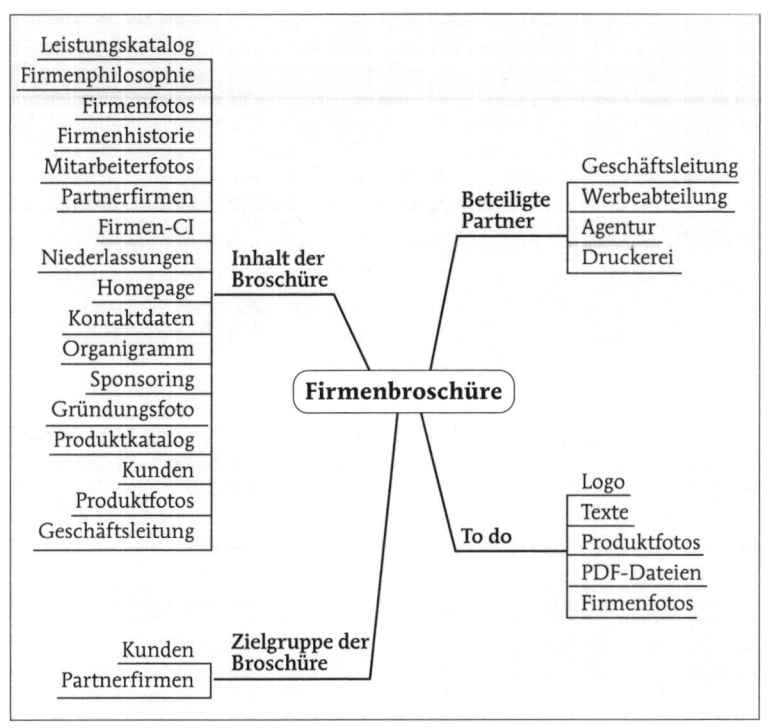

Abb. 7: Kopieren der Themenblöcke in das Mindmap

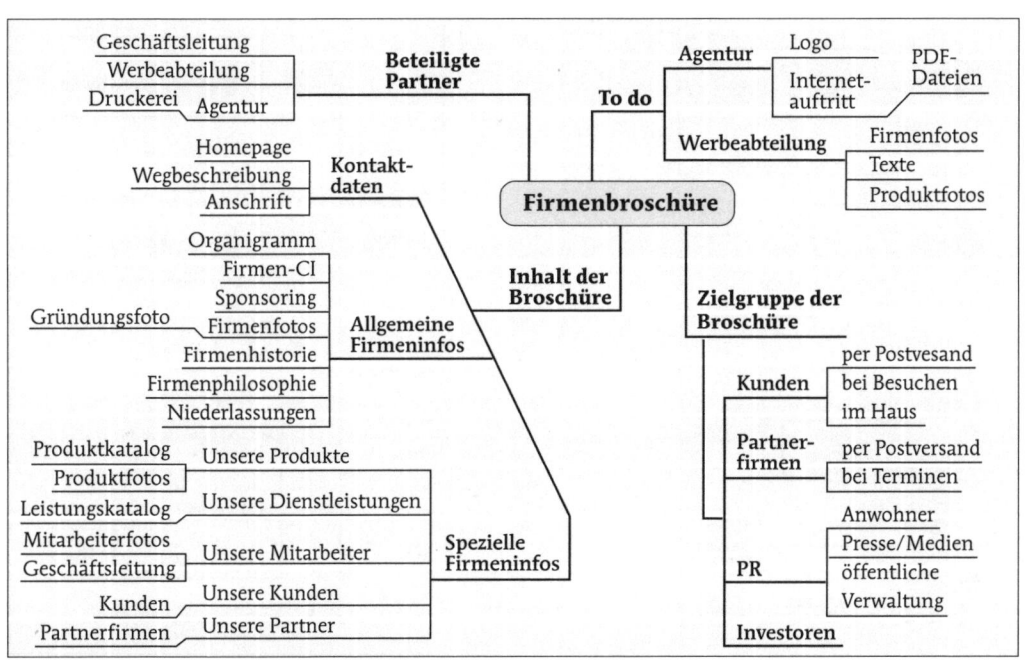

Abb. 8: Zuordnungs- und Ergänzungsphase

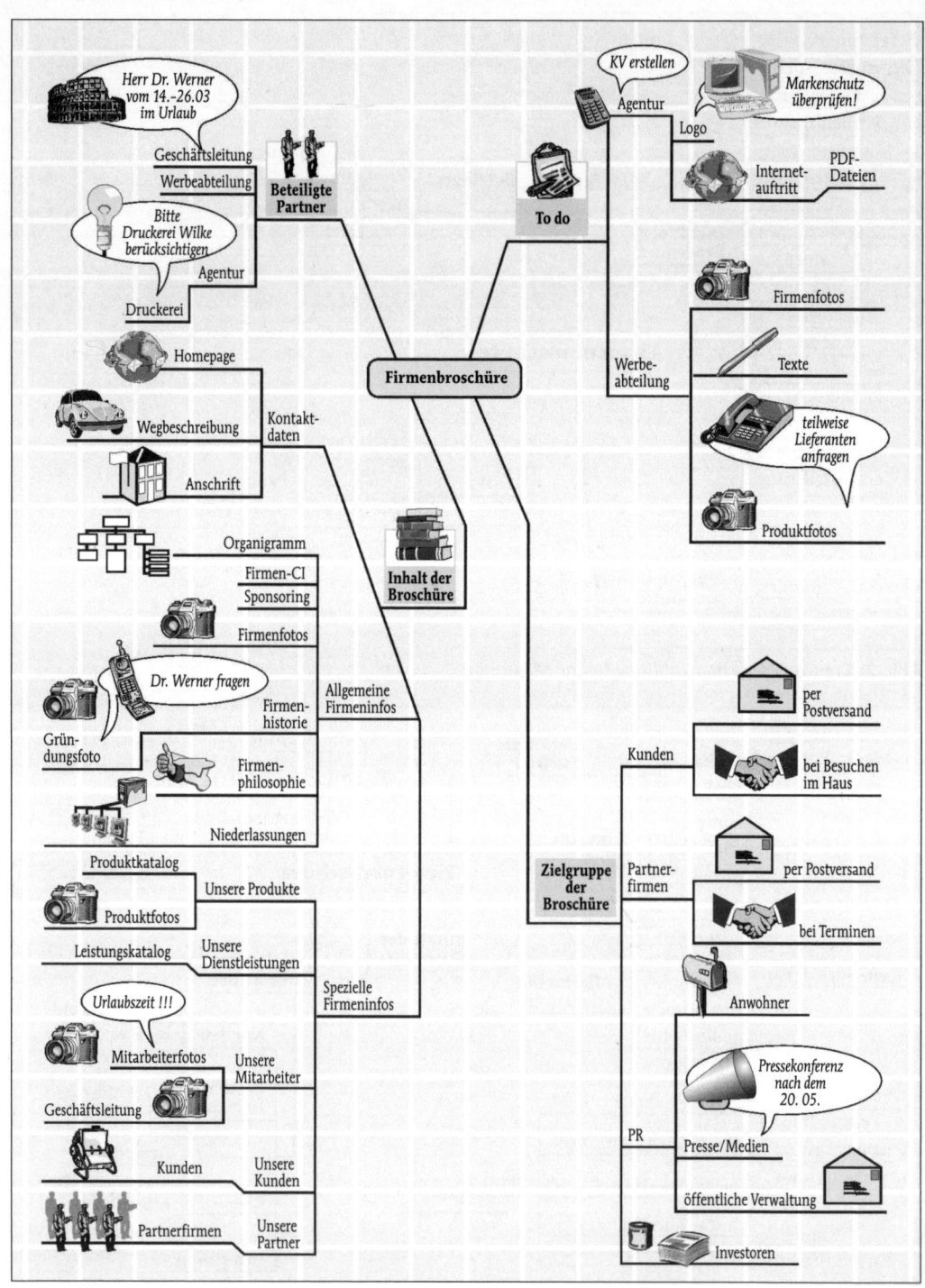

Abb. 9: Fertiges Mindmap inklusive Anmerkungen und Visualisierung mit Icons

1.3.2.2 Die 6-3-5-Methode

Die von Bernd Rohrbach entwickelte Methode des sog. Brainwritings ist eine systematische Variation des Brainstormings. Im Gegensatz zum ungelenkten Brainstorming geht es hierbei darum, die Ideen der anderen Teilnehmer konsequent weiterzuentwickeln und dadurch mehr verwertbare Lösungsansätze zu erzielen. Für die 6-3-5-Methode benötigen Sie 6 Personen, die auf einem Blatt innerhalb von 5 Minuten je 3 Ideen niederschreiben. Bereiten Sie 6 entsprechende Tabellen wie folgt vor:

die Ideen der anderen Teilnehmer konsequent weiterentwickeln

	1. Idee	2. Idee	3. Idee
Runde 1			
Runde 2 ...			
... Runde 6			

Jeder Teilnehmer erhält nun eine Tabelle und fügt jeweils eine Idee in die drei Spalten der ersten Zeile ein. Nach 5 Minuten werden alle Tabellen im Uhrzeigersinn weitergereicht und jeder Teilnehmer ergänzt die Tabelle um weitere drei Ideen. Dabei kann er die Idee seines jeweiligen Vorgängers aufgreifen und entweder in eine andere Richtung denkend verändern oder weiterführen. Er kann aber auch eine völlig neue Idee entwickeln. Ein Feld leer zu lassen ist nicht erlaubt.

Nach einer halben Stunde und sechs Runden hat jeder Teilnehmer wieder „seine Starttabelle" mit nunmehr 18 Impulsen vor sich liegen. Alle Teilnehmer zusammen produzieren somit 108 Impulse in nur 30 Minuten. Der Zeitdruck führt dazu, dass die Teilnehmer ihren ersten Eingebungen folgen und diese nicht erst abwägen und verfälschen. Achten Sie auf deutliche Handschrift, um störende und beeinflussende Nachfragen zu verhindern. Die so gefundenen Ideen und Lösungsansätze werden erst nach Beendigung der 30 Minuten im Plenum diskutiert.

108 Impulse in nur 30 Minuten

Wenn Sie diese Technik alleine für sich einsetzen wollen, legen Sie zwischen den auf jeden Fall einzuhaltenden fünfminütigen Abschnitten jeweils eine längere Pause ein und wenden sich erst einmal einer anderen Tätigkeit zu. Verteilen Sie die komplette Durchführung auf Ihren ganzen Arbeitstag und erhalten so am Ende ebenfalls eine Liste mit immerhin noch 18 Ideen.

Dank der Vernetzung über das Internet können Sie diese Technik auch mit weiter entfernten Kollegen oder Netzwerkpartnern anwenden. Suchen Sie sich 5 Partner und jeder schreibt auf seine Ausgangstabelle seine 3 Probleme bzw. Grundideen. Nach Abschluss der Runde hat auch hier jeder 18 Lösungsansätze auf seinem Blatt stehen. Die Abstände zwischen dem Tausch der jeweiligen Tabellen sollten vorher abge-

Vernetzung mit Kreativpartnern im Internet

stimmt werden. Wichtig ist lediglich, dass sich auch hier alle Teilnehmer bewusst an die Fünf-Minuten-Begrenzung eines Durchgangs halten.

Zum Schluss noch ein Beispiel aus meiner Praxis zum Thema „Baustellen-Marketing". Die Teilnehmer sollten sich Gedanken über die Möglichkeiten der positiven Darstellung einer Baustelle vor einem Ladengeschäft machen. Hier die Ergebnisse:

	Idee 1	Idee 2	Idee 3
1	Anwohner	Besucher	Presse
2	Was passiert wann auf der Baustelle?	Was wird hier gebaut?	regelmässige Presseinfo
3	Anwohnerbrief mit Terminkalender / Vorankündigungen	Wie sieht es später aus? Welche Maschinen sind im Einsatz?	Baustellenbesichtigungen
4	Entschädigungs-Gutscheine	Preisausschreiben u. schöne Gewinne	Gewinner des Preisausschreibens öffentlich präsentieren
5	Teilnahme an Grundsteinlegung und Voreröffnungsparty	Fotowettbewerb	zentraler Ansprechpartner für die Presse
6	kleine Doku mit Skizzen, Bildern und Infotexten	Kindergartenaktion: Baustelle im Sandkasten: Anliegende Kindergärten erhalten frischen Sand und Baustellenequipment	exklusive Fotoreportagen auf dem Kran, in der Baugrube inkl. Bericht: Menschen auf der Baustelle

1.3.2.3 Die Analogie

Deine ganze Macht steckt in deinem Kopf. Hol sie raus. Es ist ganz einfach.
Ignacio Lopez de Arriortua (Topmanager)

Entsprechungen und Ähnlichkeiten zu aktuellen Aufgabenstellungen suchen

Der Begriff „analog" stammt aus dem Griechischen und bedeutet „ähnlich, entsprechend". Bei der Technik der Analogie geht es somit darum, in allen Bereichen der eigenen Umwelt nach Entsprechungen und Ähnlichkeiten zu aktuellen Aufgabenstellungen bzw. zum eigenen Problem zu suchen. Auf den ersten Blick haben verschiedene Sachverhalte oft scheinbar keine Gemeinsamkeiten. Bei näherem Nachforschen entdecken Sie jedoch, dass es bestimmte gleiche Grundlagen und Entsprechungen gibt, mit deren Hilfe Sie auch für Ihre Problemstellungen neue Lösungen entwickeln können, auf die Sie bei ausschließlicher Fixierung auf Ihr Problem nie gekommen wären. Suchen Sie die Analogien in allen erdenklichen Lebensbereichen und Themenfeldern: Natur, Technik, Geschichte, Kunst, Literatur, Musik, Privatleben, Beziehungen, Freizeitgestaltungen und Hobbies.

In der Literatur findet man immer wieder Parabeln – auch die Bibel ist voll von Gleichnissen –, in denen die Autoren Sachverhalte, die ihnen für die Allgemeinheit zu unverständlich erschienen oder die aufgrund herrschender Machtstrukturen nicht veröffentlicht werden durften, mit vergleichbaren Bildern dargestellt haben. Ein weltweit bekanntes Beispiel für eine solche Parabel ist das Buch „Animal Farm" von George Orwell.

Die meisten Erwachsenen haben es verlernt, bewusst in Vergleichen zu denken. Kinder schaffen es nur auf diesem Wege innerhalb kurzer Zeit ihre Umwelt zu entdecken und zu verstehen. So fragen Kinder in neuen Situation vielfach, ob diese mit einem bereits bekannten Sachverhalt vergleichbar ist. Im Umgang mit Kindern begegnet einem deshalb oft die Frage: „Ist das wie ... ?".

Auch das Gehirn des Erwachsenen arbeitet mit Bildern und Vergleichen. Jede neue Information wird mit bestehendem Know-how abgeglichen und entsprechend vernetzt. Die „Superhirne" und „Megamerker", die immer wieder in Fernsehshows zu sehen sind, verknüpfen die zu speichernden Informationen oft mit einem Bild oder Gegenständen in ihrer Wohnung. So können sie die kurzfristig erhaltenen meist vorher unbekannten Hinweise besser abspeichern und wieder abrufen, weil sie in ein bekanntes Ordnungssystem eingefügt werden.

Neue Informationen werden mit bestehendem Know-how abgeglichen und entsprechend vernetzt

Machen auch Sie sich diese Technik zunutze und beseitigen mithilfe der Analogie Denkblockaden, Kreativitätshemmnisse oder verschaffen sich Überblick über ein komplexes Thema.

Am Beispiel „Guerilla-Marketing" möchte ich Ihnen den Einsatz der Analogiemethode demonstrieren.

Nehmen Sie einmal an, Sie haben ein Einzelhandelsgeschäft und in Ihrer unmitelbaren Nähe filialisiert ein großer Discounter. Um Ihre Kunden zu halten, sind Sie also gezwungen mit begrenzten Mitteln gegen den übermächtigen Konkurrenten anzugehen. In dieser scheinbar ausweglosen Situation sind Sie wie blockiert und es fallen Ihnen einfach keine sinnvollen Lösungsansätze ein. Sie entscheiden sich zum Einsatz der Analogie als Kreativitätstechnik.

„Guerilla-Marketing" als Beispiel für den Einsatz der Analogiemethode

Zu Beginn überlegen Sie nun, welche historischen, technischen, gesellschaftlichen und naturgegebenen Situationen Ihnen einfallen, in denen ähnliche Ausgangsvoraussetzungen existieren. Zufälligerweise fällt Ihr Blick beim Nachdenken auf einen Zeitungsbericht über die Guerilla-Bewegung in Land X. Seit Jahren trotzen diese schlecht ausgebildeten, unzulänglich bewaffneten und vor allem armen Kämpfer den gut ausgebildeten und mit modernsten Waffen ausgerüsteten Soldaten der Staatsmacht.

Es geht hier nun weder darum, wer „der Gute" und wer „der Böse" ist, noch darum, wer die richtigen und wer die falschen Beweggründe hat.

Worum es geht, sind mögliche Gemeinsamkeiten (Analogien) zwischen den Zuständen im Land X und der Situation Ihres Unternehmens.

Sie überprüfen, wie es die Guerilleros machen. Sie stellen fest, dass die armen Kämpfer regional sehr stark verwurzelt sind und einen starken Rückhalt in der Gesellschaft haben. Das Zugehörigkeitsgefühl der regionalen Bevölkerung hilft den Kämpfern bei der Versorgung und auch auf der Suche nach Unterschlupf. Außerdem haben die Guerilleros in der gesamten Bewohnerschaft ihre Informanten platziert, die sie über jede Bewegung des Feindes / Konkurrenten auf dem Laufenden halten. Die Guerilla-Kämpfer verfügen somit zwar nicht über moderne Waffen und finanzielle Mittel, dafür aber über ein funktionsfähiges starkes Netzwerk. Ein weiterer unschätzbarer Vorteil ist die detaillierte Ortskenntnis und der existenzielle Wille erfolgreich zu sein. Sie verteidigen nicht eine ihnen unbekannte Staatsmacht, die häufig wechselt und sowieso nur auf den eigenen Vorteil bedacht ist, sondern engagieren sich für einen Anführer, der mit ihnen zusammenlebt, den sie persönlich kennen und dem sie deshalb auch vertrauen. Im offenen Kampf müssten die Guerilleros schnell das Feld räumen. Deshalb konzentrieren sie sich auf kleine unerwartete Nadelstichaktionen aus dem Hinterhalt, die ihnen durch entsprechende Markierung auch jederzeit zugeordnet werden können, die aber nie auf einen Bereich begrenzt sind, sondern das gesamte Aktionsfeld des Gegners treffen.

funktionsfähiges starkes regionales Netzwerk

Sehen Sie jetzt nicht schon eine ganze Reihe von Parallelen zu Ihrer Situation?

Ihr Konkurrent hat zwar auch eine wesentlich besser gefüllte „Marketing-Kriegskasse" als Sie. Aber ihm fehlen die regionalen Netzwerke, der Rückhalt in der Bevölkerung (in der Regel kann er nur mit dem Argument „mega-billig!" locken), die hochmotivierten, persönlich bekannten Mitarbeiter und eine gute Kenntnis der örtlichen Gegebenheiten, die sich nicht in abstrakte Kennzahlen fassen lässt. Für kurzfristig geplante und dadurch der aktuellen Situation angepasste Marketingaktionen ist sein interner Planungsapparat viel zu schwerfällig. Er kann lediglich in der Fläche und mit hohen Streuverlusten einen „Werbebombenteppich" abwerfen, nicht aber wie Sie kleine Kernzielgruppen effektiv bearbeiten.

Nachdem Sie nun mithilfe der Analogien in diesem Beispiel den gefürchteten Discounter als zwar schweren, aber sehr trägen Dinosaurier entlarvt haben, fällt es Ihnen wesentlich leichter, Ihre Nadelstichkampagnen zu planen.

1.3.2.4 Die semantische Intuition

Die letzte der vier hier vorgestellten Kreativtechniken ist eine etwas schreibintensive Methode der Ideenfindung. Dank der umfangreichen Ausbeute von 200 bis 400 Impulsen lohnt sie sich jedoch gerade für komplette Neuerfindungen von Produkten oder auch Produktnamen. Im

Rahmen der semantischen Intuition werden Wörter und Begriffe aus zwei völlig unterschiedlichen Themenkreisen miteinander kombiniert. Notieren Sie dazu in der ersten Spalte einer insgesamt dreispaltigen Tabelle 20 einfache Substantive, die eine aktuelle Aufgabe oder Problemsituation charakterisieren. Zusammengesetzte Substantive (etwa Kunden-Dienst) zerlegen Sie in ihre Bestandteile und werten Sie als einzelne Begriffe. In die zweite Spalte schreiben Sie dann 20 frei gewählte Begriffe des anderen Themenbereiches. Danach kombinieren Sie nun alle Elemente der ersten mit allen der zweiten Spalte zu neuen zusammengesetzten Hauptwörtern. Sie können die Resultate verdoppeln, indem Sie jeweils die Reihenfolge der einzelnen Elemente im neuen Substantiv tauschen.

Begriffe aus zwei völlig unterschiedlichen Themenkreisen miteinander kombinieren

Auch hier möchte ich Ihnen ein Beispiel aus der Praxis geben. Im Rahmen der Entwicklung eines neuen Restaurantkonzeptes wurden Inhalte aus der Gastronomie mit dem Themengebiet Raumfahrt assoziiert.

Praxisbeispiel

Inhalte des zu behandelnden Themas: „Gastronomie"	assoziiertes Thema: „Raumfahrt"	kreative Verbindung der Themen
Teller	Rakete	Teller-Rakete, Kontroll-Teller, Teller-Shuttle, Planeten-Teller, Satelliten-Teller, Teller-Satellit, Mond-Teller ...
Espresso	Space	Espresso-Rakete, Raketen-Espresso, Space-Espresso, Astronauten-Espresso, Espresso-Training ...
Cocktail	Shuttle	Cocktail-Shuttle, Cocktail-Rakete, Space-Cocktail, Cocktail-Fähre ...
Bar	Astronaut	Astronauten-Bar, Astronauten-Rampe, Kontrollzentrum, Space-Lounge ...
Koch	Raum	Koch-Raum, Raum-Koch, Koch-Satellit, Koch-Shuttle ...
Tisch	Umlaufbahn/Orbit	Raum-Tisch, Satelliten-Tisch, Orbit-Tisch ...
Mineral-Wasser	Planet	Planeten-Wasser, Raketen-Wasser, Space-Wasser, Kometen-Wasser ...
Besteck	Satellit	Besteck-Satellit, Astronauten-Besteck, Lebenserhaltungs-Kit ...
Speise	Mars (oder anderer Planetenname)	Mars-Speise, Jupiter-Teller, Venus-Platte, Saturn-Gedeck ...
Speisekarte	Sonnensystem	Sternen-Karte, Milchstraßen-Karte ...
...		

Aus Platzgründen habe ich nicht alle hier möglichen 200 bis 400 Begriffe aufgeführt. Testen Sie auch dieses Modell einmal zur Lösung eines Kreativitätsproblems aus. Sie werden sich wundern, wie viele brauchbare Begriffspaare, die in Ihrem Gehirn wieder eine Reihe von Assoziationen hervorrufen, Sie auf diese Art und Weise finden werden. Treffen Sie Ihre Auswahl der „brauchbaren" Wortpaare aber erst, wenn Sie alles notiert haben und streichen Sie einzelne Wörter erst nach reiflicher Überlegung heraus, um nicht zu früh Möglichkeiten zu verschenken.

Es wird deutlich, mit welchen Möglichkeiten sich hier spielen lässt. Die Gäste eines Restaurants, das etwa (wie in dem Praxisbeispiel angedeutet) unter einem Raumfahrt-Motto stünde, könnten sich auf der Sternen-Karte (die übliche Schiefertafel mit dem Tagesangebot) über das aktuelle Space-Menü informieren, an einem der rund um das Zentralgestirn (Küche) angeordneten Orbit-Tische Platz nehmen und eine Mars-Platte genießen. Abschließend flambiert der Operater (Koch) vor Ort auf dem Coctail-Shuttle als Nachspeise eine „Supernova".

2 Möglichkeiten das Marketingbudget zu entlasten

Nach dem Motto: *„Warum soll man das Rad immer wieder neu erfinden"* gibt es gerade auch im Marketing eine ganze Reihe von Möglichkeiten Zeit und Geld zu sparen bzw. mit einem kleinem Budget effektiv zu arbeiten. Nutzen Sie die Ihnen zur Verfügung stehenden Informationskanäle, die ich Ihnen in Kapitel 1.2.1 dargestellt habe, auf der Suche nach neuen Werbe- oder auch Produktideen optimal aus. Allein das spart Ihnen eine Menge an Zeit, die Sie für eigene umfangreiche Recherchen einsetzen müssten oder aber an Geld, das Sie investieren müssten, damit externe Dienstleister diese Informationen besorgen.

In Ihrer Umgebung gibt es noch ausreichend Problemstellungen, die nach Ihren Lösungen, Produkten oder Dienstleistungen verlangen. Sie müssen sie nur aufmerksam suchen und erkennen. Vermarktungs- und Werbeideen bekommt man meistens nicht im Elfenbeinturm des eigenen Büros, sondern im Austausch mit Gesprächspartnern, beim Studium diverser Massenmedien oder auch im Straßencafe.

Nutzung von Sharing-Angeboten

Eine großartige Möglichkeit Zeit und Kosten zu sparen ist beispielsweise die Sharing-Variante. Warum soll man sich etwas kaufen, was man auch leihen oder mieten kann? Viele Güter können mittlerweile schon über professionelle Anbieter leihweise bezogen werden statt sie kapitalbindend selbst zu kaufen.

Auch außerhalb der professionell vermarkteten Sharing-Angebote besteht die Möglichkeit, bestimmte meist hochwertige oder aber nur kurzfristig oder selten benötigte Produkte gegenseitig zu verleihen oder sie gemeinsam zu nutzen. Gerade im Einzelhandel ist das Potenzial solcher Einsparmöglichkeiten noch ziemlich groß.

In den folgenden zwei Kapiteln stelle ich die Chancen vor, die funktionierende Netzwerke und Kooperationen diesbezüglich bieten.

2.1 Netzwerke

Schon im Kapitel 1.2.1. „Informationsquellen des Unternehmers" bin ich kurz auf die Wichtigkeit von Netzwerken eingegangen. Hier möchte ich Ihnen nun aufzeigen, wie diese Netzwerke Ihnen Möglichkeiten eröffnen Geld zu sparen.

An dieser Stelle vermeine ich schon wieder die Stimmen einiger Gesprächspartner zu vernehmen, die mich nach Vorträgen, Seminaren oder Gesprächsrunden, in denen ich das „Netzwerken" als eine der wichtigsten Tätigkeiten des Unternehmers schildere, darauf aufmerksam machen, dass der Aufbau und die Pflege von Netzwerken viel Zeit und teilweise auch Geld kostet. Ja, sie haben vollkommen Recht! Netzwerken kostet Zeit und damit auch Geld – denn Zeit ist ja bekanntlich Geld – und auch zusätzlich noch Geld für Transferkosten (Telekommunikation, Porto, Fahrtkosten etc.). Es handelt sich dabei jedoch um meist sinnvolle Zukunftsinvestitionen mit Nachhaltigkeitsfaktor und lukrativen Gewinnen.

„Netzwerken"

sinnvolle Zukunftsinvestitionen mit Nachhaltigkeitsfaktor und lukrativen Gewinnen

Da jeder Mensch bekanntlich nur ein begrenztes Potenzial an Zeit, Kontaktmöglichkeiten und Aufnahmevermögen besitzt, stößt er wie ein Computerprozessor irgendwann an seine Kapazitätsgrenzen. Um diese zu erweitern haben Sie nun diverse Möglichkeiten (siehe Abb. 10)

Sie können (neue) Mitarbeiter einstellen, externe Dienstleistungsanbieter beauftragen oder ein informelles Netzwerk aufbauen. Von allen drei Varianten ist die Netzwerklösung die flexibelste und kostengünstigste. Netzwerkpartner verursachen keine fixen Kosten, sind nicht durch rechtliche Regelungen fest an das Unternehmen gebunden und stellen nicht für jede „Dienstleistung" eine Rechnung. Den Austauschprozess in einem Netzwerk kann man eher mit einem Tauschbasar vergleichen. Selbstverständlich müssen auch Sie einen Input anbieten, denn einseitige Tauschgeschäfte haben keine lange Lebenszeit. Aber überlegen Sie einmal, wie oft Sie Ihr Know-how sinnlos an Gesprächspartner weitergeben, die es nicht zu schätzen wissen oder die dafür keine Verwendung haben. In einem Netzwerk befinden sich hingegen meist nur Menschen, denen das Know-how anderer wichtig ist. Sie erhalten somit eine Plattform / einen Markt, in dem Ihr Wissen als Tauschware geschätzt ist.

Netzwerkpartner verursachen keine fixen Kosten

Ähnlich wie bei Investitionen am Aktienmarkt kommt es hierbei natürlich auch auf das richtige Portfolio an. Wählen Sie ein Netzwerk aus bzw. bauen sich Ihr eigenes Netzwerk so auf, dass es auch genügend

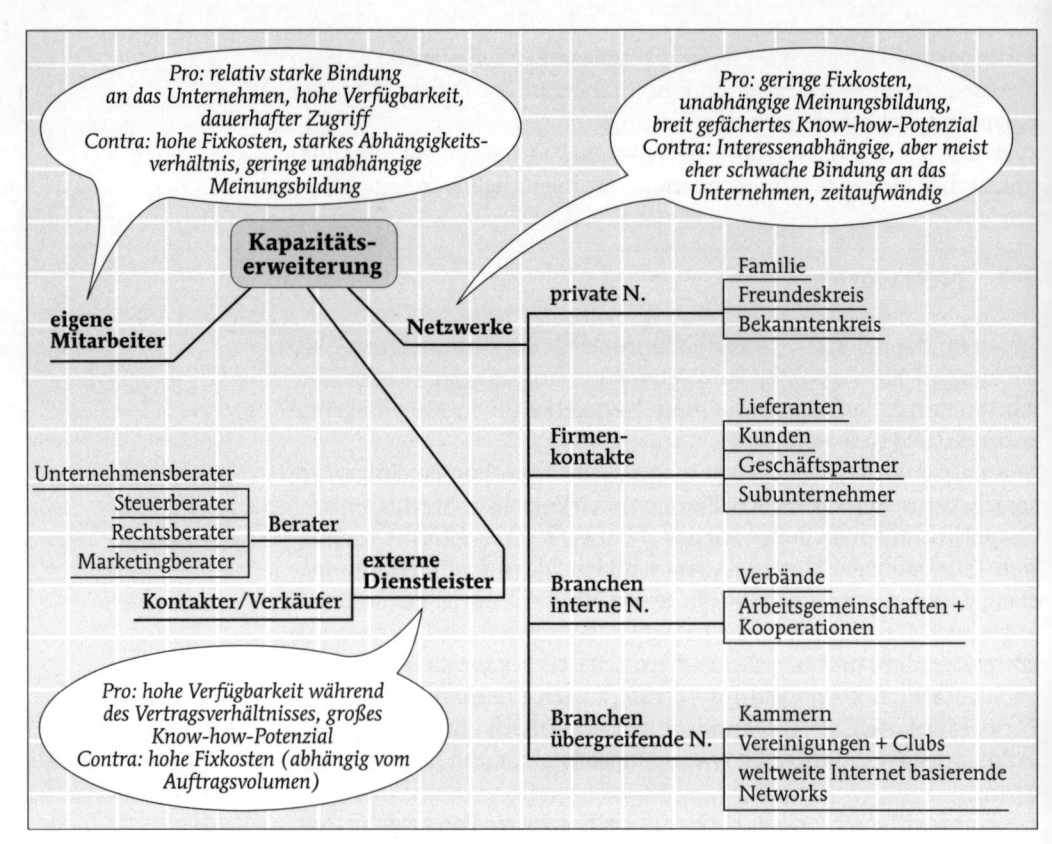

Abb. 10: Prinzipielle Möglichkeiten der Kapazitätserweiterung

Kapazitätserweiterung

- **eigene Mitarbeiter**
  - Pro: relativ starke Bindung an das Unternehmen, hohe Verfügbarkeit, dauerhafter Zugriff
  - Contra: hohe Fixkosten, starkes Abhängigkeitsverhältnis, geringe unabhängige Meinungsbildung

- **Netzwerke**
  - private N.
    - Familie
    - Freundeskreis
    - Bekanntenkreis
  - Firmenkontakte
    - Lieferanten
    - Kunden
    - Geschäftspartner
    - Subunternehmer
  - Branchen interne N.
    - Verbände
    - Arbeitsgemeinschaften + Kooperationen
  - Branchen übergreifende N.
    - Kammern
    - Vereinigungen + Clubs
    - weltweite Internet basierende Networks
  - Pro: geringe Fixkosten, unabhängige Meinungsbildung, breit gefächertes Know-how-Potenzial
  - Contra: Interessenabhängige, aber meist eher schwache Bindung an das Unternehmen, zeitaufwändig

- **externe Dienstleister**
  - Berater
    - Unternehmensberater
    - Steuerberater
    - Rechtsberater
    - Marketingberater
  - Kontakter/Verkäufer
  - Pro: hohe Verfügbarkeit während des Vertragsverhältnisses, großes Know-how-Potenzial
  - Contra: hohe Fixkosten (abhängig vom Auftragsvolumen)

In branchenübergreifenden Netzwerken treffen Sie auch potenzielle Kunden

„Tauschinteressenten" gibt. Ich äußere mich hier nicht negativ über brancheninterne Netzwerke. Auch hier gibt es immer noch genügend Input, den Sie alleine nicht erarbeiten können.

Wichtiger sind jedoch branchenübergreifende Netzwerke. Ein wichtiger Grund hierfür: In brancheninternen Netzwerken sitzen Mitbewerber, aber in den wenigsten Fällen Kunden für Ihr Unternehmen. In branchenübergreifenden Netzwerken finden sich jedoch meist auch potenzielle Kunden für Ihr Unternehmen oder aber Partner für Kooperationen (siehe auch Kap. 2.2.) Der viel wesentlichere Grund ist jedoch bereits im Kapitel 1.3.1. „Wie bekommt man neue Ideen" angesprochen worden. Wenn Sie sich darauf einlassen und offen mit Gesprächspartnern aus anderen Bereichen umgehen, haben Sie die Möglichkeit völlig neue Anregungen für Ihre unternehmerische Tätigkeit zu erhalten. Wenn Sie diese Gespräche nicht unter dem Aspekt sehen, damit habe ich und hat auch meine berufliche Tätigkeit nichts zu tun, sondern unter dem Aspekt, was kann ich von dem Gehörten in meiner Situation anwenden und wie kann ich es auf meine Bedürfnisse umwandeln, kann Ihre Kreativität wachsen und Sie können für Ihr Unternehmen neue Möglichkeiten entwickeln.

Netzwerke-Diagramm

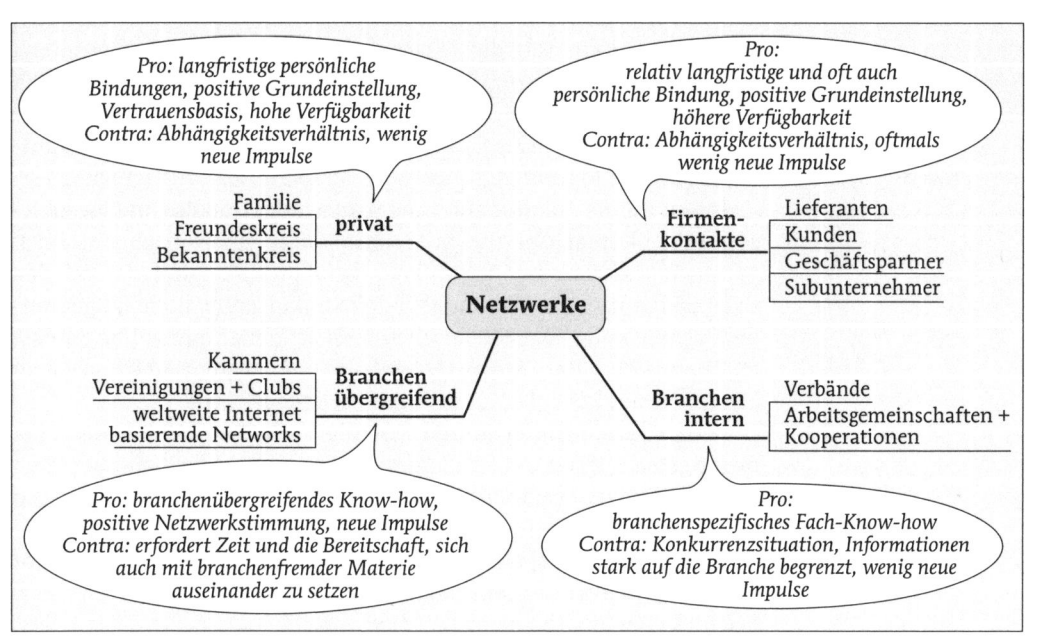

privat (Familie, Freundeskreis, Bekanntenkreis)
- Pro: langfristige persönliche Bindungen, positive Grundeinstellung, Vertrauensbasis, hohe Verfügbarkeit
- Contra: Abhängigkeitsverhältnis, wenig neue Impulse

Firmenkontakte (Lieferanten, Kunden, Geschäftspartner, Subunternehmer)
- Pro: relativ langfristige und oft auch persönliche Bindung, positive Grundeinstellung, höhere Verfügbarkeit
- Contra: Abhängigkeitsverhältnis, oftmals wenig neue Impulse

Branchenübergreifend (Kammern, Vereinigungen + Clubs, weltweite Internet basierende Networks)
- Pro: branchenübergreifendes Know-how, positive Netzwerkstimmung, neue Impulse
- Contra: erfordert Zeit und die Bereitschaft, sich auch mit branchenfremder Materie auseinander zu setzen

Branchen intern (Verbände, Arbeitsgemeinschaften + Kooperationen)
- Pro: branchenspezifisches Fach-Know-how
- Contra: Konkurrenzsituation, Informationen stark auf die Branche begrenzt, wenig neue Impulse

Abb. 11: Der Nutzen von Netzwerken

2.2 Kooperationen

Eigentlich sind Kooperationen ein Nutzen von Netzwerken, da sie oftmals aus gut funktionierenden Netzwerken entstehen. Weil sie aber gerade im deutschen Mittelstand und Einzelhandel viel zu selten auftreten, habe ich ihnen ein eigenes Unterkapitel gewidmet.

Der Spruch „*Einzelhandel heißt Einzelhandel, weil er so gerne einzeln handelt!*" ist nicht nur für den Einzelhandel in Deutschland sondern auch für viele mittelständische Unternehmen eine zutreffende Aussage. Zwar gibt es in jeder Stadt und jedem größeren Dorf mit mehr als 10 Einzelhändlern eine Werbe- oder Interessengemeinschaft, doch bezieht sich der Begriff „Gemeinschaft" in den meisten Fällen lediglich auf den losen Zusammenschluss von Einzelhändlern mit dem Zweck die gemeinsame Weihnachtsbeleuchtung zu organisieren und zu finanzieren und als Ansprechpartner für die Stadtverwaltung und ihre Institutionen zu dienen.

klassische Werbe- oder Interessengemeinschaften

Hinzu kommt, dass in vielen größeren Städten mehrere WGs nebeneinander existieren und dann auch eher gegeneinander als miteinander agieren. Ich rede hier aus eigener Erfahrung. In den vergangenen Jahren war ich selber in zwei Werbegemeinschaften Mitglied und habe mit insgesamt mehr als 10 WGs beruflich zu tun gehabt.

Man fragt sich, warum Unternehmer gerade auch in den aktuell schwierigen Zeiten nicht enger zusammenrücken und mehr gemeinsame Aktionen zur Belebung ihres Umfeldes und ihrer Geschäfte unternehmen. Die Antworten auf diese Frage sind zunächst ausweichend und erst nach eingehenden Gesprächen mit den Betroffenen erhält man wirklich ehrliche Aussagen.

Klima aus Misstrauen, Neid und fehlenden Perspektiven

Nicht der anfänglich geäußerte Mangel an Zeit und Geld ist das ausschlaggebende Argument, sondern Misstrauen, Neid und fehlende Perspektiven für die Zukunft aufgrund mangelnder Impulse und Ideen. Jeder zweite Gesprächspartner äußerte die Angst, dass von gemeinsamen Aktionen ja sowieso nur der Mitbewerber X profitiere und man mit den eigenen Beiträgen die Werbung für den Konkurrenten nicht länger mitfinanzieren wolle. Dabei übersehen diese Unternehmer völlig, dass sie mit ihren 20 bis 100 Euro pro Monat und ihrer begrenzten Kapazität an Zeit und Kontakten überhaupt nichts bewegen können.

Andere wiederum erzählten resigniert von den Misserfolgen der zwanzigsten Auflage des Straßenfestes, das doch schließlich über Jahre alle Besucher in unveränderter Form begeistert hätte, nur in der heutigen Zeit ja leider nicht mehr gut genug sei. Dabei würde auch von diesen Unternehmern jeder wegzappen, wenn in der heutigen Zeit H.J. Kuhlenkampff versuchte, mit seiner Einer-wird-gewinnen-Show in alter Aufmachung Einschaltquoten zu erzielen.

Dem meiner Einschätzung nach eher düsteren Status quo möchte ich nun in einem zweiten Teil eine Darstellung der realen Chancen und Perspektiven folgen lassen.

einen gemeinsamen Marktplatz nutzen und gestalten

Das Fundament für diese positive Perspektive ist die Einsicht, dass ein Dorf, ein Nebenzentrum oder auch eine Innenstadt wie ein gemeinsamer Marktplatz zu sehen ist.

Ein einzelner Anbieter kann zwar seine Stammkunden relativ fest an sich binden, nicht aber das wichtige Ambiente, den Flair seines Umfeldes alleine gestalten.

Diese Tatsache erscheint zwar auf den ersten Blick so logisch, dass sie niemand hinterfragen kann. De facto wird aber in den meisten Städten kein gemeinsamer Marktplatz umgesetzt.

Wie wirkt Ihr Marktplatz aus der Sicht Ihres Kunden?

Sehen wir uns also dieses Bild des Marktplatzes näher an – und zwar aus der Sicht eines potenziellen Kunden. Versetzen Sie sich in Gedanken in diesen Kunden, der möglicherweise auch in Ihrem Geschäft einkaufen oder in Ihrem Untenehmen eine Leistung in Anspruch nehmen möchte.

Der Film startet nicht erst direkt vor Ihrer Ladentür, sondern bereits an der Haustür des Kunden.

Zuerst überlegt der Kunde, ob er auf Ihrem Marktplatz überhaupt erfolgreich einkaufen kann. Findet er die Produkte und Angebote, die er sucht? Wenn er diese Frage positiv beantworten kann – und das hängt in erster Linie vom Informationsstand des Kunden über den Marktplatz ab – muss er sich für das Transportmittel entscheiden. Je weniger Aufwand

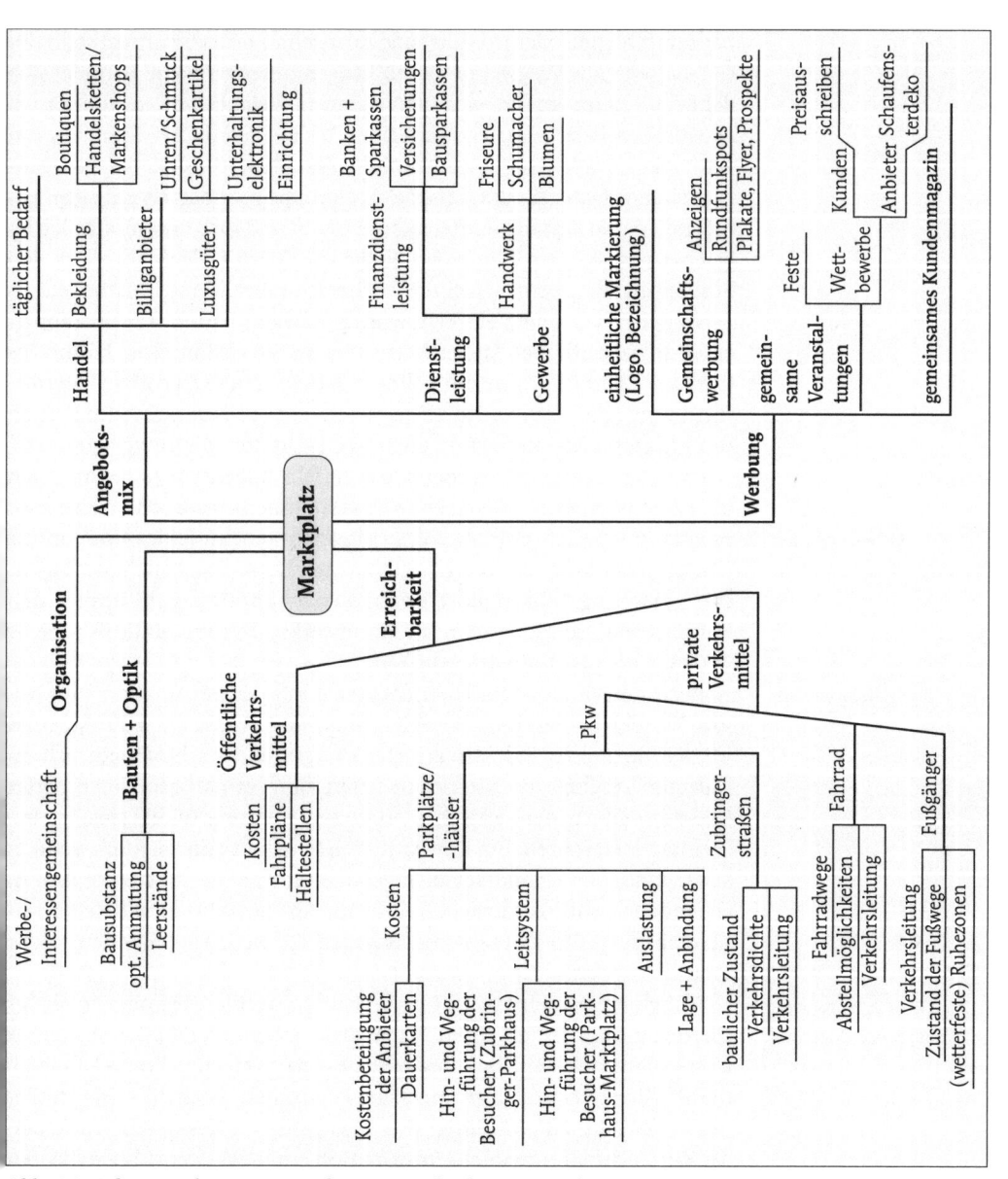

Abb. 11: Faktoren, die einen attraktiven Marktplatz auszeichnen

(Zeit, Geld, Nerven) er bei der Überwindung der Strecke von seinem Haus zu Ihrem Marktplatz betreiben muss, umso positiver ist er gestimmt, wenn er das Ziel erreicht. Gehen Sie in Gedanken jeden möglichen Anfahrtsweg durch und überlegen, ob sich sowohl Stammkunden als auch Neukunden mit allen Verkehrsmitteln ohne Reibungsverluste (unnötige Staus, fehlende Hinweistafeln an Zufahrtstraßen, unübersichtliche Parkhäuser, fehlende oder irreführende Ansagen in den Verkehrsmitteln des ÖPNV, fehlende Wegweiser für Fußgänger) zurechtfinden. Befindet sich der Kunde dann vor Ort, was sieht er dann? Welche optischen oder auch akustischen Reize muss er verarbeiten, bis er Sie erreicht? Stimmen ihn verdreckte Straßenecken, verschmierte Fassaden, leer stehende Ladenlokale oder Anbieter für die „falsche" Zielgruppe eher negativ oder gepflegte Straßen und Fassaden, interessante Läden und gastronomische Betriebe eher positiv? Der Film endet direkt vor Ihrem Ladenlokal, denn den Rest haben wir ja bereits in einem vorhergehenden Kapitel bearbeitet.

Vielleicht verstehen Sie jetzt, warum ich dem Kapitel Kooperationen einen so wesentlichen Stellenwert zumesse. Sie als Einzelner können es trotz aller Bemühungen nur selten schaffen, eine so positive Gesamtstimmung beim Kunden zu hinterlassen, dass er dauerhaft zum Besuch Ihres Marktplatzes und damit auch zu Geschäften mit Ihnen bereit ist.

Inszenierung des Unternehmensumfeldes

In einigen der vorhergehenden Kapiteln haben wir ja bereits auch über die Inszenierung des eigenen Unternehmens gesprochen. Hier geht es jetzt um die Inszenierung des Unternehmensumfeldes und um die Chancen der Kooperation. Die genannten Fakten und auch die folgenden Vorschläge und Impulse gelten so oder ähnlich nicht nur für den Einzelhandel, sondern auch für Handwerks- und Produktionsbetriebe in Gewerbe- und Industriegebieten.

Kundeninformation

Beginnen wir mit dem Themenbereich Kundeninformation. Nur wenige Kunden haben einen Überblick über alle Anbieter einer Straße, eines Viertels oder eines Industriegebietes. Aufgrund der schon mehrfach erwähnten Trägheit der Menschen (man kann es natürlich auch netter Gewohnheit nennen) entscheiden sie sich meistens für die gleichen bekannten Lieferanten, um ihre Bedürfnisse zu befriedigen. Auch wenn es aus logistischen Gründen viel angebrachter wäre, so viele Besorgungen wie möglich ohne zusätzlichen Aufwand an Fahrtkosten und Zeit an einem einzigen Ort zu erledigen, erwägen die wenigsten Kunden solche Optimierungen.

gemeinsamer Infoflyer inkl. Lageplan

Mit einem gemeinsamen Infoflyer inkl. Lageplan können Sie für Ihr Viertel zusammen mit Ihren Nachbarn werben. So erhalten nicht nur kleine Unternehmen, die kein Budget für einen eigenen Prospekt haben, die Möglichkeit auf sich aufmerksam zu machen. Auch die etwas stärkeren Unternehmen profitieren von dem positiven Gesamteindruck, den der Kunde durch eine solche Information erhält. Weitere Möglichkeiten der partnerschaftlichen Gebietsbewerbung sind eine gemeinsame Homepage und auch Gemeinschaftsanzeigen in den Tageszeitungen.

partnerschaftliche Gebietsbewerbung

Ein weiteres Kooperationsfeld ist die Schaufensterdekoration. Um Kosten zu sparen, tauschen Sie Dekoartikel untereinander aus und stellen eigene Produkte als freundliche Leihgabe zur Verfügung. Planen Sie eine einheitliche Themendeko des ganzen Einkaufsviertels und besorgen die benötigten Accessoires als günstigen Großeinkauf. Veranstalten Sie Dekowettbewerbe und ziehen Ihre Kunden als Juroren heran.

Sorgen Sie als Unternehmergemeinschaft für Sauberkeit und eine attraktive Umfeldgestaltung und bieten den Kunden besondere Services an, die ein einzelnes Unternehmen nicht offerieren kann. Fahrdienste für ältere und behinderte Kunden, Parkgutscheine, Aufbewahrung von Einkäufen, Cafégutscheine und eine Kinderbetreuung liefern ihnen gute Argumente für den Einkauf in Ihrem Viertel.

An dieser Stelle noch zwei Beispiele als Anregung:

Die gemeinsame Weihnachtskarte

Einer meiner Kunden klagte über die langweiligen Einheitsgrußkarten, die in jedem Jahr versandt werden. Allerdings war ihm die Erstellung und Produktion einer individuellen Karte für seine 150 A-Kunden zu teuer und zu aufwändig. Im Gespräch fanden wir schnell eine Lösung. Als Herrenausstatter mit hochwertigen Kollektionen kooperierte mein Kunde schon seit längerem mit einem Uhren- und Schmuckgeschäft. In der Werbegemeinschaft fanden sich dann noch ein Hotel, ein Feinkostgeschäft, ein Anbieter von hochwertigen Wohnaccessoires und ein Laden mit Designer-Mode, die allesamt die gleiche Kernzielgruppe im Premiumsegment bedienten. Nachdem die Entwürfe abgestimmt waren, konnte die einmalige Karte in Druck gehen.

Die Karten wurden von allen Inhabern persönlich unterschrieben und die 750 Umschläge von einer externen Mitarbeiterin handschriftlich adressiert und mit einer Briefmarke versehen. Diese einmalige Aktion war nur in Zusammenarbeit aller 5 Unternehmen kostengünstig realisierbar und fand bei den Kunden ein breites Echo. Der positive Nebeneffekt: Obwohl alle Unternehmen in der gleichen Stadt ansässig waren und die gleiche Kernzielgruppe bearbeiteten, gab es nur minimale Überschneidungen. Mit dieser gemeinschaftlichen Aktion empfahl jedes Unternehmen die Partner an die eigenen Kunden weiter.

Vom Angebot der anderen profitieren

Der-24-Stunden-Gewinn in der eigenen Stadt

Viele Werbegemeinschaften verlosen als Hauptgewinn eines Preisausschreibens eine Shoppingreise nach London, Paris, Wien, New York oder in eine andere Metropole. Das ist für den Gewinner zwar ein an sich toller Preis, zeigt aber indirekt, dass man der eigenen Stadt ein besonderes Shoppingerlebnis nicht zutraut. Außerdem verschenkt man nicht nur einen Teil der Kaufkraft des Gewinners sondern auch eine gute PR-Möglichkeit.

Im Auftrag einer Werbegemeinschaft habe ich einen anderen Hauptgewinn zusammengestellt: 24 Stunden in der eigenen Stadt.

Die Gewinner wurden mit einem Luxusfahrzeug von zu Hause abgeholt und in das beste Hotel am Ort gefahren. Nachdem sie dort die edelste Luxussuite bezogen hatten, brachte sie der Chauffeur in ein hervorragendes Restaurant zum Candlelight-Dinner. Nach der Übernachtung

die Attraktivität des eigenen regionalen Marktplatzes herausstellen und einem ausgedehnten Frühstück ging es dann in ein Kosmetikstudio zur Wellnessbehandlung. Im Anschluss stand ein exklusiver Shopping-Guide als Begleiter und Berater der Gewinner zur Verfügung, der nicht nur dabei half, den Einkaufsgutschein in Höhe von 1.000 Euro umzusetzen, sondern sich auch um den Transport der gekauften Waren kümmerte. Nach einem erholsamen Kaffeetrinken brachte der Chauffeur die VIPs inkl. ihrer Einkäufe wieder nach Hause. Während der gesamten Zeit wurden die Gewinner noch sehr diskret von einem Fotografen begleitet, dessen Schnappschüsse sie vor der eigenen Haustür dann in einem Fotoalbum überreicht bekamen.

die Möglichkeiten des lokalen Marktes auch ins Bewusstsein einer breiteren Öffentlichkeit rücken

Gelingt es nun noch, dass die regionalen Medien über eine solche Aktion berichten, rückt dies die Möglichkeiten des lokalen Marktes auch ins Bewusstsein einer breiteren Öffentlichkeit.

3 Klassische Werbemodule im Rahmen des Low-Budget-Marketings

In schwierigen Zeiten lassen sich gerade viele mittelständische und kleine Unternehmer dazu hinreißen, aus Kostensenkungsgründen den Werbeetat zu minimieren. Bedenkt man jedoch, dass in erster Linie über die Kommunikation mit den Konsumenten Produkte oder Dienstleistungen verkauft werden, ist diese Reaktion genau falsch.

DIE GEWINN BRINGENDSTE ART IM MARKETING ZU SPAREN IST NICHT DAS STREICHEN VON EINZELNEN ETATS ODER POSITIONEN, SONDERN DIE STEIGERUNG DER EINSATZEFFEKTIVITÄT.

Statt einzelne Positionen ohne Überprüfung zu streichen, sollten Sie dazu übergehen, sämtliche Werbeausgaben auf ihren effizienten Einsatz zu untersuchen.

Eine Werbeerfolgskontrolle findet in der Regel nicht statt

Hier liegt auch das größte Problem, das ich in Beratungsgesprächen bei kleineren und mittelständischen Unternehmen ausgemacht habe. Es existiert so gut wie keine Werbeerfolgskontrolle. Bei den einen ist Werbung scheinbar eine reine Traditionsfrage, bei anderen ein Jagen nach Schnäppchen oder die Angst vor einer Außenseiterposition. Auf meine Nachfragen bekomme ich dann oftmals zu hören: *„Schon mein Vater hat immer jeden Mittwoch und Samstag seine Anzeige auf der Autoseite geschaltet und das war ja auch immer gut so"* oder *„Alle meine Konkurrenten sind in diesem Medium mit ihren Anzeigen vertreten, da darf ich nicht fehlen"* oder sogar *„Der Anzeigenverkäufer hat mir empfohlen, die Anzeigen in den nächsten 6 Ausgaben zu schalten, schließlich bekomme ich ja auch einen guten Rabatt und bezahle im Endeffekt nur 5 der Anzeigen".* Haben Sie diese oder ähnliche Argumente nicht auch schon oft gehört oder sich sogar selber so geäußert?

Alle diese Äußerungen bestätigen nur meine Behauptung, dass eine wirklich fundierte Werbeerfolgskontrolle fehlt und damit viel Geld und auch Zeit zum Fenster hinausgeworfen wird. Diese Tatsache fällt jedoch deshalb in vielen Unternehmen nicht auf, weil es keine fixierte Marketing- / Werbestrategie gibt. Wo es keine definierten Ziele gibt, kann man auch keine Zielerreichung oder- verfehlung feststellen (siehe auch Teil I, Kap.4 „Marketingplan").

Anhand verschiedener Werbemedien werde ich Ihnen in den folgenden Kapiteln aufzeigen, wie Sie Ihre Werbebudgets effektiver und damit Gewinn bringender für sich einsetzen können. Dabei geht es zuerst darum, die einzelnen Medien an sich besser auszunutzen, bevor ich in einem zweiten Schritt auf die potenzierende Wirkung der Kombination einzelner Medien eingehen werde.

Werbebudgets effektiver und damit Gewinn bringender einsetzen

Auch wenn jeder diesen kombinierten Mediaeinsatz von den großen Markenartiklern kennt, wird er doch bei vielen mittelständischen Unternehmen nicht praktiziert. Statt erfolgreicher Penetration der eigenen Werbebotschaft über verschiedene Kanäle pflegen die Unternehmen das konstante Mauerblümchendasein im Standardmedium gewissermaßen als Monatsrate in die Unternehmensüberlebensversicherung.

kombinierter Mediaeinsatz

3.1 Anzeigen

Bei den meisten Unternehmen stehen Anzeigen an erster und oft auch einziger Stelle, wenn ich in einem ersten Analyseschritt die Werbeaktivitäten auflistet. Neben Anzeigen in den regionalen Tageszeitungen spielen die in Anzeigenblättern die größte Rolle vor weiteren Druckmedien wie Vereins-, Branchen, Fachzeitschriften oder Stadtmagazinen.

Werbung in Anzeigenblättern ist weit verbreitet

Nach dem Motto „*Dabei sein ist alles*" regelt der Anzeigenpreis Platzierung, Größe und farbliche Gestaltung. Der geschickte Anzeigenverkäufer bietet zusätzlich die Anzeigengestaltung an und in Kombination mit mehr oder weniger sinnvollen Rabattierungen werden dem Unternehmen alle „Probleme" aus der Hand genommen. Der so „sorgenfreie" Werbekunde muss nur noch die Rechnung anweisen und auf sein Belegexemplar warten.

Dieser Ansatz ist zwar weit verbreitet, aber aus unternehmerischer Sicht komplett falsch. Zum einen sind viele Anzeigenverkäufer nicht in erster Linie fachlich versierte Berater, sondern verkäuferisch gut geschulte Vertreter und – wie das Wort schon verdeutlicht – vertreten einzig und allein ihre eigenen und die monetären Ziele ihres Mediums. Das ist aus deren unternehmerischer Sicht auch vollkommen korrekt. Es führt ja auch nur dort zu nicht optimalem Einsatz des Werbebudgets, wo

Werbeplanung immer in die eigene Hand nehmen

diese kaufmännische Vorgehensweise auf unvorbereitete Geschäftspartner trifft. Aus diesem Grund sollten Sie die Werbeplanung immer in die eigene Hand nehmen.

Wenn Sie damit aus zeitlichen oder auch persönlichen Gründen überfordert sind, holen Sie sich den Rat und die Unterstützung einer medienunabhängigen Agentur. Die kann Sie dann bei Ihren Planungen und auch Umsetzungen effektiv unterstützen. Aber auch in diesem Fall müssen immer Sie die endgültige Entscheidung fällen, denn nur Sie haben den Gesamtüberblick über Ihr Unternehmen.

Welches Medium wird von Ihrer Kernzielgruppe gelesen?

Sehen Sie die Zeitungsanzeigen als ein Modul in Ihrer Werbeplanung. Überlegen Sie zuerst, ob und welche Zeitung von Ihrer Kernzielgruppe gelesen wird. Danach überprüfen Sie auch, welche Rubriken Ihre Kunden wirklich aufmerksam und vor allem regelmäßig lesen und ansehen. Anzeigen, die durch ihre Größe auffallen, sind für die meisten kleinen Unternehmen nicht bezahlbar. Doch auch hier ist nicht in erster Linie die Größe, sondern die Kombination aus Größe, Gestaltung und Platzierung maßgeblich.

Informationen mitteilen oder Interesse für Unternehmen und Produkte wecken

Eine Anzeige muss ein Eyecatcher / Augenfänger sein. Es gibt zwei völlig unterschiedliche Ziele, die Sie mit einer Anzeige verfolgen können. Entweder Sie wollen dem Kunden eine Information mitteilen, oder das Interesse und die Neugier des Kunden für Ihr Unternehmen bzw. Ihre Produkte soll geweckt werden. Im ersten Fall muss diese Information klar und deutlich vermittelt werden. Meist geht es hierbei darum, einen besonderen Preis oder ein besonders begehrtes und/oder seltenes Produkt zu bewerben.

speziellen Kundennutzen herausstellen

Achten Sie dabei immer auf den speziellen Kundennutzen, den (nur) Ihr Unternehmen anbietet. Wenn der Kunde das deckungsgleiche Angebot auch von der Konkurrenz offeriert bekommt, macht die Anzeige als Kundenmagnet wenig Sinn. Überfrachten Sie Ihre Anzeige nicht mit zu viel Text oder Kleingedrucktem, sondern gestalten Sie sie mit visuellen Reizen. Achten Sie dabei immer auch auf Ihren eigenen Stil und Ihre CI – vor allem auch bei Rabattanzeigen!

Im zweiten Fall geht es um die Inszenierung Ihres Unternehmens, Images oder eines Produktes. Verraten Sie dem Betrachter nur wenige Details und arbeiten mit Emotionen. Die Auflösung für seine Fragen findet der Interessent direkt bei Ihnen.

Überprüfen Sie genau, wie Sie Ihre Kernzielgruppe mit minimalen Streuverlusten erreichen können.

Anzeigenblätter bieten oft kleinere Einheiten an

Bei gezielter Ansprache einzelner Wohngebiete sind je nach Zielgruppe die Anzeigenblätter die bessere Wahl, da diese oftmals kleinere Einheiten anbieten. Dieser Service ist gerade auch für Existenzgründer interessant, die mit Ihrer Dienstleistung oder ihren Produkten nur ein kleines Umfeld ansprechen wollen.

Studieren Sie genau, wie Ihre Mitbewerber auftreten. Dabei sollten Sie nicht nur die direkten Branchenkonkurrenten beobachten, sondern alle Unternehmen, die Ihre Kernzielgruppe im Visier haben. Jeder Euro kann bekanntlich nur einmal ausgegeben werden.

Wie treten Ihre Mitbewerber auf?

Nach Art der Low-Budget-Marketer ersetzen Sie nicht verfügbare monetäre Mittel durch innovative, persönliche Ideen (Brainpower statt Financial Power).

VERSUCHEN SIE DURCH NEUARTIGE AKTIONEN UND INSZENIERUNGEN GUTE PUBLIC RELATIONS IN FORM REDAKTIONELLER BEITRÄGE ZU BEKOMMEN UND AUCH DADURCH EINIGE ANZEIGEN EINZUSPAREN.

Bei einer innovativen Aktion im Schuhhaus hat einer meiner Kunden eine Anzeige für 120 Euro geschaltet. Durch das große Interesse gerade auch der Tageszeitungen fiel deren redaktionelle Berichterstattung auf den zentralen Seiten sehr umfangreich aus. Von der positiven Überzeugungswirkung eines redaktionellen Artikels gegenüber einer Anzeige einmal abgesehen, betrug der reine Millimeterpreis der entsprechenden Artikel ohne Berücksichtigung der besten Platzierung – an diesen Stellen im redaktionellen Teil ist es meist gar nicht möglich Anzeigen schalten – mehr als 6.000 Euro.

Zum Schluss dieses Kapitels noch ein wichtiger Tipp für Ihre Anzeigen. Um den Werbeerfolg Ihrer Anzeige auch kontrollieren zu können, integrieren Sie in jede Anzeige eine so genannte Feedbackfunktion, indem Sie den Leser / Kunden auffordern auf Ihre Anzeige zu reagieren. Dabei ist jegliche Form der Kommunikation möglich. Planen Sie auch diese Komponente der Anzeige genau.

über eine Feedbackfunktion den Werbeerfolg der Anzeigen kontrollieren

Wenn Sie erreichen wollen, dass der Kunde in Ihr Unternehmen kommt, offerieren Sie ihm bei Vorlage eines Coupons, der aus der Anzeige ausgeschnitten werden kann, einen Rabatt, Bonus oder ein kleines Geschenk. Um das Feedback zu beschleunigen, limitieren Sie die Aktion auf die ersten X Teilnehmer. In manchen Fällen ist auch eher ein telefonischer Kontakt oder eine Rückmeldung per E-Mail oder SMS / MMS erwünscht. Bedenken Sie bei der „Belohnung" aber immer, welche Wertigkeit der Gratifikation auch dem Aufwand, den Ihre Zielgruppe mit dem Feedback hat, entspricht und wie viel Ihnen selber dieses Feedback wert ist. Verknüpfen Sie die Coupons, Anrufe, E-Mails und SMS/MMS mit einer Abfrage der Kundendaten (optional können neben den reinen Kontaktdaten auch weitere Informationen abgefragt werden) und ergänzen oder aktualisieren somit Ihre Kundendatenbank. Oder nutzen Sie diese Aktion dazu, sich eine Interessentendatenbank anzulegen. Mit zunehmendem Umfang dieser Datenbank können Sie Ihre Kunden verstärkt direkt kontaktieren und vermeiden die hohen Streuverluste der Massenmedien.

Erhebung wertvoller Kundendaten

3.2 Rundfunkspots

Lokalradios machen es auch kleinen Unternehmen möglich, eigene Radiowerbung zu schalten

„Ich bin drin!" scheint mancher Unternehmer stolz zu denken, wenn er zum ersten Mal seinen eigenen Funkspot im Radio hört. Seit Gründung der ersten Lokalradios ist es auch kleinen Unternehmen möglich, eigene Radiowerbung zu schalten. In vielen Gesprächen stelle ich fest, dass es ein Art Medien-Ranking der Kleinunternehmen zu geben scheint. Die Zeitung ist sozusagen das „Volksmedium", über dem das Radio als „Stern-"Medium steht. Und der Ferrari aller Medien ist das Fernsehen, das für viele unerreichbar über allem schwebt.

Egal wie alt der Mercedes war, den man sich gerade leisten konnte, Hauptsache war, dass man einen Stern auf der Motorhaube hatte. Genauso erlebe nicht nur ich, sondern auch viele Hörer der Regionalsender die Werbung vieler kleinen Unternehmen. Der schmale Etat reicht nur für wenige Schaltungen. Und ähnlich wie bei vielen Zeitungsanzeigen sind auch die Radiospots ideenlos, schlecht produziert und werden dem Medium nicht gerecht.

Gehört Ihre Zielgruppe zur Hörerschaft des Senders? Ist Ihre Werbestrategie im Hörfunk umsetzbar?

Bevor Sie Ihr Geld in Werbespots im Regionalfunk investieren, überlegen Sie zuerst, ob Ihre Zielgruppe auch wirklich zur Hörerschaft der entsprechenden Sender gehört und ob das Medium Radio eine Umsetzung Ihrer Werbestrategie überhaupt ermöglicht. Auch im Radio gilt nicht „dabei sein ist alles", sondern es gilt die eigene Werbeaussage positiv zu transportieren und dabei die Aufmerksamkeit des Hörers zu wecken.

Versetzen Sie sich zunächst einmal in die Lage des Hörers und denken dabei an Ihre eigenen Radioerlebnisse. In welchen Situationen oder bei welchen Tätigkeiten hören Sie Radio? Die Zeiten, in denen man sich vor das Radio setzt und bewusst nur dem Radioprogramm lauscht, sind größtenteils vorbei.

Radio ist ein Begleitmedium

Das Radio hat sich zu einem guten Begleitmedium entwickelt. Während der Autofahrt, der Haus- und Gartenarbeit, der Ausübung eines Hobbies oder in manchen Fällen auch am Arbeitsplatz sorgt das Radioprogramm für musikalische Untermalung der ausgeübten Tätigkeit und auch für aktuelle Informationen zum Tagesgeschehen aus aller Welt und der heimischen Region. Die Werbeblöcke unterbrechen diesen harmonisch aufeinander abgestimmten Programmablauf, da sie nicht einheitlich gestaltet sind. Sie passen sich selten dem Rahmenprogramm an und je nach Häufigkeit der Schaltung kann die Wirkung auch ins Gegenteil umschlagen, da der Hörer einen Spot buchstäblich nicht mehr hören kann.

Planen Sie Ihren Radioauftritt genau

Deshalb planen Sie Ihren Radioauftritt genau.
- Zu welchen Tageszeiten hört Ihre Kernzielgruppe welchen Sender?
- Welche Möglichkeit der Spotplatzierung gibt es während dieser Zeitfenster?

- Welche Programminhalte werden dem Zuhörer vor und nach dem Werbeblock angeboten? Schließlich sind diese Inhalte der Grund, warum der Zuhörer das Programm verfolgt und zu denen er auch eine positive Grundeinstellung hat. Je harmonischer Sie sich der Programmfarbe anpassen, umso besser wird Ihre Botschaft auch angenommen.

Wie passt Ihr Spot in das Programmumfeld?

- Lassen Sie sich auf gar keinen Fall durch Rabattangebote des Senders in für Sie nicht relevante Zeitfenster pressen.
- Vermeiden Sie allgemein gültige und langweilige Aussagen über Ihr Unternehmen: *„Guten Tag lieber Zuhörer. Als Ihr Metzger biete ich Ihnen in der beginnenden Grillsaison Würstchen, Fleischspieße und Steaks aus garantiert kontrollierter Aufzucht an. Wir sind Ihr Fachbetrieb für eine garantiert erfolgreiche Grillparty. Ihr Metzgermeister Markus Mett in der Marienstraße."* Im Hintergrund vernimmt der Zuhörer Partymusik und das Grunzen eines noch fröhlichen Schweins.
- Lassen Sie stattdessen lieber Ihre Kunden zu Wort kommen. Zum einen wirkt das wesentlich überzeugender und zum anderen werden die Bekannten Ihres Kunden zusätzlich von ihm darüber informiert, dass er im Radio zu hören ist. Diese positive Mund-zu-Mund-Propaganda ist ein wirkungsvoller und vor allem kostenloser zusätzlicher Werbeeffekt. Suchen Sie sich für die Person des Werbesprechers Multiplikatoren in Ihrer Kundschaft. Extrovertierte Menschen, die sich in Vereinen und der Nachbarschaft (Regionalprominenz) engagieren und bei Veranstaltungen durch ihre positive Art schnell im Mittelpunkt stehen.

Lassen Sie im Rahmen positiver Mund-zu-Mund-Propaganda Ihre Kunden selber zu Wort kommen

Eine andere, auch schon in vorhergehenden Kapiteln besprochene Vorgehensweise ist die Inszenierung Ihrer Themen.

Inszenieren Sie Ihre Themen

Eine Hotelkette hat vor einiger Zeit das Motto *„Bei uns können Sie sich ausruhen!"* mit einigen Sekunden Stille zu den Kunden transportiert. Regen Sie die eigene Fantasie der Zuhörer an, indem Sie Ihr Produkt oder Produkteigenschaften nur in Ausschnitten beschreiben und den Kunden somit ein Rätsel aufgeben. Der Zuhörer soll weiterrätseln, auf die Lösung im letzten Spot warten und sich somit auch über den Spot hinaus mit Ihnen befassen.

SETZEN SIE SICH MIT DEM THEMA RUNDFUNKSPOT INTENSIV AUSEINANDER UND ÜBERLEGEN GENAU, WIE SICH IHRE WERBEBOTSCHAFT INTERESSANT, AUFMERKSAMKEITSSTARK UND VOR ALLEM MEDIUMSADÄQUAT UMSETZEN LÄSST.

Investieren Sie nur dann in das Medium Radio, wenn Ihr Etat auch die Umsetzung eines durchdachten Konzeptes zulässt. Ansonsten konzentrieren Sie sich lieber auf andere Medien, da Sie Ihr Geld nicht effektiv einsetzen, wenn Sie Möglichkeiten verschenken.

3.3 Schaufenster und Gestaltung des Point of Sale

Eine Klage über die Schärfe des Wettbewerbs ist in Wirklichkeit nur eine Klage über den Mangel an Einfällen.
Walther Rathenau (Reichsaußenminister 1922)

In Zeiten austauschbarer Angebote wird die Inszenierung des Verkaufsraums zunehmend wichtiger

In Kapitel 2.2 bin ich schon kurz auf das Thema Schaufenster und Point-of-Sale (also Verkaufsraum) eingegangen. Gerade in diesem Bereich ist die Inszenierung das wichtigste Thema überhaupt. In Zeiten, in denen fast jedes Produkt in fast jedem Geschäft und teilweise sogar im Internet zu finden ist, ist die Inszenierung des gesamten Verkaufsraums neben dem individuellen Kundenservice das Ausschlaggebende Verkaufsargument.

Nicht die immer wieder genannten hohen Kosten, behördlichen Auflagen und die Angst vor Abschreckung der bisherigen Stammkundschaft sind die wirklichen Gründe für das fast durchweg anzutreffende Inszenierungsvakuum, sondern das Fehlen von Ideen, Konzepten, eigenem Willen und Mut zur Individualität. Viele Ladeninhaber verwenden mehr Zeit und Energie auf die Gestaltung der eigenen vier Wände, als auf die Ausgestaltung ihrer Lebensgrundlage.

Aber es gibt auch einige, wenige positive Beispiele, die aufzeigen, dass für wirkungsvolle Inszenierungen kein umfangreicher Etat oder die Unterstützung des professionell aufgestellten Dekoteams einer Ladenkette vonnöten sind.

Lian Maria Bauer beispielsweise beschreibt in Ihrem Buch *„Szenerien, Handbuch zur Warenpräsentation auf der Bühne des Schaufensters"* ausführlich, wie man zu interessanten Gestaltungskonzepten gelangt und diese auch mit geringen Etats umsetzen kann. Ein Kapitel widmet sich dabei nur der kostengünstigen Requisitenbeschaffung.

„Scannen" Sie als Unternehmer Ihre Umwelt ständig nach neuen Impulsen ab

Gehen Sie selbst immer mit offenen Augen durch Ihre Umwelt. Wie bereits in Teil I im Kapitel „Das Unternehmen als Spiegelbild des Unternehmers" beschrieben, sollte es in Ihrem Denken keinen Unterschied zwischen Geschäfts- und Privatleben geben. Ein erfolgreicher Unternehmer „scannt" seine Umwelt ständig auf der Suche nach neuen Impulsen ab. Und diese Impulse gibt es in unserer modernen Welt zuhauf. Diejenigen unter Ihnen, die zu Ihren Hobbies auch eine kreative „abbildende" Tätigkeit (Fotografie, Malerei, Schreiben etc.) zählen, sind hier eindeutig im Vorteil. Bei der Inszenierung geht es ja in erster Linie darum, eine „Scheinwelt" zu schaffen, ein neues, gestaltetes Abbild der Realität. Dabei ist es wichtig, alle Elemente in diese Gestaltung zu integrieren.

Sehen Sie sich einmal diverse Schaufensterdekorationen oder auch Ladeneinrichtungen an. Einige künstliche Weinlaubblätter im Schaufenster sollen das Thema Oktober, Herbst oder Weinmarkt darstellen und entsprechende positive Emotionen im Betrachter erzeugen. Drei bunte Regalbretter, 5 Aufkleber, eine Rutsche und ein Fernseher mit Kinderprogramm stellen die Schatzinsel dar und 40 Plastiktulpen auf 20 Regalbretter verteilt begrüßen den Frühling. Ich schildere hier bewusst den Worst-Case – oder ist es doch eher eine genaue Beschreibung des Dekoalltags im deutschen Einzelhandel? Jeder Bühnenbildner und jeder Kulissendesigner würden hier mit Missachtung und vernichtender Kritik bestraft. Deshalb investieren auch Sie mehr Zeit und Energie in die Gestaltung Ihres Einkaufsparadieses.

Am Anfang steht eine Art Drehbuch. Fertigen Sie zuerst eine maßstabsgerechte Skizze der Räumlichkeiten (Schaufenster und Ladenlokal) an und vermerken darauf alle potenziellen Dekorations- und Stellflächen sowie die Strom- und Datenanschlüsse. Notieren Sie auf einem anderen Blatt Ihre Produkte und alle für die Warenpräsentation benötigten Regal- und Stellflächen sowie deren ungefähre Größe. Erstellen Sie anhand der so gesammelten Daten eine wiederverwendbare Kopiervorlage (siehe Beispiel) zur Planung Ihre Dekoration. Vergeben Sie für jeden Dekorationspunkt eine Ordnungsnummer, die Sie auch auf dem Plan notieren.

Am Anfang steht eine Art Drehbuch

Nr.	Art des Dekopunktes	Größe (ca.)	Befestigung	Specials	Dekogegenstände	Quelle	Kosten
1	Schaufenster Boden hinten rechts	1 x 1 50 m	Stellfläche Sicherungshaken, Wand	Strom 0,5 m	Altes Fahrrad	Leihgabe Rad Rudi	0,- Euro
2	Schaufenster Rückwand	B x H 5 x 3 m	Nägel, Dekoschiene	Lichtleiste, 5 Halogenspots	Leitplanke 4,5 m Leinwandbild Bergstrecke	Autobahnmeisterei; Bühnenwerkstatt, Theater oder Kunstschule	0,- Euro Material/ Präsent

Beschreiben Sie kurz die Art des Dekopunktes. Handelt es sich dabei um eine Stellfläche im Ladenlokal oder Schaufenster, um eine Wandfläche oder ein Regal im Verkaufsraum? Notieren Sie dahinter die Größe des Dekopunktes, alle Befestigungsmöglichkeiten für die Dekoartikel und Specials (Stromanschlüsse, Licht etc.). Diese Basisliste enthält nach Fertigstellung alle Dekorationsmöglichkeiten Ihres gesamten POS. Für jede geplante Dekoration kopieren Sie diese Unterlage und können nun entsprechend der Thematik passende Dekogegenstände ausfindig machen und eintragen. Vervollständigen Sie anschließend Ihre Liste mit den Angaben der Bezugsquelle und der Kosten. Mit diesen Planungsunterlagen behalten Sie den kompletten Überblick über vergangene Dekorationen und vor allem auch über Ihre Bezugsquellen.

wiederverwendbare Planungs- und Dokumentationsunterlage

Kreativität ist, wie ich Ihnen bereits in Kapitel 1.3 aufgezeigt habe, eine reine Übungssache. Und das wichtigste Potenzial der Kreativität ist ei-

Sammeln Sie ständig Eindrücke, Impulse, Emotionen und Bilder

ne große Sammlung von Eindrücken, Impulsen, Emotionen und Bildern. Erweitern Sie permanent ihre persönliche Kollektion. Dazu sollten Sie jederzeit eine Kamera und auch eine Notizmöglichkeit bei sich tragen. Meistens begegnen einem die besten Eindrücke, wenn man es nicht vorher geplant hat. Um mein Equipment überschaubar zu halten, habe ich jederzeit ein Mobiltelefon mit VGA-Kamera und Notizblockfunktion bei mir. Diese Ausstattung reicht in den meisten Fällen aus, um Impulse einzufangen und für meine Sammlung zu archivieren. Bei geplanten Shopping-Touren nehme ich meine kleine Digitalkamera mit 4 Mio Pixel mit, um höher auflösende Fotos von guten Schaufenstergestaltungen oder POS-Dekorationen machen zu können, auf denen man dann auch kleine Details erkennen kann.

Reduzieren Sie sich allerdings niemals nur auf andere bereits umgesetzte Dekorationen. Der Fundus ist für einen aufmerksamen Beobachter seiner Umwelt schier unendlich. Gehen Sie mit suchendem Blick durch die Stadt, Parks, Straßenschluchten, Museen, Ausstellungen und auch durch die Natur. Nehmen Sie sich mal einen Nachmittag Zeit und gehen in die Bücherei oder eine Buchhandlung und studieren Bildbände zu diversen Themen (Architektur, Garten, Malerei, Innenarchitektur, Dekoration und Basteln, Reisedokumentationen). Nutzen Sie auch das immense Potenzial des Internets und geben einzelne themenbezogene Begriffe in eine Suchmaschine ein.

Legen Sie sich ein digitales Archiv an

Legen Sie sich am besten ein digitales Archiv an, in dem Sie sowohl Ihre Notizen, als auch die eigenen Fotos sowie Screenshots und Kopien aus dem Internet abspeichern können. Die einzelnen Dateiordner überschreiben Sie mit für Ihre Branche typischen Deko-Themen, z.B. Weihnachten, Ostern, Frühling, Sommer, Sommer-/Winter-Urlaub, Herbst, Winter, Sport, Ausflug, Picknick, Geschenke, Hochzeit etc. Mithilfe von Unterordnern unterscheiden Sie in allgemeine Dekothemen und Ideen, Schaufensterdeko und Ladendeko. Legen Sie sich auch einen Ordner für Impulse an, die Sie zurzeit noch nicht so genau zuordnen können, aber als Kreativpool nutzen wollen.

Im Laufe der Zeit erhalten Sie so ein umfangreiches Ideenarchiv, auf das Sie jederzeit Zugriff haben und welches Ihnen immer neue Dekorationsansätze und Konzeptideen liefert.

kostengünstige Beschaffung von Dekomaterialien

Nachdem Sie Ihr Ideenlager bestens bestückt haben, die Dekorationsskizze entworfen und in die Liste die benötigten Gegenstände eingefügt haben, geht es darum, diese Materialien so kostengünstig wie möglich zu beschaffen.

Natürlich gibt es Dekolieferanten, die fast alle Artikel besorgen können. Doch zum einen sind diese Produkte meistens teuer und oft sichtbar aus Kunststoffen nachgebaut. Viel besser wirken Originalaccessoires. Auf der Suche nach den benötigten Accessoires kontaktieren Sie den bereits beschriebenen Informationspool aus Mitarbeitern, Kunden, Lieferanten,

Mitbewerbern, Bekannten und Netzwerk- bzw. Kooperationspartnern. Viele Teile können Sie sich auch kurzfristig ausleihen. Manche Kooperationspartner profitieren auch von einem Hinweis „Freundliche Leihgabe von ..." und stellen dann die Exponate gerne kostenlos zur Verfügung.

Originalaccessoires Ihrer Netzwerk- und Kooperationspartner

Weitere Quellen sind Sperrmüllsammlungen, Flohmärkte und auch Messeveranstalter, da dort Dekomaterial bereits nach einmaliger Nutzung entsorgt wird. Bei Ebay und anderen Versteigerungsplattformen finden Sie interessante Accessoires zum günstigen Preis. Nach dem Ende der Ausstellung können Sie die Gegenstände dann wieder über Ebay weiter veräußern und sparen so Geld und Lagerfläche.

Zum Abschluss dieses Kapitels stelle ich Ihnen 5 verschiedene Sonderaktionen für Ihr Schaufenster vor, die bereits in der Praxis erprobt wurden und Ihnen als Impuls für eigene belebende Schaufensterprojekte dienen sollen.

5 verschiedene Sonderaktionen für Ihr Schaufenster

Die Day-by-Day-Deko

Gemeinsam mit den Auszubildenden der Dekoabteilung eines Modekaufhauses haben wir über einen Zeitraum von 7 Tagen jeden Tag zwischen 6:00 und 8:00 Uhr ein Schaufenster umdekoriert. Themen der Deko waren prägnante Szenen bekannter Kinofilme. Die darstellenden Schaufensterpuppen präsentierten in dem Kaufhaus erhältliche Mode und nur die entsprechenden Accessoires ließen auf die ausgewählten Filme schließen. Die Betrachter des Schaufensters mussten den dargestellten Film erraten, um an der Verlosung unseres zweiten Kooperationspartners, eines Kinos, teilnehmen zu können und die täglich ausgelosten 3 mal 2 Kinokarten zu erhalten.

Kinoszenen im Schaufenster

Kunden, die sich auch an der Hauptverlosung mit Kinokarten und hochwertigen Einkaufsgutscheinen beteiligen wollten, mussten zum einen jeden Tag eine Blick auf das Schaufenster werfen, zum anderen etwas schwierigere Spezialfragen (Regisseur, Komponist der Titelmelodie etc.) beantworten. Für die benötigten Dekoaccessoires gab es kein Budget und somit war die Kreativität und Organisationsfähigkeit der beiden Auszubildenden gefragt. Die ganze Aktion wurde sowohl von den Kunden als auch von der regionalen Presse mit starkem Interesse verfolgt.

Das lebende Schaufenster

Yoko Ono und John Lennon haben es vorgemacht und einige Tage in einem Schaufenster gelebt. Der New Yorker Überlebenskünstler David Blaine, der sich 44 Tage in einem über der Themse schwebenden Glaskasten aufhielt und Fernsehshows, wie z.B. Big Brother, haben auch in jüngerer Vergangenheit gezeigt, dass sich die meisten Menschen von ungewohnten Einblicken in das „private Leben" anderer angezogen fühlen. Wirkliches Leben im Schaufenster ist auch solch eine Inszenierung des Alltags an einem ungewöhnlichen Ort. Je nach Art Ihrer Verkaufsprodukte und nach Größe Ihres Schaufensters gibt es diverse Möglichkeiten der Belebung.

Veranstalten Sie einen Paalsitter(Pfahlsitzer)-Wettbewerb in Ihrem Schaufenster und werben Sie gleichzeitig für bequeme Sessel und Stühle oder die neue Kissenkollektion. Lassen Sie Ihre Kunden zum Schachwettbewerb antreten oder laden Sie sie zu einem Frühstück oder Afterwork-Espresso ins Schaufenster ein. Solche ausgefalleneren Aktionen eignen sich besonders auch für Schaufenster, die sich in 1-B-Lagen und weniger frequentierten Nebenstraßen befinden und auch bei Neueröffnungen. Machen Sie durch solche lebenden Schaufenster von sich reden, wie der Volksmund sagt. Denken Sie allerdings bei Ihrer Planung immer an die Empfindungen und Vorlieben Ihrer Kernzielgruppe und schießen nicht aus Effekthascherei über das Ziel hinaus.

Show-Fenster Smalltalk

Eine besondere Form des lebenden Schaufensters ist das Konzept des Show-Fenster Smalltalk. Hierbei bedient man sich einer oder auch mehrerer Elemente, die zurzeit bei der Bevölkerung besonders angesagt sind: Talkshow, Gameshow, Soap-Opera. Ursprünglich habe ich das Eventkonzept für eine Belebung der langen Donnerstage in einem Kaufhaus entwickelt.

Schaufenster als Studio Nutzen Sie dabei die Scheibe des Schaufensters als „Mattscheibe" und das Schaufenster als Studio. Die Veranstaltungen finden genau wie Fernsehsendungen in regelmäßigen Abständen zu festgelegten Zeiten statt. Integrieren Sie eine „Programmübersicht" in Ihre Anzeigen oder Prospekte und sorgen so für zusätzliche Publizität.

In der Talkshow begrüßen Sie Mitarbeiter Ihres Hauses, die über ihre Hobbies und auch ihre Arbeit berichten und ein ganz besonderes Produkt ihrer Abteilung mitbringen und promoten. Auch Kunden, die über ein ganz besonderes Hobby oder Erlebnis berichten wollen, Prominente, die zurzeit am Theater oder Schauspielhaus zu Gast sind (Promotion des Theaterstücks, Kartenverlosung) oder positiv stadtbekannte Persönlichkeiten zählen zu den potenziellen Talkgästen.

In den Game-Shows können Kunden ausgewählte Produkte oder Einkaufsgutscheine gewinnen, wenn sie bestimmte Produkteigenschaften (Ausstattungsdetails, Preis, Platzierungsort im Laden) erraten und als erste im „Studio" anrufen. Alternativ kreieren Sie um ein Produkt herum ein Wettspiel – Wettbügeln eines neuen Kleidungsstücks mit einem neuen Bügeleisen, Zusammenbau eines Kleinmöbels, Bau eines Waschbeckensiphons etc. – bei dem der Sieger der Gesamtausscheidung das entsprechende Produkt erhält. Sprechen Sie in diesem Zusammenhang auch Ihre Lieferanten auf Produktsponsoring oder ähnliche Beteiligungen an der Game-Show an.

In Zusammenarbeit mit einer Schule, Theaterschule oder einer Laienspielgruppe inszenieren Sie eine Soapopera mit regelmäßigen Fortsetzungen. Und schon haben Sie ein zwar etwas aufwändigeres aber dafür aufmerksamkeitsstarkes und trotzdem günstiges Werbeinstrument, mit dem Sie nicht nur Kunden vor Ihr Schaufenster und in Ihr Ladenlokal ziehen, sondern auch noch bestimmte Produkte Ihres Unternehmens vermarkten können.

Das Kunden- und Mitarbeiter-Schaufenster

Viele Ihrer Kunden, aber auch einige Ihrer Mitarbeiter betreiben in ihrer Freizeit mehr oder weniger professionell ein bestimmtes Hobby. Die einen werden handwerklich kreativ tätig und malen Bilder, bemalen und gestalten Tassen, Dachziegel, Blumentöpfe und Gläser, fotografieren, bauen Eisenbahnanlagen und Modellautos, -flugzeuge und -schiffe oder nähen Puppen und Stofftiere. Andere frönen ausgiebig einer bestimmten Sammelleidenschaft und jagen bestimmten Fingerhüten, Orangenpapieren, Zigarrenkisten, Bedienungsanleitungen, Röhrenradios, Überraschungseier-Figuren und anderen Collectables hinterher.

Nutzen Sie dieses reichhaltige und interessante Potenzial für Ihre Schaufensterdekoration. Die meisten Menschen, die ein solches Hobby ausüben, würden dieses gerne einmal in der Öffentlichkeit präsentieren, haben aber meist keine Plattform auf der dies möglich wäre. Bieten Sie diese Plattform in Form Ihres Schaufensters und profitieren von einer individuellen, einzigartigen und trotz allem kostenlosen Dekoration und der reichhaltigen Mund-zu-Mund-Propaganda der Aussteller und ihres Netzwerks. Je nach Kernzielgruppe sind auf der Grundlage von Kooperationen auch Ausstellungen mit den Kindergärten und Schulen der Region ein attraktiver Kundenmagnet.

Hobbies von Kunden und Mitarbeitern präsentieren

Das Satelliten-Schaufenster

Bei einem Gang durch die Innenstädte fallen immer wieder zeitweise nicht vermietete Ladenlokale mit leer stehenden Schaufenstern auf. Diese eignen sich zumindest vorübergehend oftmals sehr gut für eine Nutzung als Satelliten-Schaufenster Ihres Unternehmens. Analysieren Sie die Lage und das zusätzliche Kontaktpotenzial für Ihr Unternehmen. Befindet sich das Schaufenster in 1A-Lage, an einer stark frequentierten Straße, Fußgängerzone, neben einer gut besuchten Arztpraxis oder einem Fast-Food-Restaurant? Sprechen Sie mit dem Vermieter / Makler über eine zwischenzeitliche Nutzung des Schaufensters als zusätzliche Ausstellungsfläche. Der Besitzer erhält eine kleine Kostenerstattung und Sie kümmern sich um die Reinigung der Fenster und der Fläche vor dem Schaufenster. Es handelt sich hier um eine klassische Win-Win Situation für alle Beteiligten und zusätzlich auch für die Besucher der Stadt, die weniger schmutzige und leere Fenster ansehen müssen. Diese Variante ist besonders für etwas versteckt liegende Unternehmen oder für solche, die kein Ladenlokal in der City haben, eine sehr nützliche Möglichkeit kostengünstig auf ihr Unternehmen und ihre Produkte aufmerksam zu machen.

Nutzung zeitweilig leer stehender Ausstellungsflächen im Umfeld

Schaufenster- und POS-Dekoration

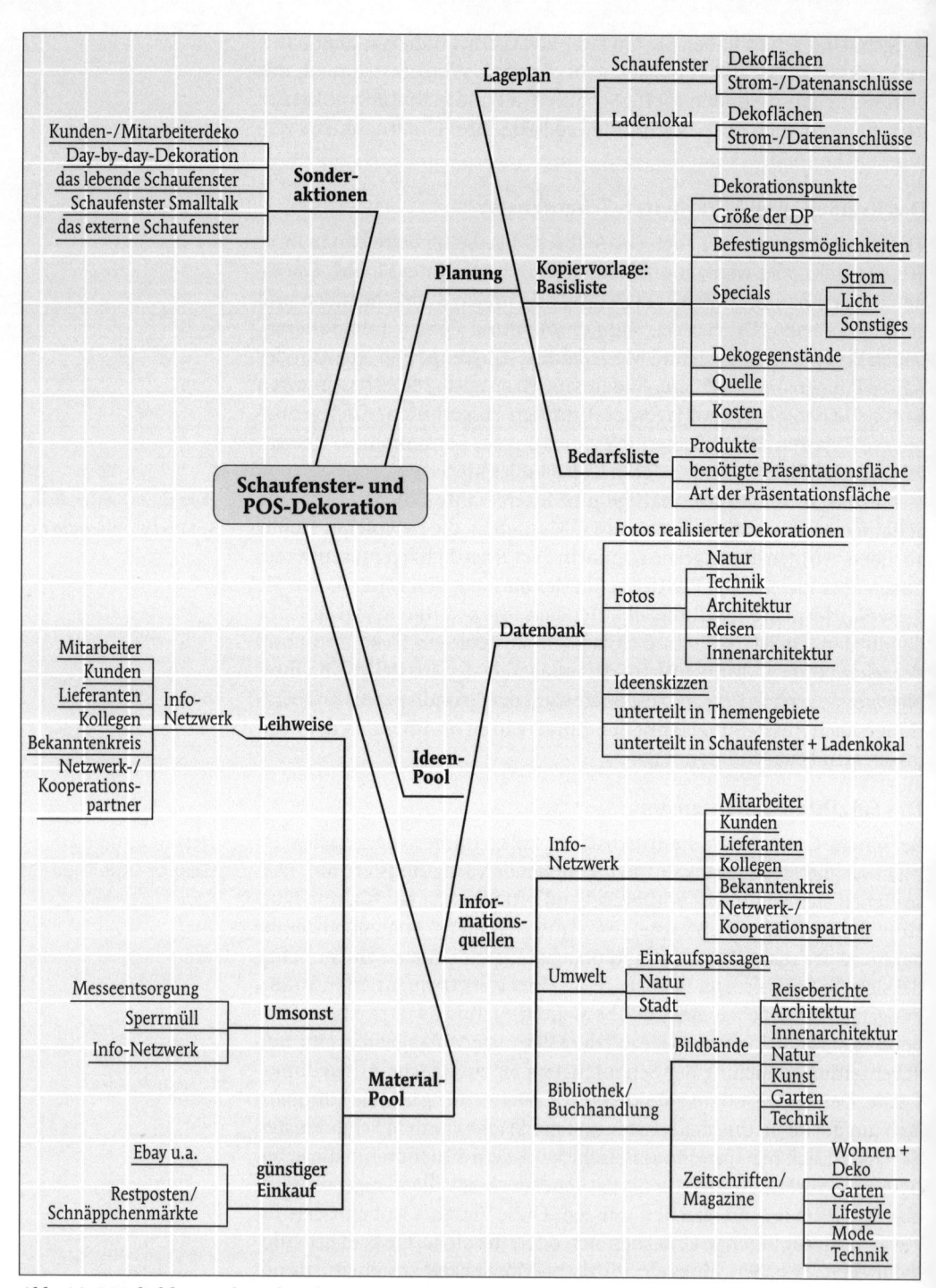

Sonderaktionen
- Kunden-/Mitarbeiterdeko
- Day-by-day-Dekoration
- das lebende Schaufenster
- Schaufenster Smalltalk
- das externe Schaufenster

Planung
- Lageplan
  - Schaufenster
    - Dekoflächen
    - Strom-/Datenanschlüsse
  - Ladenlokal
    - Dekoflächen
    - Strom-/Datenanschlüsse
- Kopiervorlage: Basisliste
  - Dekorationspunkte
    - Größe der DP
    - Befestigungsmöglichkeiten
    - Specials
      - Strom
      - Licht
      - Sonstiges
  - Dekogegenstände
    - Quelle
    - Kosten
- Bedarfsliste
  - Produkte
  - benötigte Präsentationsfläche
  - Art der Präsentationsfläche

Ideen-Pool
- Leihweise
  - Info-Netzwerk
    - Mitarbeiter
    - Kunden
    - Lieferanten
    - Kollegen
    - Bekanntenkreis
    - Netzwerk-/Kooperationspartner
- Datenbank
  - Fotos
    - Fotos realisierter Dekorationen
    - Natur
    - Technik
    - Architektur
    - Reisen
    - Innenarchitektur
  - Ideenskizzen
  - unterteilt in Themengebiete
  - unterteilt in Schaufenster + Ladenlokal

Material-Pool
- Informationsquellen
  - Info-Netzwerk
    - Mitarbeiter
    - Kunden
    - Lieferanten
    - Kollegen
    - Bekanntenkreis
    - Netzwerk-/Kooperationspartner
  - Umwelt
    - Einkaufspassagen
    - Natur
    - Stadt
  - Bibliothek/Buchhandlung
    - Bildbände
      - Reiseberichte
      - Architektur
      - Innenarchitektur
      - Natur
      - Kunst
      - Garten
      - Technik
    - Zeitschriften/Magazine
      - Wohnen + Deko
      - Garten
      - Lifestyle
      - Mode
      - Technik
- Umsonst
  - Messeentsorgung
  - Sperrmüll
  - Info-Netzwerk
- günstiger Einkauf
  - Ebay u.a.
  - Restposten/Schnäppchenmärkte

Abb. 12: Möglichkeiten der Schaufenster und POS-Dekoration

3.4 Homepage

Das Internet als modernes Medium ermöglicht auch kleinen und weniger finanzstarken Unternehmen die Realisation interessanter und erfolgreicher Marketingmaßnahmen. Gab es früher nur die Möglichkeit, die Kunden mithilfe von teuren und statischen Prospekten über das eigene Unternehmen zu informieren, so stehen bereits dem Kleinunternehmer mit einer eigenen Homepage viele Kommunikationsmöglichkeiten offen. Allerdings gilt es auch bei den neuen Medien auf einen qualitativ hochwertigen und CI-gerechten Auftritt zu achten. Der Sohn eines guten Bekannten mag zwar die grundsätzliche Technik der Programmierung einer privaten Homepage beherrschen, bei der optisch ansprechenden Gestaltung hört aber diese Form von Nachbarschaftshilfe oder Freundschaftsdienst oft auf.

kostengünstiges Medium für kleine Unternehmen

Achten Sie darauf, dass es eine durchgehende Gestaltung der einzelnen Seiten gibt, die die von Ihnen gewählte CI berücksichtigt. Da es bei den meisten Firmen-Homepages in erster Linie um ein Informationsangebot an den Kunden geht, sollte dieses Anliegen auch im Vordergrund stehen. Verzichten Sie deshalb auf spielerische Animationen, die zwar die Möglichkeiten des Mediums längst nicht ausreizen und auf privaten Pages auch berechtigt sein können, Ihren Kunden aber die Zeit stehlen.

durchgehende Gestaltung der einzelnen Seiten

Achten Sie gerade bei diesem Medium auf Aktualität der Daten. Dass ein Prospekt nicht immer die neueste Entwicklung widerspiegeln kann, ist dem Kunden klar. Eine Homepage mit „alten" Fotos, Inhalten, Terminübersichten oder Preisangaben ist dagegen nicht akzeptabel.

Aktualität der Daten

Wenn Sie auch ohne die permanente Unterstützung eines EDV-Fachmanns auskommen wollen und die Programmierung mit HTML nicht gerade zu Ihren Stärken gehört, empfiehlt sich die Anschaffung eines Redaktionssystems (Content-Management-System). Ihre Mitarbeiter oder auch Sie selbst können dann die Texte in einem Schreibprogramm verfassen und in das jeweilige System kopieren. Ebenso verfahren Sie mit Fotos oder herunterladbaren Dateien. Sie können Texte in ruhigeren Geschäftszeiten vorbereiten und erst zu einem bestimmten Termin veröffentlichen und auch wieder herausnehmen. Somit erhalten Sie ein sehr flexibles und aktuelles Kommunikationsinstrument.

Je nach Umfang Ihrer wichtigen Unternehmenspublikationen, können Sie auch zusätzlich Informationen über Ihre Region veröffentlichen. Als Inhaber eines Autohauses versorgen Sie Ihre Kunden z.B. mit Reisetipps, Reiserouten, Ausflugs- und Gastro-Tipps für Ihre Region, als Geschäftsführer eines Einrichtungshauses vermitteln Sie die neuesten Dekorationstipps inklusive Bezugsangabe in der Region. Sie erhalten so ebenfalls eine gute Plattform zur gegenseitigen Promotion für Kooperations- und Netzwerkpartner.

Informationen über die Region erhöhen den Nutzen für den Kunden

Je mehr sinnvolle Zusatzinformationen und andere Nutzen Ihre Kunden auf Ihrer Homepage erhalten und je mehr Leben durch regelmäßige

Aktualisierunge der Infodienste oder downloadbare Dateien auf Ihrer Seite stattfindet, umso höher sind auch die Besuchszahlen Ihres Internetangebotes und damit die Zahlen potenzieller Kunden, die mit Ihrem Unternehmen in Kontakt kommen.

3.5 Eigene Kundenzeitung

Ein eigenes Kundenmagazin bzw. eine eigene Kundenzeitung spielt in den Planungen der meisten mittelständischen und kleinen Unternehmen keine Rolle. *„Der Hersteller, die Innung oder der Branchenverband bietet doch ein gutes Magazin an"*, höre ich oft, wenn ich in der Beratung dieses Kommunikationsinstrument anspreche. *„In unserem Haus hat niemand die Zeit oder die Möglichkeit, ein solches Medium zu erstellen"*, hat mir noch vor kurzem der Geschäftsführer eines Unternehmens gesagt und ergänzt: *„Der Hersteller finanziert zwar Anzeigen zum Teil mit und sponsert auch einen Teil der Herstellermagazine, aber ein solches eigenes Magazin wird nicht unterstützt."*

Natürlich ist eine eigene Kundenzeitung aufwändig und nicht so schnell erstellt bzw. geschaltet wie eine vorgefertigte Anzeige. Es ist auch wesentlich bequemer, die Herstellermagazine in eigenem Namen vom Vertriebsservice des Herstellers an die Kunden versenden zu lassen und lediglich eine Werbekostenpauschale dafür zu bezahlen. Aber die auf den ersten Blick schwer wiegenden „Nachteile" werden auf den zweiten Blick durch überragende „Vorteile" kompensiert.

direkte Kundenbindung

Mit einem eigenen Kundenmagazin binden Sie Ihren Kunden nicht nur an Ihre Branche, Ihren Hersteller oder Ihren Verband – das können schließlich die Kollegen auch – sondern direkt an Ihr Unternehmen. Sie haben die Chefredaktion und bestimmen den kompletten Inhalt selbst. Viele Kundenmagazine sind eine Sammlung von allgemeinen Fachartikeln, technischen Informationen und in den wenigsten Fällen enthalten sie Berichte aus den einzelnen Unternehmen. Was haben Sie dann als Anbieter davon? Die meisten Kunden wissen ja nicht einmal, dass z.B. die Zeitschrift ihres Autoherstellers teilweise oder auch komplett von ihrem Händler finanziert wird.

mögliche Inhalte einer Kundenzeitschrift

Eine eigene Zeitschrift könnte quartalsweise erscheinen und folgende Inhalte aufweisen:
- Persönliche Begrüßung durch den Geschäftsführer / Inhaber
- Die wichtigsten Neuigkeiten aus dem Unternehmen (neue Produkte, Mitarbeiter, Unternehmenssparten etc.)
- Einen Veranstaltungskalender mit allen öffentlichen Terminen des Unternehmens
- Tipps und Hinweise der einzelnen Abteilungen
- Terminhinweise, Ausflugstipps, Gastrotipps aus der eigenen Region

- Rubrik: Aus unserer Kundschaft (Jubiläum, besondere Hobbies, „Unsere Kunden haben getestet oder berichten" etc.)
- Nachrichten aus gesponserten Vereinen und Institutionen
- Gutscheine für eigene Dienstleistungen / Produktpräsente und auch für Services von beworbenen Kooperationspartnern (geben Sie z.B. eine Information über ein bestimmtes Restaurant, sprechen Sie vorab mit dem Inhaber des Gastrobetriebes über ein kostenloses Getränk / ein Dessert für alle Kunden, die im Restaurant das Magazin präsentieren. Ähnlich funktioniert dies auch mit anderen Kooperationspartnern).

Das eigene Magazin muss nicht als Hochglanzbroschüre mit großem Umfang erscheinen. Vermeiden Sie allerdings auf der anderen Seite auch die Kopieversion auf grellbuntem Papier. Starten Sie mit einem auf DIN A 5 Format gefalteten beidseitig bedrucktem DIN A 4 Blatt und steigern je nach Resonanz und verfügbarem Material auf 8 oder auch 12 DIN A 5 Seiten. Gestalten Sie keinen Produktkatalog, sondern arbeiten Sie in erster Linie mit redaktionellen Beiträgen.

kein Produktkatalog, sondern in erster Linie redaktionelle Beiträge

LASSEN SIE KUNDEN FÜR KUNDEN SCHREIBEN!

Bei den Kunden eines Autohauses erzielt der Testbericht eines anderen Kunden mehr Aufmerksamkeit, als eine Kopie des Herstellerprospektes. Der Kundenaufsatz über den Besuch der Restaurantküche und die gemeinsame Fahrt mit dem Küchenchef zum Großmarkt sorgt für mehr positiven Gesprächsstoff als der Bericht über den Kochwettbewerb der Jungköche.

Doch wie bringen Sie Ihre Kunden dazu, etwas für Ihr Magazin zu schreiben? Allgemein wird ja immer behauptet, dass die Menschen heute schreibfaul und nach dem Motto „*Mehr als SMS ist nicht mehr drin*" größtenteils nicht in der Lage seien, längere zusammenhängende Texte zu verfassen. Das stimmt nicht. Ein Blick in meine Tageszeitung und die täglich darin erscheinenden Leserbriefe – oft mit dem Hinweis „*Von der Redaktion gekürzt*" – und auch meine „*Schuhe erzählen eine Geschichte*"- Veranstaltung (siehe Teil III, Kap. 2.2.4) widerlegen diese Behauptung. Gehen Sie bei der Rekrutierung Ihrer Autoren taktisch vor. Verlosen Sie „*Erste Probefahrten mit einem neuen Fahrzeug*", „*12 Stunden mit dem Küchenchef unterwegs*", „*24 Stunden als Assistent des Hoteldirektors*" oder einen „*Besuch der Modemesse mit dem Einkäufer*" und vermerken Sie in den Ausschreibungsunterlagen, dass nachträglich ein kurzer Bericht zu erstellen ist, der dann sogar im Kundenmagazin veröffentlicht wird. Die meisten Menschen sind sehr engagiert, wenn sie nicht nur nach ihrer Meinung gefragt werden, sondern wenn diese Äußerungen auch noch inklusive Autorenfoto veröffentlicht werden. Nach den ersten Veröffentlichungen werden Sie sicherlich keine Probleme mehr bei der Autorensuche haben.

Wie bringt man Kunden zum Schreiben?

Für ihr Magazin benötigen Sie auf jeden Fall auch eine ganze Reihe von Fotos. Einige Produktfotos bekommen Sie auf jeden Fall von Ihren Lieferanten. Die anderen Aufnahmen müssen Sie oder Ihre Mitarbeiter aus Kostengründen entweder selbst erstellen oder Sie wenden sich auch in diesem Fall wieder an Ihre Kunden. In jedem Kundenkreis gibt es neben einer ganzen Reihe von Gelegenheitsknipsern, denen mit den modernen Digitalkameras auch einige verwertbare Bilder gelingen, auch einige semiprofessionelle Hobbyfotografen. Versuchen Sie diese für Ihr Magazin als Fotografen zu gewinnen. Auch für diese Personengruppe gilt schließlich, dass sie sich über Interesse an ihrem Hobby freuen.

JE MEHR SIE IHRE KUNDEN EINBINDEN, UMSO MEHR RESONANZ GEWINNT IHRE KUNDENZEITUNG IN DER BREITEN ÖFFENTLICHKEIT UND UMSO SELTENER WIRD SIE ACHTLOS ENTSORGT.

branchenfremde Kooperationspartner in der Region suchen

Suchen Sie sich branchenfremde Kooperationspartner in Ihrer Region, die die gleiche Kernzielgruppe anvisieren und erweitern somit Ihre eigene Zielgruppe um einige Leser des Magazins. Kooperationspartner sorgen zusätzlich zur Erweiterung der Leserschaft durch interessante Zusatzbeiträge für ein sachlicheres Empfinden bei Ihrer Kernzielgruppe und durch Beteiligung an den allgemeinen Erstellungskosten für eine Reduzierung Ihres Werbeetats.

Je mehr Tipps und Hinweise Sie in das Magazin integrieren, umso häufiger wird Ihr Kommunikationsinstrument zur Hand genommen oder sogar gesammelt.

Wettbewerbe oder Rätsel zur Werbeerfolgskontrolle nutzen

Als Werbeerfolgskontrolle nutzen Sie Wettbewerbe oder auch Rätsel, die Sie im Magazin ausschreiben. Die Gewinne sollten attraktiv sein, aber einen bestimmten vernünftigen Kostenrahmen nicht übersteigen. Am sinnvollsten sind an dieser Stelle Gutscheine Ihres Unternehmens und Ihrer Kooperationspartner.

Gehören Familien zu Ihrer Kernzielgruppe denken Sie immer auch an eine Seite für Kinder. Diese sorgen dann in den meisten Fällen schon dafür, dass Ihr Magazin auch entsprechende Beachtung findet.

Redaktion und Layout an Dienstleister abgeben

Zum Schluss stellt sich noch die Frage nach Redaktion und Layout. Aus Kostengründen kommt man zwar schnell auf die Idee, die Redaktion des Magazins selbst zu übernehmen oder sie einem Mitarbeiter zu übertragen. In der Praxis hat sich jedoch gezeigt, dass eine Agentur oder ein freier Redakteur die wesentlich bessere und auf Dauer auch kostengünstigere Alternative ist und dass ein nicht in die Abläufe des Unternehmens eingebundener externer Redakteur eher ein Garant für ein regelmäßiges Erscheinen und eine gleich bleibende Qualität ist.

Wenn Sie nicht gerade über eine eigene kleine Werbeabteilung verfügen, benötigen Ihre Mitarbeiter, die so eine Redaktion zusätzlich zum Tagesgeschäft betreuen müssen und im Umgang mit der entsprechenden Software nicht so vertraut sind, wesentlich mehr Zeit für diese Tätigkeit.

Studieren Sie bezüglich des Layouts die Exponate Ihrer Branchenkollegen, Ihrer Lieferanten und vor allem auch die Magazine, die Ihre Kernzielgruppe abonniert und liest. Stimmen Sie die Gestaltung Ihrer Publikation dann unter Berücksichtigung der eigenen Unternehmens-CI auf diese recherchierten Ergebnisse hin ab. Schließlich soll das Magazin zwar Ihrer Zielgruppe gut gefallen aber auch auf den ersten Blick als Produkt Ihres Hauses erkannt werden.

Wie machen es die anderen?

3.6 Mailings

Unter den Oberbegriff „Mailings" fallen sowohl die klassischen Werbebriefaussendungen auf dem Postweg als auch die immer weiter ausufernden Massen an versandten E-Mails. Eine weitere Ergänzung werden wohl in Kürze auch die mobilen Möglichkeiten SMS und MMS darstellen, die bisher allerdings erst von wenigen Unternehmen genutzt werden.

Egal welches der drei genannten Medien Sie für Ihren Kundenkontakt nutzen, ein Problem haben alle gemeinsam. Wenig inszenierte Massenversendungen, die aufgrund ihrer Art auch als solche erkennbar sind, haben kaum eine Chance, ihren Zweck zu erfüllen und den Kunden zu gewinnen. Massenbriefsendungen werden trotz oder gerade wegen bestimmter viel versprechender Aufdrucke und dem abschreckenden Freistempler meist sofort im „Rundordner" Papierkorb entsorgt. Ebenso ergeht es einer ganzen Flut von E-Mailings, deren Chance, den Adressaten zu erreichen und von ihm geöffnet zu werden, wegen der Virusgefahr minimal ist. Aufgrund der eher auf das jüngere Zielpublikum beschränkten Empfängergruppe haben die wenigen Werbe- und Info-SMS zur Zeit noch eine sehr hohe Trefferquote und werden auch meist von der Zielgruppe wahrgenommen.

Wenig inszenierte Massenversendungen haben kaum eine Chance den Kunden zu gewinnen

Doch egal ob das Problem Virus oder Informationsüberflutung heißt, eine wirkliche Chance auch wahrgenommen zu werden haben die Mailings nur, wenn sie interessant inszeniert oder einem als attraktiv wahrgenommenen Absender zugeordnet werden können. Hier stoßen wir schon wieder auf das Thema Unternehmens-CI, Inszenierung und Markierung. Die Marke garantiert einen bestimmten Vertrautheitsgrad und sorgt somit gerade bei dem im Moment sehr empfindlichen Medium E-Mail für Vertrauen auf virenfreie Post. Es wird nicht mehr lange dauern, bis auch im Bereich der Mobiltelefone im Zusammenhang mit der Zunahme komplexer Software bestimmte Viren auch dort für eine vorsichtigere Haltung gegenüber fremden Informationen sorgen werden.

Eine Vertrauensbasis sollte vorhanden sein

Allgemein gehaltene Mailings sind also nicht ganz so optimal für die Kalt-Akquise einsetzbar. Aber für den permanenten Kundenkontakt bzw. regelmäßige Kundeninformationen gibt es gerade für KMUs kaum eine bessere Möglichkeit.

je gelungener die Inszenierung, desto mehr Resonanz

Gut inszenierte Mailings per Post / Päckchen eignen sich im Bereich des LBM nur im begrenzten Maß. Aus Kostengründen sind sie nur dann zu empfehlen, wenn lediglich eine kleinere Zielgruppe kontaktiert werden soll. Je gelungener die Inszenierung, umso mehr Resonanz kann man damit erzielen. Im Auftrag eines Kunden haben wir z.B. einer kleinen Anzahl von Unternehmen Kunststoffgartenstühle mit einem Paketdienst gesandt. Auf den Stühlen klebte ein Zettel auf dem lediglich der Spruch „*Wir sollten uns mal zusammensetzen!*" und eine Telefonnummer standen. Fast alle Zielkunden haben sich innerhalb kürzester Zeit gemeldet und es gab auch einige sehr erfreuliche und viel versprechende Kontaktgespräche. Als Werbung für meine Agentur habe ich Unternehmer-Survivalboxen in kleiner Stückzahl gebaut und an ausgewählte Zielkunden versandt. Auch hier gab es wieder eine große Anzahl an positiven Rückmeldungen.

Versenden Sie gestaltete Seiten im PDF-Format

Kommen wir zum Schluss noch einmal auf die Kundenmailings per E-Mail zu sprechen. Sie haben hier grundsätzlich die Möglichkeit, alle Informationen in reiner Textform zu versenden. Für eine tägliche Kundeninfo oder eine Blitzinfo ist das noch in Ordnung. Die wesentlich bessere und auch der Unternehmens-CI eher entsprechende Form ist jedoch der Versand einer gestalteten Seite im PDF-Format. Fast jeder Internet-User besitzt mittlerweile den Acrobat Reader und kann somit die versandten Dokumente öffnen. Gestalten Sie ein solches Mailing wie ein kleines Kundenmagazin. Garnieren Sie die betriebsinternen oder unternehmensspezifischen Kundeninformationen mit einem interessanten Tipp fürs Wochenende oder einem Techniktipp oder mit einem interessanten Fachartikel, den Sie selbst gefunden haben. Involvieren Sie Informationen Ihrer Kooperationspartner und laden somit Ihr Mailing mit einem zusätzlichen Mehrwert auf.

3.7 Prospekte und Folder

Die schmalen Budgets, die in vielen KMUs für die Werbung bzw. das Marketing zur Verfügung stehen, erlauben selten die Produktion einer Hochglanz-Image-Broschüre oder eines ebensolchen Firmenprospektes. Trotz der, durch das Angebot vieler Digitaldruckereien, massiv gesunkenen Stückkosten, sollte man sich grundsätzlich auch über diverse Alternativen informieren. Ich beschränke mich an dieser Stelle auf drei mehr oder weniger bekannte Medien, die zum einen auch in geringeren Stückzahlen oder aber zu geringen Kosten produzierbar sind.

Werbepostkarten

Zuerst widme ich mich der Postkarte. Diverse Anbieter haben Werbepostkarten in die Kneipen und somit unter die Menschen gebracht und diesem etwas antiquierten Medium neues Leben eingehaucht. Doch auch ohne die Einschaltung der sehr professionellen aber auch nicht gerade kostengünstigen Agenturen können Sie dieses Medium für sich einsetzen. Die Postkarte eignet sich als Kaltakquisemedium, weil sie für den Empfänger im Gegensatz zu einem Werbebrief schnell überschaubar ist. Durch interessante optische Reize und geheimnisvolle Inszenierung, z.B. als Serienmailing, bei dem immer nur Teile der Lösung und erst zum Schluss die komplette Auflösung erkennbar wird, ist dieses kostengünstige und auch schnell produzierbare Werbemedium sehr interessant. Die Postkarte ist auch als Visitenkartenersatz, regelmäßiger Reminder oder Appetizer für eine ausführlichere Information, die dann angefordert werden kann, einsetzbar.

Ausführlichere Informationen, Animationen, Präsentationen und auch kleine Spiele finden auf einer Mini-CD-ROM Platz. Dieses auch in Form einer Visitenkarte erhältliche Speichermedium eignet sich besonders auch in KMUs, in denen größere Datenmengen, z.B. Katalogdaten, an Kunden versandt werden müssen oder sollen. Sicherlich kann man heute auch jedem Interessenten Dateien jeglicher Größe auf der Homepage zum Download zur Verfügung stellen. Aber da noch nicht alle Unternehmer über schnelle DSL-Verbindungen verfügen oder aber einfach Downloads scheuen, können Sie Ihren Kunden mit diesem Medium alle erforderlichen Daten individuell zur Verfügung stellen. Hinzu kommt der haptische Eindruck, etwas physisch in Händen halten zu können.

Die Mini-CD-ROM erlaubt den Versand größerer Datenmengen

Das dritte Medium kennt zwar fast jeder vom morgendlichen Frühstückstisch, aber die wenigsten Unternehmer haben bisher über einen Einsatz der Brötchentüte als Werbemedium nachgedacht. Zwar lassen sich keine hochauflösenden Fotos abbilden und die Nutzungszeit ist auch relativ kurz. Aber bedingt durch den seltenen Einsatz als bäckereifremdes Werbemedium erzielt man eine sehr hohe Aufmerksamkeit. Wenn Ihre Zielgruppe regional begrenzt ansässig ist, können Sie mit einem Bäcker vor Ort kooperieren. Sie beteiligen sich an den Erstellungskosten der Brötchentüten und können dafür eine Seite der Tüten mit Ihrer Werbung belegen. Oder Sie erweitern die Aktion in der Form, dass die Tüten in alle Briefkästen der Region eingeworfen werden und der Kunde sich gegen Vorlage der Brötchentüte zwei kostenlose Brötchen abholen kann und eine kleine Info Ihres Unternehmens erhält.

Kooperation mit einem Bäcker vor Ort: Brötchentüte als Werbemedium

Denken Sie bei einer solchen Aktion immer auf die Anbringung eines Responseabschnittes zur Generierung von Kundenadressen und zur Feedbackkontrolle und verknüpfen Sie die Abgabe eines ausgefüllten Coupons mit der Teilnahme an einer Verlosung.

3.8 Give-Aways

Die Werbemittelkataloge bieten für jedes Budget eine ganze Reihe mehr oder weniger interessanter Gegenstände, die sich inklusive Bedruckung als Give-Away eignen. Viele Unternehmen greifen aus Bequemlichkeitsgründen und aus Angst, den falschen Gegenstand auszuwählen, zu den üblichen Medien Kugelschreiber, Feuerzeug, Eiskratzer, Parkscheibe und Taschenwärmer. Bis auf Raucher und Sammler von Feuerzeugen und Kugelschreibern ist kaum ein Kunde von diesen insgesamt auch wieder nicht so günstigen Werbeaccessoires angetan. Überlegen Sie auch an dieser Stelle, wie Sie im Rahmen Ihrer CI und Ihrer Branche etwas individuellere Gegenstände als Give-Aways produzieren können.

Auch hier ist Individualität gefragt

Ein Beispiel aus meiner Praxis: Auf der Suche nach einem B-to-B-Präsent für den Erstkontakt kam ein Kontakt zu einem Konditormeister zustande, der mir dann passend zum Namen meiner Agentur („Die Augenfänger") Marzipanaugen anfertigte. Es handelt sich dabei in den Augen der meisten beschenkten Kunden um ein hochwertiges und individuelles Geschenk, das gegenüber manchem Staubfänger einen großen Vorteil hat: Bevor der Kunde sich daran satt sieht, kann er sich satt essen. Für bestimmte fest terminierte Promotions mit kurzer Verteildauer können Sie sich auch mit einem regionalen Bäcker über einen entsprechenden Backschmaus unterhalten, der Ihrem Logo, Firmennamen oder Ihrem Produkt ähnelt und mit einem Infozettel versehen an die Kunden verteilt wird. Natürlich ist es auch hier wieder wesentlich aufwändiger, einen solchen individuellen Gegenstand zu finden. Der gewünschte Erinnerungseffekt ist aber umso höher, je individueller und unternehmenstypischer dieses Give-Away ist.

3.9 Messen

Viele mittelständische und kleine Unternehmer betrachten das Thema Messe lediglich aus Sicht des Besuchers. Eine eigene Messepräsenz als Aussteller oder sogar die Position eines Messeveranstalters erscheint ihnen in erster Linie aus Kostengründen nicht realisierbar. Um die die potenziellen Chancen darzustellen, diesen Marktplatz auch mit schmalem Budget nutzen zu können, unterteile ich das Oberthema in drei Bereiche.

Die nationale / internationale Fach-/Verbrauchermesse

Branchenkollegen oder Kooperationspartner mit ins Boot holen

Da ein eigener Messestand aus Kostengründen kaum realisierbar ist, sollten Sie sich mit Branchenkollegen oder Kooperationspartnern auf der Messe präsentieren. Informieren Sie sich vorab genau über die Umgebung Ihres geplanten Standplatzes und über die Darstellung der Standplatznachbarn. Da Sie in den wenigsten Fällen einen individuellen Stand, der alleine durch sein Aussehen die Besucher anzieht, realisieren können, müssen Sie auf andere Art auf sich aufmerksam machen.

lebende Wegweiser

Recherchieren Sie die ungefähren Wege der Besucherströme, die Lage der Ein-, Aus- und Durchgänge und planen Sie je nach Lage Ihres Platzes eigene lebende Wegweiser in Form von Mitarbeitern oder Promotern mit ein. Bieten Sie dem Veranstalter der Messe interessante Vortragsthemen an, die sein Programm bereichern, Sie zusätzlich in das Programmheft bringen und Ihre Zuhörer an Ihren Stand locken. Veranstalten Sie am Stand kleine kurze Seminare und verteilen dafür Gutscheine an die Besucher.

Wenn Sie Give-Aways haben, platzieren Sie diese niemals so, dass man sie einfach im Vorbeigehen mitnehmen kann, sondern fordern Sie als Gegenleistung immer die Kontaktdaten/Visitenkarte des Nachfragenden. So retten Sie Ihre Geschenke vor uninteressanten Schnäppchenjägern und können nachvollziehen, wo Ihre Präsente landen. Nutzen Sie jede Anfrage nach Prospekten und Präsenten zu einem kurzen Gespräch und erfragen immer, wie der Besucher auf Sie und Ihren Stand aufmerksam geworden ist. Veranstalten Sie ein Preisausschreiben, bei dem ein wirklich interessantes Produkt zu gewinnen ist und fordern nicht nur die direkten Besucher des Standes, sondern über Ihre Wegweiser-Promoter auch die anderen Messebesucher zur Teilnahme auf. Über die Teilnahmekarten können Sie neben Namen und Anschrift auch (je nach Art der Messe) das Unternehmen, die Funktion im Unternehmen, die Telefonnummer, E-Mail-Adresse und Domain des Unternehmens abfragen. Sammeln Sie diese Kontaktdaten nicht nur in einer Kiste, um sie irgendwann einmal auszuwerten, sondern beginnen Sie am besten schon während der Messe mit der digitalen Archivierung der Adressunterlagen.

Kontaktdaten der Besucher sammeln

Direkt im Anschluss an die Messe sollten Sie sich bei Ihren Kontaktpartnern noch einmal in Erinnerung rufen. Wenn Sie Seminare oder Vorträge am Stand oder im Rahmen des Messeprogramms abhalten, können Sie die Kontaktdaten der Besucher auch mit dem Argument abfragen, dass Sie allen Teilnehmern unmittelbar nach der Messe ausführliche Unterlagen zum Seminar/Vortrag zusenden. So haben Sie einen nachvollziehbaren Grund für die Nachfassaktion direkt nach der Messe, können die Produktion der Unterlagen exakter planen und ersparen sich die zusätzliche Lagerung dieser Unterlagen am Stand.

Nachfassen nach der Messe

Denken Sie auch bei Fachmessen an den Spaßfaktor. Überlegen Sie sich z.B. ein innovatives Produkt aus dem Freizeit-/Hobbysektor als speziellen Publikumsmagneten. Vor einigen Jahren war ich für den Messestand eines Verbandes zuständig, der weniger spektakuläre Dienstleistungen anbot. Um dennoch die Aufmerksamkeit der zahlreich anwesenden Besucher auf den Stand zu lenken, haben wir mit Unterstützung eines Hardwareherstellers als einziger Aussteller die damals völlig neue Version eines Organizers präsentiert. Auch wenn die Themen Zeitplanung, Bürotechnik etc. nicht Gegenstand der Messe waren, zog diese Innovation eine Menge interessanter Kontaktpartner an.

Wenn Sie gar keine Möglichkeit sehen, mit einem eigenen Stand vertreten zu sein, nutzen Sie die Messeplattform als aktiver Besucher. Sprechen Sie Besucher an, die an Mitbewerberständen stehen oder sich dort

die Messeplattform als aktiver Besucher nutzen

Informationen einholen, um selber Informationen über Kundenbedürfnisse zu gewinnen. Reden sie mit Branchenkollegen, um Ihr Kontaktnetz zu erweitern und die Sicht der Dinge Ihrer Mitbewerber zu erfahren.

Es gibt viele Möglichkeiten, auf einer Messe interessante Kontakte zu knüpfen. Dabei spielt es nicht in erster Linie eine Rolle, ob Sie als Aussteller oder Besucher vor Ort sind. Die meisten Unternehmen nutzen nur das klassische Potenzial dieser Plattform und vernachlässigen die vielen Möglichkeiten, die sich zusätzlich anbieten. Das ist Ihre Chance mit wenig Aufwand Ihr Unternehmen und Ihre Dienstleistung zu präsentieren.

Die regionale Messe

In fast jeder Stadt und jedem Landkreis gibt es einmal oder sogar mehrere Male im Jahr die Verbrauchermesse, auf der vom Dachdecker, über den Diätsuppenvertrieb und den Lederjackenspezialverkauf bis hin zum Kaninchenzüchterverband fast alle für den „gemeinen Verbraucher" interessanten Anbieter vertreten sind. Für diese Art der Messe gelten ähnliche Tipps wie für die internationale / nationale Verbrauchermesse.

selbst initiierte und durchgeführte Regionalmesse

An dieser Stelle möchte ich Ihnen die Möglichkeit einer selbst initiierten und durchgeführten Regionalmesse aufzeigen. Im Auftrag einer Industrie- und Handelskammer habe ich z.B. eine regionale Existenzgründermesse kreiert und organisiert. Der geringe Kostenrahmen konnte sehr gut von den ca. 15 beteiligten Ausstellern getragen werden und dank guter Presse- und interessanter Referentenkontakte kamen zu den 5 Veranstaltungen jeweils ca. 200 bis 300 Besucher. Der Programmpunkt Spaßfaktor wurde erfolgreich von dem Comedian Martin Wilms als *„Heinz Konsolski, der Jründer aussem Kohlenpott"* umgesetzt. Zusätzlich stand eine Cocktailbar für den Austausch der Besucher zur Verfügung.

Eine Regionalmesse mit Kooperationspartnern bringt zahlreiche Synergieeffekte

Planen Sie als Alternative zu oftmals schlecht besuchten Inhouse-Messen, auf der sich lediglich Ihr Unternehmen präsentiert, eine Regionalmesse mit Kooperationspartnern, die die gleiche Zielgruppe anvisieren. Der Organisationsaufwand ist unwesentlich größer, zumal die benötigten Potenziale an Zeit und Geld gemeinsam mit den Messepartnern zur Verfügung gestellt werden können. Durch die „Geste" der gemeinsamen Veranstaltung sprechen Sie gegenüber Ihren Stammkunden eine Empfehlung für Ihre Messepartner aus und das Gleiche machen auch die Partner gegenüber Ihren Kunden. Diese Regionalmesse wird somit zur optimalen Plattform für effektives Empfehlungsmarketing.

Plattform für effektives Empfehlungsmarketing

Auch die Suche nach einem werbewirksamen Schirmherren der Messe, einem Laudator oder Spezialreferenten wird durch den Zusammenschluss mehrerer Regionalunternehmen wesentlich erleichtert. Die Attraktivität für die Besucher erhöht sich nicht alleine durch die Anwesenheit verschiedener Anbieter, sondern auch durch die lebendigere Atmosphäre, da eine regionale Messe mehr Besucher anzieht als die Inhouse-Messe eines einzelnen Unternehmens. Und auch die Resonanz der Medien ist meist wesentlich positiver, da es sich bei der entsprechenden Berichterstattung nicht um die Werbung für ein bestimmtes Unternehmen handelt.

Die eigene Hausmesse

Je nach Zielgruppe und Produktportfolio kann auch eine Messe im eigenen Unternehmen sinnvoll sein. Allerdings sollten Sie sich auch hierbei die Inszenierung Ihres Unternehmens und Ihrer Produkte auf die Fahnen schreiben. Entwerfen Sie für die gesamte Veranstaltung eine thematische Dramaturgie und weisen Sie jedem – und hier meine ich auch wirklich jedem – Programmpunkt eine in dem Konzept stimmige Rolle zu. Jedes noch so kleine Detail, angefangen von der Einladung der Gäste, über den Empfang, die Produktpräsentation, das Catering bis hin zur Nachfassaktion, die einige Tage nach der Veranstaltung erfolgen sollte, muss die gleiche Geschichte erzählen. Dann erinnert sich der Kunde im Zusammenhang der „Rahmenerzählung" auch immer wieder an Sie und Ihre Präsentation und Ihre Veranstaltung wird nicht in eine lange Reihe von austauschbaren Events eingeordnet.

thematische Dramaturgie für die gesamte Veranstaltung

An einem Beispiel möchte ich Ihnen eine solche Inszenierung verdeutlichen: Ein Hersteller von Badewannen will seine neuesten Produkte in einer Tagesveranstaltung präsentieren. Beim ersten Brainstorming zu diesem Thema entsteht das umseitig wiedergegebene Mindmap.

Beispiel

In allen Bereichen wurde darauf geachtet, dass der Themenbereich „Badewanne" auch wirklich inszeniert wurde. Nehmen Sie das entstandene Mindmap als Vorlage und kreieren entsprechend für Ihr Produkt und Unternehmen eine ähnliche Planungsgrundlage.

Begnügen Sie sich nicht mit einer pfiffigen Einladung oder einem tollen Buffet. Eine Werbeagentur versandte vor einigen Jahren eine Packung mit grauem Grießbreipulver unter dem Motto: „*Wenn Sie den Einheitsbrei satt sind!*". Da ich diese Aktion sehr gut fand, habe ich dort angerufen und nachgefragt, wie diese interessante Aktion weitergeführt wurde. Der Angerufene verstand meine Frage überhaupt nicht. Die Firmen, die sich auf die Aktion gemeldet hätten, wären ganz „normal" in die Agentur eingeladen worden und hätten dort bei Kaffee und Keksen über mögliche Aufträge gesprochen. Was hilft der beste Filmanfang, wenn der Rest nur normaler fader Einheitsbrei ist? Wäre die Agentur ihrer begonnenen Dramaturgie gefolgt, hätte die geladenen Kunden ein umfangreiches Puddingbuffet erwartet. Und zum Abschied hätte jeder Besucher noch ein „Pudding-Survival-Package" geschenkt bekommen – natürlich inklusive Puddingschale und Löffel mit Agentur-Logo!

Schreiben Sie gemeinsam mit Ihren Mitarbeitern ein Drehbuch für die geplante Veranstaltung. Sie werden feststellen, dass diese besondere Art der Veranstaltungsplanung eine ungeheure Motivation darstellt und so manches kreative Potenzial in Ihrer Mitarbeiterschaft geweckt wird.

Schreiben Sie ein Drehbuch für die geplante Veranstaltung

Badewannenpräsentation

Kommunikation

Einladung
- Flaschenpost im Badezusatzflakon
- Marzipanbadewannen
- Abflussstöpsel
- Badetuch mit Info-Domain
- Rückenbürste mit Info-Domain
- Kachel mit Info-Domain

Veranstaltungsunterlagen
- Frottee-Ordner
- Kachelordner

Nachfassaktion
- Badetuch mit Domainaufdruck versenden
- Badewannenkunstkalender der Veranstaltung versenden
- Veranstaltungsinfoseite oder Veranstaltungs-Subdomain

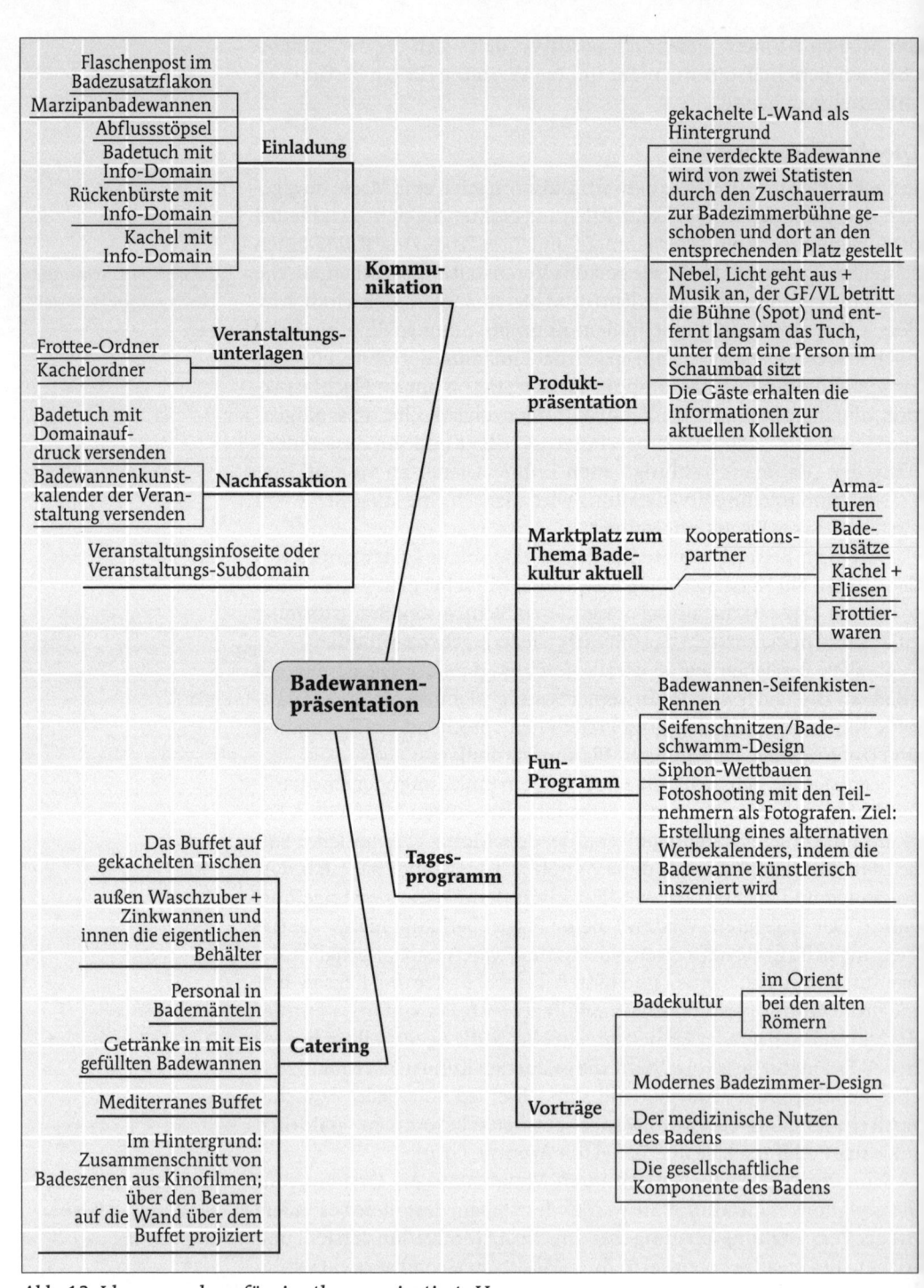

Tagesprogramm

Produktpräsentation
- gekachelte L-Wand als Hintergrund
- eine verdeckte Badewanne wird von zwei Statisten durch den Zuschauerraum zur Badezimmerbühne geschoben und dort an den entsprechenden Platz gestellt
- Nebel, Licht geht aus + Musik an, der GF/VL betritt die Bühne (Spot) und entfernt langsam das Tuch, unter dem eine Person im Schaumbad sitzt
- Die Gäste erhalten die Informationen zur aktuellen Kollektion

Marktplatz zum Thema Badekultur aktuell — Kooperationspartner
- Armaturen
- Badezusätze
- Kachel + Fliesen
- Frottierwaren

Fun-Programm
- Badewannen-Seifenkisten-Rennen
- Seifenschnitzen/Badeschwamm-Design
- Siphon-Wettbauen
- Fotoshooting mit den Teilnehmern als Fotografen. Ziel: Erstellung eines alternativen Werbekalenders, indem die Badewanne künstlerisch inszeniert wird

Vorträge
- Badekultur
  - im Orient
  - bei den alten Römern
- Modernes Badezimmer-Design
- Der medizinische Nutzen des Badens
- Die gesellschaftliche Komponente des Badens

Catering
- Das Buffet auf gekachelten Tischen
- außen Waschzuber + Zinkwannen und innen die eigentlichen Behälter
- Personal in Bademänteln
- Getränke in mit Eis gefüllten Badewannen
- Mediterranes Buffet
- Im Hintergrund: Zusammenschnitt von Badeszenen aus Kinofilmen; über den Beamer auf die Wand über dem Buffet projiziert

Abb. 13: Ideensammlung für eine themenorientierte Hausmesse

Teil III

Low-Budget-Marketing in verschiedenen Unternehmenssituationen und Branchen

Nachdem Sie in den beiden ersten Teilen dieses Buches die wichtigsten Grundlagen sowohl des Marketings im Allgemeinen als auch des LBM kennen gelernt haben, geht es im dritten Teil um praktische Umsetzungsmöglichkeiten im Alltag des Unternehmens.

Die aufgeführten Beispiele und Ideen aus meiner Beratungspraxis erheben nicht den Anspruch auf Vollständigkeit, sondern sollen eine Anregung darstellen, vor deren Hintergrund Sie dann damit beginnen können, Ihre eigene LBM-Strategie zu entwickeln.

Auch wenn viele der hier aufgeführten Beispiele nicht aus Ihrer Branche stammen werden, so kann Ihnen der „Blick über den Tellerrand" doch dazu verhelfen innovative Ideen für Ihren eigenen Geschäftsbereich zu entwickeln.

1 Low-Budget-Marketing in besonderen Unternehmenssituationen

In den ersten drei Kapiteln dieses dritten Teils werde ich spezifisch auf bestimmte Eigenarten diverser Unternehmenssituationen eingehen. Bei der Unternehmensgründung, der Einführung eines neuen Produktes und bei der Auseinandersetzung mit einem neuen Mitbewerber kann ein Unternehmer trotz oder gerade mit den Mitteln des LBM sehr effektiv arbeiten. Der kreative Umgang mit den Kunden und der Öffentlichkeit und die Nutzung individueller, persönlicher Maßnahmen sichert eine gute Resonanz wesentlich effektiver, als der pure Einsatz von großen Werbeetats.

kreativer Umgang mit Kunden und Öffentlichkeit sowie individuelle, persönliche Maßnahmen

1.1 Gründung

An alles haben der Gründer und sein betreuender Unternehmensberater gedacht. Die Themen Rechtsform, Steuern und Fördergelder sind bearbeitet und auch ein schöner, in sich schlüssiger und plausibel klingender Businessplan ist erstellt. Weder der betreuenden Kammer noch der Bank fällt ein großes Manko auf.

Der Marketingplan ist zwar in Grundzügen vorhanden, aber die angedachten Maßnahmen sind nur wenig individuell und zielgruppenspezifisch. Kundenorientierte Kommunikationsaktionen zur Einführung des neuen Unternehmens werden vielfach unter das Motto gestellt: „ *... und Werbung machen Sie dann, wenn Sie es sich leisten können!* ". Doch die Situation ist genau umgekehrt: Wer sich kein vernünftiges und realistisches Marketingkonzept leisten will oder kann, der hat mangels Umsatz leider nicht die Chance, seinen noch so schönen Businessplan zu realisieren.

> WER ALS GRÜNDER DER ANSICHT IST, ES SICH NICHT LEISTEN ZU KÖNNEN SICH WERBUNG ZU LEISTEN, KANN SICH BALD GAR NICHTS MEHR LEISTEN.

Ein paar günstige Eröffnungsanzeigen in der regionalen Tageszeitung mögen bei einem Bankberater noch als ausreichende Werbung durchgehen, in der Realität verpuffen sie jedoch als uneffektiver Lückenfüller. Dass es auch anders und besser geht, zeige ich Ihnen an dieser Stelle anhand einiger Beispiele aus der Praxis.

Eine junge Unternehmerin suchte in der Nachbarschaft ihrer Änderungsschneiderei nach einer günstigen Möglichkeit für eine kleine Werbeaktion. Trotz Besuch bei einem Gründungsberater hatte sie niemand auf die Wichtigkeit eines umfassenden Marketingplanes hingewiesen. Nach Erläuterung diverser Grundlagen (USP, Ist- und Soll-Analyse etc.)

haben wir gemeinsam verschiedene Strategieansätze entwickelt. Die erste Information an die umliegenden potenziellen Kunden wurde statt auf Papier auf hellen Stoff aufgedruckt und in die Briefkästen der Nachbarschaft verteilt. In einer zweiten Aktion besuchte die Unternehmerin die umliegenden Kindergärten und Kirchen, um dort mit den entsprechenden Verantwortlichen über das Projekt *„Das tapfere Schneiderlein"* zu sprechen. Alle Kinder der Einrichtungen, aber auch deren Eltern sollten von ihr professionelle Hilfe bei der Erstellung von Kostümen für eine Theateraufführung bekommen. Sowohl von den Schneideraktionen im Ladenlokal als auch von der Aufführung im Kindergarten berichtete die regionale Presse und lieferte somit kostenlose Werbung für die Existenzgründerin. Auch die beteiligten Eltern halfen mit ihrer durchweg positiven Mund-zu-Mund-Propaganda bei der Bekanntmachung des neuen Unternehmens.

Ein Jungunternehmer wollte kostengünstig seinen Design-Roller einer größeren Menge an potenziellen Kunden präsentieren und wählte dafür eine Messeveranstaltung aus. Um die langen Wege schneller zurücklegen zu können fuhr er, als noch niemand anderes mit einem Tretroller unterwegs war, über diverse Messen und führte eine Reihe interessanter Gespräche. Die Kosten blieben in einem mehr als vertretbaren Rahmen. Er musste lediglich Eintritt bezahlen.

Zwei Cafe-Betreiberinnen produzierten Gutscheine für eine Tasse Kaffee nach dem Einkaufen und verteilten Sie kostenlos an Boutiquenbesitzer und andere Einzelhändler mit ähnlicher Zielgruppe in der Stadt. Die Investition bestand lediglich aus einigen Ausdrucken und zwei Päckchen Kaffee. Da die Ladenbetreiber die Aktion sehr positiv fanden, sie hatten selber keine Kosten und konnten ihre Kunden beschenken, warben sie auch nach Beendigung der Aktion für das Cafe.

Machen Sie Ihre potenziellen Kunden durch ungewöhnliche Aktionen auf sich aufmerksam und inszenieren Sie Pressekonferenzen an ungewöhnlichen Orten. Nicht Geld ist dabei entscheidend, sondern eine gute Idee, die mit Selbstbewusstsein, Überzeugung und Engagement umgesetzt wird. *„Dann klappt's auch mit den Kunden!"*

potenzielle Kunden durch ungewöhnliche Aktionen auf sich aufmerksam machen

1.2 Neues Produkt

Wenn sich niemand um dich schert, fahr verkehrt in eine Einbahnstraße. Alle werden dir zuwinken.
Werner Horand (Filmautor u. Feuilletonist)

Auch ein neues Produkt kann wesentlich effektiver, interessanter und teilweise auch kostengünstiger unter die Kunden gebracht werden, wenn man statt großer Investitionen einmal ein wenig Kreativität und Persönlichkeit einsetzt.

Ein Existenzgründer, der ein besonderes und neues Putzmittel auf den Markt bringen wollte, schaltete einfach eine Geburtsanzeige und begrüßte darin den neuen „putzmunteren Paul". Erst aus der näheren Beschreibung der „Geburtsdaten" gingen Informationen hervor, was hier das Licht der Welt erblickt hatte und auch das Foto war ein wenig verräterisch.

Mit verschiedenen Postkarten aus der Online-Druckerei warb ein anderer Unternehmer für sein neues Produkt, das künstlerisch inszeniert an verschiedenen Orten auf seine Käufer wartete.

kreative, persönliche Improvisation

Gerade in der kreativen, persönlichen Improvisation liegt der Schlüssel für kostengünstige aber effektive Marketingmaßnahmen verborgen. Mit Hilfe der Kreativitätstechniken (Teil II, Kap. 1.3) bearbeiten Sie die Assoziationsfelder zu Ihrem neuen Produkt. Untersuchen Sie durch Analysen Ihrer Mitbewerber auch, wie diese ein ähnliches Produkt vermarkten und setzen Sie einen positiven Kontrapunkt. Zum besseren Verständnis gebe ich Ihnen hier ein kleines Beispiel:

Einführung neuer Produkte in einem Gartencenter

Als Betreiber eines Gartencenters veranstalten Sie in jedem Frühjahr zur Eröffnung der Grillsaison eine Grillgeräte-Ausstellung und selbstverständlich zum Beginn der Gartensaison auch eine Rasenmäherausstellung. In diesem Jahr haben Sie zum ersten Mal eine neue Brennholzsorte aus Rebstockholz und einen neuen Rasenmäher im Programm. Im Rahmen Ihrer Konkurrenz-Recherche stellen Sie fest, dass Ihre Mitbewerber zwei Sonderanzeigen schalten und einen Prospektflyer im Eingangsbereich deponieren.

Diese beiden Maßnahmen sind zwar prinzipiell gesehen für sich in Ordnung, jedoch haben sie mit einer individuellen Marketingkonzeption nichts gemeinsam. In einer Kreativrunde Ihres Unternehmens entsteht dagegen das Konzept für die in Abbildung 1 dargestellte Aktion.

Natürlich ist die Durchführung dieser Konzeption wesentlich aufwändiger, als die Schaltung von zwei Anzeigen und das Auslegen von Flyern. Die Resonanz fällt aber ebenfalls erheblich größer aus, da durch die

Einbindung regionaler Partner und des Herstellers

Einbindung regionaler Partner und des Herstellers attraktive Veranstaltungspunkte und zwei reizvolle Preisausschreiben geboten werden.

Der finanzielle Aufwand wird ebenfalls durch die Kooperation mit Partnern erheblich verringert. Sie können die Aufmerksamkeit der Kunden noch steigern, indem Sie einige Tage vor dem großen Wochenende die Rasenmäher-Gokarts durch die Stadt fahren und an allen belebten Plätzen eine kurze Pause einlegen lassen. Diese Zusatzaktion steht dann unter dem Namen *„Sightseeing mit dem Rasenmäher"*. Der oder die Fahrer des Rasenmähers verteilen an die Schaulustigen kleine Visitenkarten mit den Veranstaltungsinfos und einem Gutschein für ein Getränk oder eine Grillwurst. Alternativ können auch Rebholzstücke, die mit einem kleinen Infozettel versehen sind, vor Ort verteilt werden, um die Neugier der Menschen zu steigern.

Neues Produkt 127

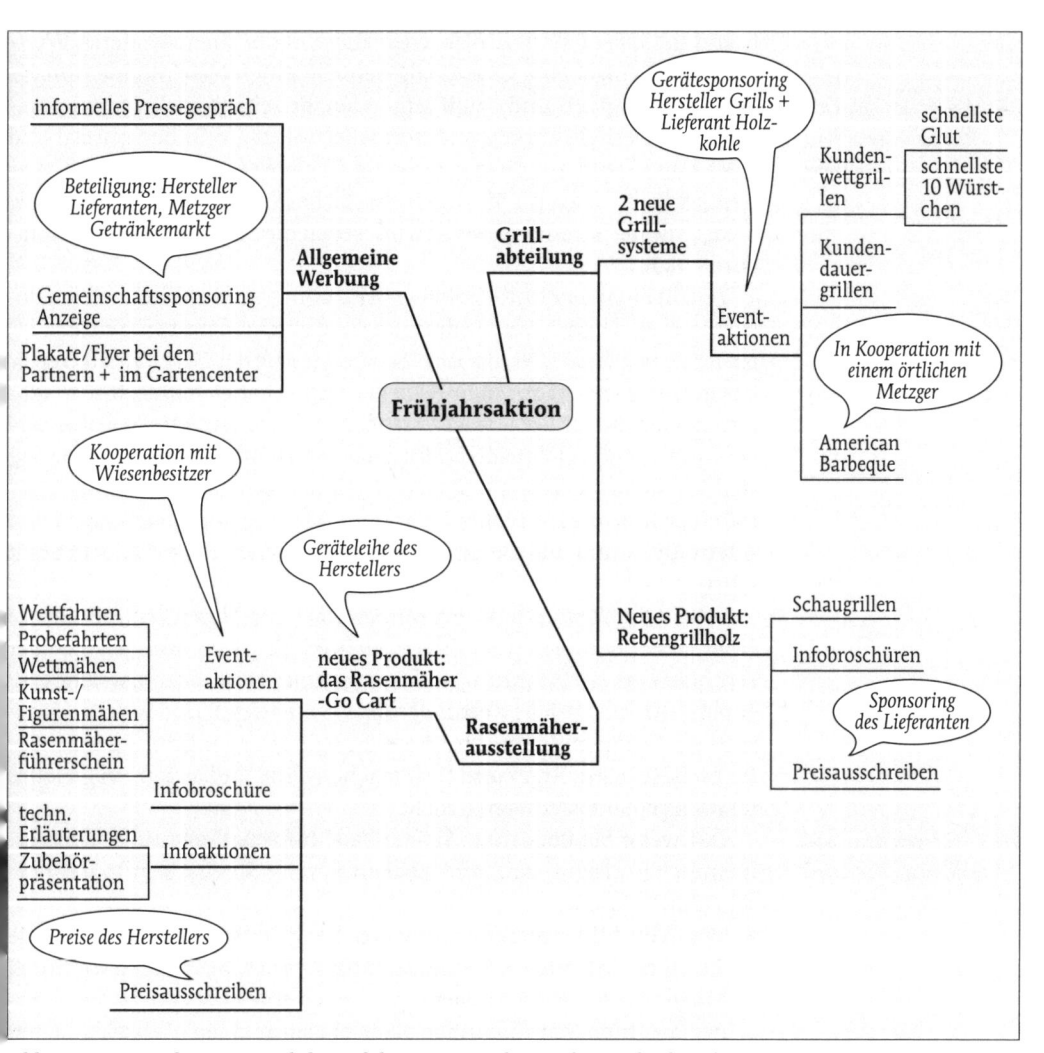

Abb. 1: Konzept für eine Produkteinführung im Rahmen der Frühjahrsaktion eines Gartencenters

1.3 Verschärfter Wettbewerb

1.3.1 Neuer Mitbewerber

Für einen Unternehmer gibt es keine gesättigten Märkte.
Es gibt nur Chancen.

Erich Sixt (Unternehmer; Autovermietung)

Dieser Ausspruch gilt sowohl für den neuen Mitbewerber, als auch für Sie als angestammten Unternehmer, der nun einen weiteren Konkurrenten bekommt. Die meisten KMUs sehen allerdings in einem weiteren Wettbewerber weniger eine Chance als vielmehr einen Nebenbuhler um die Gunst des Kunden und somit jemanden, der einem etwas streitig machen will. Deshalb werden gewissermaßen sofort die Krallen gewetzt und jeder Kunde wird auf die einzig wahre Sichtweise eingeschworen: *„Der Neue ist Böse!"* Dass gerade durch ein solches Verhalten immer auch die Neugierde der Kunden geweckt wird, sehen die ängstlichen Lokalmatadoren nicht.

Kunden werden sofort auf Besitzstandswahrung eingeschworen

Taucht ein neuer Mitbeweber am Horizont auf, herrscht in vielen Betrieben eine „High-Noon"-Stimmung und es scheint nur eine einzige Alternative zu geben: *„Du oder ich!"* So äußerte sich der Geschäftsführer eines großen innerstädtischen Bekleidungsgeschäftes hämisch und sehr erfreut über die Schließung eines großen und sehr attraktiven Mitbewerbers und meinte: *„Wenn die beiden anderen Geschäfte auch noch schließen, sind wir endlich alleine am Standort!"* Er übersah dabei völlig, dass der mündige Konsument nichts mehr hasst, als eine minimale Anzahl von Alternativen und aus diesem Grund lieber gleich in eine andere Stadt fährt.

Sobald Sie wissen, dass ein Mitbewerber von Ihnen in Ihre direkte Nähe zieht, analysieren Sie diesen Sachverhalt genau. Bringen Sie über Ihre Netzwerke in Erfahrung, welches Sortiment er anbietet, welche USP er präsentieren, welche Kernzielgruppe er anvisieren und welche (Marketing-)Aktionen er im Zusammenhang mit der Eröffnung und Anfangsphase plant. Ärger und Wut machen blind und lassen ein gezieltes taktisch geplantes Vorgehen nicht zu.

Kooperations- oder Konfrontationsstrategie

Erst wenn Sie über Ihre „Späher" alle Informationen über den vermeintlichen „Feind" gesammelt haben, können Sie eine begründete Entscheidung treffen.

- Wenn Ihr Mitbewerber zwar das gleiche Grundsortiment anbietet wie Sie, aber eine andere Spezialisierung verfolgt, bieten sich eventuell Möglichkeiten einer Kooperation. Durch eine Zusammenarbeit können Sie Ihren Stammkunden vielleicht sogar einen Mehrwert bieten und durch Ihren Mitbewerber neue Kunden hinzugewinnen.
- Trifft Sie Ihr neuer Mitbewerber dagegen in Ihrer Kernkompetenz und will Sie dort auch treffen, sollten Sie sich im Rahmen einer Konfrontationsstrategie gezielt überlegen, wo Sie ihn übertreffen können.

Halten Sie dabei immer Ihre eigene Analyse und Ihre Unternehmensidentität im Auge. Beginnen Sie rechtzeitig mit Ihren Planungen, damit Sie diese neue Situation als Chance auch umfassend begreifen, eruieren und nutzen können. Erschöpfen Sie Ihre Ressourcen nicht in Aktionismus, sondern legen Sie sich immer eine Strategie zurecht und Sie werden sehen, dass Sie dem Problem viel selbstbewusster und sicherer begegnen können. Das spürt auch Ihr Konkurrent und ebenso spüren es Ihre Kunden, die vielleicht gerade durch die ungewohnte Konkurrenzsituation Ihre Kompetenzen schätzen lernen.

Der Pessimist sieht in jeder Chance eine Bedrohung.
Der Optimist in jeder Bedrohung eine Chance.
Aus Ostasien

1.3.2 Neueröffnung eines größeren Mitbewerbers im unmittelbaren Unternehmensumfeld

Wer eine Schlacht gewinnen will, muss denken, dass er der Sieger ist.
Man kann eine Schlacht auch verlieren, wenn man denkt, man ist der Sieger.
Aber man kann nie und nimmer gewinnen, wenn man sich für einen
Verlierer hält.
Roman Polanski (Filmregisseur u. Schauspieler)

Ob du denkst, du kannst es oder du kannst es nicht:
Du wirst auf jeden Fall Recht behalten.
Henry Ford

Sie alle kennen entweder aus Tierfilmen oder dem Biologieunterricht das „Kaninchen-Schlange-Syndrom": Angesichts der übermächtigen Bedrohung erstarrt das Kaninchen vor Furcht und ist völlig chancenlos. Ein vergleichbares Verhalten lösen bestimmte Szenarien, Machtmenschen oder auch große Unternehmen bei vielen Menschen aus. Dann wird nicht mehr über die Alternativen Sieg oder Niederlage nachgedacht, sondern die Niederlage wird auch ohne Kampf als einzig logische Konsequenz in Erwägung gezogen. Und erst diese Vision der unabwendbaren Niederlage im Kopf führt dann auch im tatsächlichen Handeln zur „kopflosen" Flucht nach hinten.

Kaninchen-Schlange-Syndrom

Fast immer, wenn ein Branchen-Goliath die Bühne betritt, laufen nicht nur in den Köpfen der betroffenen Unternehmer, sondern mittlerweile auch in den Köpfen der meisten Kunden die gleichen inneren Filme ab. Nach pompöser Eröffnung des „Großen" mit Werbematerialschlacht und Kampfpreisen laufen alle Kunden zum vermeintlichen Sieger über und der „Kleine" mit seinen begrenzten Ressourcen ist der Verlierer.

Dabei entspricht dieses Bild weder in der vergangenen noch in der aktuellen Weltgeschichte den Tatsachen. Lediglich das weit verbreitete radikale „Schwarz-Weiß-Denken" / „Entweder-Oder-Denken" führt zu dieser Sichtweise. Als ob es in Gegenden, in denen der Ameisenbär lebt, keine Ameisen und in einer Umgebung, in der Katzen leben, keine Mäuse mehr gäbe.

Die kleineren Unternehmen sind auch im Wirtschaftsleben nur dann dem Untergang geweiht, wenn sie entweder sofort kapitulieren oder aber versuchen, mit den Waffen der Grossen zu kämpfen.

So ist, um ein Beispiel aus dem Handel zu nehmen, die stärkste aber auch fast einzige Waffe der Discounter der (niedrige) Preis. Doch der Preis ist lediglich *eine* Komponente eines Produktes. Selbst in der aktuellen „Geiz-ist-geil-Zeit" ist der Preis auch in den Köpfen der breiten Masse nicht der alles bestimmende Faktor (die meisten Discounter sind z.B. immer noch teurer als viele seriöse Internethändler).

Konzentrieren Sie sich als Kleinunternehmer nicht in erster Linie auf den Preis

Konzentrieren Sie sich als Kleinunternehmer also nicht in erster Linie auf den Preis, indem Sie den Slogan ausgeben *„Wir halten mit den Angeboten mit!"*. Damit verunsichern Sie nicht nur Ihre Kunden, sondern zerstören auch jede sachliche Basis des Preis-Leistungsverhältnisses. Daran sind schon viele kleine Unternehmen gescheitert. Zielen Sie auf eine fruchtbare Koexistenz der beiden Anbieter Fachhandel und Discounter ab. Analysieren Sie die Schwächen und Stärken Ihres Gegners genau und stimmen Ihre Strategie darauf ab. Machen Sie die Schwächen der Discounter zu Ihren Stärken und kommunizieren diese entsprechend Ihren Kunden.

Aufgrund ihrer Organisationsstruktur zeichnen sich die Discounter selten durch fachkompetente Beratung, regionale Verbundenheit, persönliche Kundenpflege und individuellen Service aus. Gerade in diesen Bereichen liegen Ihre Chancen der positiven Profilierung und der Herausarbeitung der eigenen Unternehmenspersönlichkeit.

Kunden, die nur auf den Preis achten, lassen sich nicht binden

Die Kunden, die nur aufgrund eines marginalen oder manchmal sogar eines angeblichen Preisvorteils von Ihnen zum Discounter wechseln, sind weniger preisbewusst einkaufende Zeitgenossen als vielmehr reine Schnäppchenjäger, die heute auf der einen und morgen auf der anderen Party tanzen und sich nie an einen Anbieter binden. Vielfach siegt bei den meisten Menschen das so genannte Trägheitsprinzip, das auch bei Wahlen festzustellen ist. Dabei entscheiden sich die Menschen erst wieder neu für die ihrer Meinung nach bessere Alternative, wenn sie mit dem aktuellen Angebot sehr unzufrieden sind und eine Änderung unabwendbar erscheint. Dieses Phänomen ist auch die Ursache bei vielen Unternehmensschließungen im Einzelhandel. Nicht die preisagressive Politik der Discounter, sondern der schlechte Kundenservice und verschlafene Marktveränderungen sind die Ursache für die Misere.

DESHALB KANN ES NUR EINE DEVISE GEBEN: EVOLUTION STATT EXITUS!

Um mich nicht zu wiederholen, verweise ich an dieser Stelle besonders auf die Kapitel 1.1. „Persönlichkeit zählt" und 1.3 „Kreativität entscheidet" in Teil II hin. Dort finden Sie die entsprechenden Ansätze, um erfolgreich mit den Discountern zu leben.

Wenn du dein Geschäft nicht vorantreibst, wirst du aus dem Geschäft getrieben. (If you don't drive your business, you will be driven out of business.)
Bertie Charles Forbes (Verleger; Gründer „Forbes"-Wirtschaftsmagazin)

1.4 Baustellen und Umbauten am Point of Sale

Zwar stellen Baustellen und Umbauten am Point of Sale nicht notwendig Phasen unmittelbarer wirtschaftlicher Unsicherheit oder Bedrohung dar, wie sie in Gründungssituationen oder durch große Mitbewerber gegeben sind, doch können sich Baumaßnahmen sehr negativ auf den Umsatz auswirken und sich längerfristig durchaus zu wirtschaftlichen Krisen auswachsen, die das meist schmale Budget zusätzlich verschlanken, wenn man sich nicht angemessen verhält. Desalhb behandele ich diese Thematik ebenfalls im Rahmen der besonderen Unternehmenssituationen.

Wie ein Damoklesschwert schweben Baumaßnahmen über den Köpfen der Unternehmer. Viele Einzelhändler oder auch Gewerbetreibende mit Ladengeschäften sind versucht, sich hier gewissermaßen schicksalsergeben wegzuducken und zu warten, bis der Kelch an Ihnen vorübergegangen ist. Dabei ist gerade in Zeiten von Baumaßnahmen eine intensivere Kundenkommunikation sowie eine gute Marketingstrategie gefragt, damit die Klientel nicht irritiert wird und auf Dauer wegbleibt.

Gerade in Zeiten von Baumaßnahmen ist eine intensivere Kundenkommunikation gefragt

Auch für solche Dürreperioden des unternehmerischen Daseins bietet das Low-Budget-Marketing viele Möglichkeiten, aus den nicht notwendig misslichen Umständen vielleicht sogar ein Chance zu machen.

1.4.1 Baustellen

Ein Schreckgespenst vieler Einzelhändler heißt „Baustelle". Dabei ist das Thema Baustelle nicht von Natur aus negativ besetzt. Alles in der Natur, damit auch wir Menschen und alle unsere Produkte und Erzeugnisse, ist dem natürlichen Gesetz des Verfalls unterworfen. Das ist ein Naturgesetz, das wir bis jetzt noch nicht außer Kraft setzen können und im Hinblick auf unsere Wirtschaft auch gar nicht wollen. Somit sind auch Baustellen eine natürliche Notwendigkeit, wenn wir die einmal geschaffenen Werte nicht dem Verfall überlassen wollen. Man könnte auch sagen: Baustellen sind die Schönheitsfarmen und Rehazentren unserer Zivilisation.

Genau wie bei jeder Schönheitsoperation oder auch bei jeder anderen medizinischen Behandlung, die zur Aufrechterhaltung der Körperfunktionen dient, gibt es schmerzhafte und unerfreuliche Begleiterscheinungen während der Behandlung. Sie werden trotzdem in Kauf genommen, um das positive Ziel der Maßnahme zu erreichen. Auch die Begleiterscheinungen der städtebaulichen Baustellen sind nur vorübergehender Natur. Umleitungen, Staus, Lärm und Schmutz sind zeitlich begrenzt und wesentlich harmloser als dauerhaft löchrige Straßen, verfallende und nicht mehr zeitgemäße Innenstädte oder Fassaden.

Sehen Sie daher Ihre Aufgabe darin, den vorübergehenden Zustand der Baumaßnahme bei Ihnen selbst und in den Köpfen Ihrer Mitarbeiter und Kunden positiv zu besetzen. Halten Sie Ihre Kunden ständig über al-

den vorübergehenden Zustand der Baumaßnahme in den Köpfen Ihrer Kunden positiv besetzen

Visualisieren Sie das Ziel le Veränderungen auf dem Laufenden und visualisieren Sie das Ziel. Die meisten Kunden verknüpfen auch mit dem Bau des eigenen Hauses oder der Renovierung der Wohnung an sich nicht viele positive Gedanken, sondern halten sich mit dem Gedanken an das Ziel bei Laune. Stellen Sie die interessanten Aspekte der Baustelle heraus. Nicht nur Kinder, auch viele Erwachsene interessieren sich für die technischen Abläufe und Maschinen, die man sonst im Alltag nicht zu Gesicht bekommt.

1.4.2 Umbauten am POS

Die hier geschilderte Vorgehensweise gilt natürlich auch für Umbauten in Ihrem Ladenlokal. Informieren Sie Ihre Kunden rechtzeitig vor Beginn der Maßnahme über den geplanten Umbau, die entsprechenden Begleiterscheinungen, die ihn direkt betreffen und vor allem über das Ziel. Hierbei sind zwei Vorgehensweisen zu empfehlen:

- **Legen Sie den Schwerpunkt Ihrer Kommunikation nicht auf die Entschuldigung für die „Probleme", die Ihrem Kunden begegnen werden.** Informieren Sie sachlich, offen und ehrlich, aber entschuldigen Sie sich nicht dauernd für Begleiterscheinungen, die für einen Umbau ganz normal und nachvollziehbar sind. Sie handeln ja schließlich nicht in schlechter Absicht. Deshalb vermarkten Sie den Sonderverkauf im Vorfeld oder auch während der Umbaumaßnahmen nicht als Entschuldigung, Wiedergutmachung oder Schadensersatz.

  die realen Verbesserungen kommunizieren, die durch die Umbaumaßnahme entstehen

  Kommunizieren Sie die realen Verbesserungen, die für den Kunden durch die Umbaumaßnahme entstehen. Der Blick auf das Ziel des Umbaus und damit auf die neuen Nutzen erzeugt beim Kunden mehr Verständnis und Sympathien als ständige Entschuldigungen und Sonderverkaufszuckerstücke.

- **Beziehen Sie Ihre Kunden und selbstverständlich auch Ihre Mitarbeiter rechtzeitig in die Planung mit ein.** Zum einen zeigen Sie dadurch, dass Sie sie als Geschäftspartner mit ihren Ansichten und Wünschen ernst nehmen und zum anderen erzeugen Sie ein Zugehörigkeitsgefühl bei Ihrem Kunden. Die Baustelle wird zu einem Teil auch die Baustelle Ihres Kunden, die er kennt und die er zumindest durch seine Meinungsäußerung auch ein wenig mitgestaltet hat.

  Kunden und Mitarbeiter einbeziehen

  Sammeln Sie über Umfragen in Ihrer Stammkundschaft (per Mailing) und bei der Laufkundschaft (per Umfrage an der Kasse oder an den Eingängen) Veränderungs- und Gestaltungsvorschläge. Halten Sie dabei genau fest, von welchem Kunden der entsprechende Vorschlag stammt, damit Sie sich im Fall der Umsetzung auch bei ihm bedanken können. Laden Sie alle jene Kunden, deren Ideen oder Vorschläge auch wirklich umgesetzt wurden, zu einem Sonderempfang, einer Art Vorpremiere in das neu gestaltete Ladenlokal ein und zeigen ihnen, was ihre Mithilfe bewirkt hat. Sie erhalten mit dieser Vorgehensweise nicht nur einige Impulse, auf die die meisten Ladenbauer, Innenarchitekten oder Architekten und auch Sie selbst nicht gekommen wären. Sie zeigen Ihren Kunden auch, dass Ihnen deren Empfindungen und Vorstellungen wichtig sind und Sie sie als Partner sehen. Dadurch, dass Sie ihnen somit fühlbar Wertschätzung entgegenbringen, rekrutieren Sie eine ganze Reihe von „Werbepartnern", die in ihrem privaten Netzwerk positiv über Ihr Unternehmen und die Umbaumaßnahme berichten.

Nutzen Sie auch Ihre Homepage, Infotafeln im Verkaufsraum und im Schaufenster und die Werbeprospekte und Zeitungsbeilagen, um über den aktuellen Fortgang zu informieren. Ein professionelles und umfassendes „Baustellenmarketing" erspart Ihnen nicht nur viele negative Reaktionen in der Kundschaft und allgemeinen Öffentlichkeit, sondern bringt Ihnen eine Reihe positiver Reaktionen.

professionelles und umfassendes „Baustellenmarketing"

1.4.3 Großbaustellen im Umfeld des Unternehmens

Das Thema Großbaustellen im Umfeld des Unternehmens ist in erster Linie für den Einzelhandel von Interesse. In den vergangenen Jahren hatte ich diesbezüglich mit vielen Firmen zu tun, die mit ihrem Ladenlokal direkt in der Innenstadt oder in der Nähe der City ansässig waren. Aufgrund diverser Großbauprojekte (U-Bahn, Rückbau und Umbau von Zufahrtsstraßen, Parkhausbau etc.) hatten die Unternehmen nicht nur mit Lärm und Dreck, sondern auch mit massiver Beeinflussung und Störung ihrer Kunden zu kämpfen. Selbstverständlich stellt dies eine große Belastung dar. Leider führten diese in den meisten Fällen nicht zu verstärkter kreativer Aktion, sondern lediglich zu Protest, Beschwerden, Resignation und in einigen Fällen sogar Kapitulation.

So weit muss es gar nicht kommen. Große Bauprojekte werden langfristig und ausführlich geplant. Auch in der betroffenen Stadt kannten die Unternehmer die Projekte aus den Medien, den Informationen der Stadt und diversen öffentlichen Informationsveranstaltungen. Doch anstatt schnellstmöglich marketingstrategische Planungen zu beginnen, warteten viele Firmeninhaber und Filialleiter erst einmal ab, was denn überhaupt passieren würde und was denn der Verursacher des Problems – in diesem Fall die Stadtverwaltung – wohl unternehmen würde, um die Folgen der Baumaßnahmen für die Ladeninhaber zu mildern oder zu verhindern. Als dann in den Augen einiger Betroffener nichts oder zu wenig passierte, schrieben sie Leserbriefe und Statements, riefen zu Demonstrationen auf oder forderten Gesprächsrunden mit den Verantwortlichen der Stadt.

Große Bauprojekte werden langfristig und ausführlich geplant

Natürlich kann man seinen Unmut äußern und Forderungen aufstellen, doch leider ändern solche „Aktionen" meist nichts an den Problemen. Im Gegenteil: Den Kunden, die sich auch durch Lärm, Schmutz, stundenlange Staus und Umleitungen nicht abhalten ließen, in die Stadt zu fahren, wurde durch den permanenten Hinweis auf alle Missstände und die negative Grundhaltung der Anbieter dann irgendwann doch der Besuch der Innenstadt verleidet.

Viele Aufrufe, die Situation als Herausforderung zu begreifen und deshalb unternehmerisch zu gestalten, wurden unwirsch abgewiesen und angebotene Hilfestellungen ausgeschlagen. Der Bauträger und die Stadt selbst haben dann noch drei Agenturen mit der Durchführung einiger sehr erfolgreicher (und auch ausgezeichneter) Aktionen beauftragt.

„Päule Polier" als positive Identifikationsfigur informiert über den Baufortschritt

Als positive Identifikationsfigur der Baustelle haben wir den Polier Päule, oder besser „Päule Polier" kreiert, der jeden Samstag auf seiner aktuellen Baubühne aufgetreten ist. Aus den anfänglich geplanten 3 Einsatzmonaten wurde aufgrund des Erfolges eine Begleitung der kompletten Bauphase über 2 Jahre. In dieser Zeit hat Päule Polier die Besucher über seine Baustelle informiert und gemeinsam mit vielen Künstlern (Drahtseilartist über der offenen Baugrube, Musiker, Walking-Acts) auch unterhalten.

Nutzung der Bauzäune

Die Bauzäune wurden von regionalen Prominenten bemalt und teilweise auch für einen guten Zweck versteigert. Auf Informationstafeln an den Bauzäunen wurden wie bei einem Kinderquartett die technischen Daten der Spezialmaschinen veröffentlicht und gemeinsam mit der Bauleitung wurden Führungen durch die Baugrube veranstaltet.

Selbst die zu Beginn durchweg vernichtend kritische regionale Presse berichtete nach und nach immer positiver über Päule und sein Programm. Der Höhepunkt war schließlich die Einweihung des Tiefgaragenprojekts, bei dem Päule Polier gemeinsam mit dem Oberbürgermeister das symbolische Band zerschnitt.

Aktionen, die jedes Unternehmen selbst durchführen kann

Es gibt jedoch auch eine ganze Reihe von Aktionen, die jedes Unternehmen selbst bzw. eine Gemeinschaft von Unternehmen durchführen kann, um ihre Kunden auch während schwieriger Situationen an sich zu binden.

Die wichtigste Grundlage ist der positive Umgang mit der Situation. Die meisten Umbauten führen ja nicht zu einer Verschlechterung, sondern zu einer Verbesserung der Situation. Das kommt meist auch den Unternehmen und ihren Kunden zugute. Weisen Sie ihre Kunden darauf hin. Halten Sie sie über die Veränderungen regelmäßig auf dem Laufenden und geben Sie vor allem Hilfestellungen bei der Parkplatzsuche, alternativen Anfahrrouten oder auch bei der Umfahrung von Sperrungen.

Verbesserung der Situation kommunizieren

Hilfestellungen bei der Parkplatzsuche

Bieten Sie für die Dauer der Einschränkungen spezielle Services (Routenplan und aktuelle Baustelleninfo auf der eigenen Homepage) an und unterscheiden sich auch dadurch von Mitbewerbern. Führen Sie besondere Aktionen durch – ich spreche hier nicht von Rabattaktionen – die ihre Stammkunden belohnen und potenzielle Neukunden auf Sie aufmerksam machen.

An dieser Stelle liefere ich Ihnen noch einige Impulse für Ihre Sonderaktionen:

- Nehmen Sie das Thema Baustelle in Ihre Schaufensterdekoration mit auf. Sie können anhand historischer Aufnahmen die bisherige bauliche Entwicklung in Ihrer Stadt präsentieren und somit verdeutlichen, dass zu einer lebenden Stadt auch Umbaumaßnahmen gehörten und gehören.
  Rufen Sie Ihre Kunden auf, in den privaten Fotoalben oder Zeitungsarchiven ebenfalls nach Belegen zu forschen. Sie sorgen mit einer solchen Aktion dafür, dass sich die Menschen positiv mit dem Thema Baustelle auseinander setzen.

  das Thema Baustelle in die Schaufensterdekoration mit aufnehmen

- Stellen Sie baustellenspezifische Produkte Ihres Unternehmens in Ihren Schaufenstern aus und / oder fokussieren Sie auf entsprechende Produkte.

  baustellenspezifische Produkte ausstellen

  - Ein Schuhhaus präsentiert eine umfassende Gummistiefelausstellung und führt eine entsprechende Schuhmodenschau, einen Fotowettbewerb, einen Gummistiefel-Designwettbewerb für Kinder und Erwachsene oder Schuhputzaktionen durch.
  - Das Modehaus kreiert eine Ausstellung zum Thema Arbeits- und Sicherheitsbekleidung und zeigt in einer Modenschau und in Workshops wie der moderne Kunde mit Customizing seiner „normalen" Bekleidung einen neuen Look erzielen kann oder in Kombination mit „normalen" Accessoires auch Arbeitskleidung als modisches Freizeit-Outfit tragen kann.
  - Spielwaren- und Modellbauläden zeigen eine Ausstellung von Baufahrzeugen aller Art und prämieren z.B. das schönste Baustellen-Diorama.
  - In den Restaurants gibt es statt des Holzfällersteaks das Baggerführer-Steak und zum Nachtisch den Pressluft-Pudding.
  - In der Buchhandlung werden entsprechende Architekturbände und Heimwerker-Handbücher promotet.
  - Im Kindermodeladen stehen Artikel und Aktionen mit „Bob dem Baumeister" im Vordergrund.
- In Kooperation mit Nachbargeschäften können Sie eine Quizaktion zur Baustelle durchführen.

Antrieb für alle Aktivitäten ist die Einsicht, dass Sie mit Beschwerden und Wehklagen die Situation nur noch schwärzer malen und darstellen als sie ist. Ein zu diesem Thema passendes Zitat fand ich im Internet:

Betrachte immer die helle Seite der Dinge! Und wenn sie keine haben, dann reibe die dunkle, bis sie glänzt.
Deutsches Sprichwort

2 Der Einsatz von Low-Budget-Marketing in verschiedenen Branchen

" Wenn es überhaupt ein Geheimnis des Erfolges gibt, so besteht es in der Fähigkeit, sich auf den Standpunkt des anderen zu stellen und die Dinge ebenso von seiner Warte aus zu betrachten wie von unserer."
Henry Ford

Nachdem ich in den letzten Kapiteln branchenübergreifend auf spezielle Unternehmenssituationen eingegangen bin, werde ich in den folgenden Abschnitten Impulse und Ideen für bestimmte Branchen weitergeben. Dabei steht immer die emotionale Inszenierung der angebotspezifischen Themen im Vordergrund. Eine lieblose Produktpräsentation sowohl im Schaufenster als auch am POS sowie eine nicht kundenorientierte und wenig individuelle Erbringung einer Dienstleistung sind immer kontraproduktiv und nur noch über Dumpingpreise vermarktungsfähig.

Die emotionale Inszenierung der angebotspezifischen Themen steht im Vordergrund

Die Anregungen entstammen sowohl meinen eigenen Überlegungen bezüglich einer optimalen Inszenierung der jeweiligen Branche, als auch vielen Impulsen, die ich in den vergangenen Jahren in verschiedenen Städten während meiner Shoppingtouren auffangen konnte. Eine der besten Quellen sind für mich beispielsweise immer wieder die nordholländischen Städte Alkmaar und Bergen mit ihren vielen kleinen Läden und Gewerbe- und Gastronomiebetrieben, die von ihren Inhabern liebevoll und mit viel Kreativität geführt werden.

Aber auch in deutschen Städten lassen sich solche Inseln der Inszenierung finden, auf denen man sich auf Anhieb wohl fühlt, weil man in diesen kleinen Reservaten wirklichen Unternehmertums noch so etwas wie den „Geist des Unternehmens" spürt.

Kommen wir jetzt aber zu den Beispielen und Tipps:

2.1 Gastronomie

Elend wird vergessen, gibt's nur was zu essen.
Miguel de Cervantes (span. Dichter)

Ganz so dramatisch möchte ich mich in diesem Kapitel nicht äußern, auch wenn man sich diesen tröstlichen Satz bei manchem Besuch eines Restaurants vor Augen halten könnte. Denn leider ist es Fakt, dass wirklich gut durchgeplante und gestaltete Gastronomiekonzepte äußerst selten zu finden sind.

Gut durchgeplante und gestaltete Gastronomiekonzepte sind eher selten

Wenn sie mir dann manchmal doch begegnen, frage ich mich, warum sich die vielen anderen Betriebe nicht ein Beispiel an ihnen nehmen. Ich kritisiere an dieser Stelle nicht nur die ganzen kleinen inhabergeführten Lokale, bei denen es mindestens an einer oft aber auch an mehreren Stellen Probleme mit der Gesamtinszenierung gibt. Neben dem Chinarestaurant mit guter Küche und nettem Service, dafür aber billiger und auch für chinesische Verhältnisse kitschiger Inneneinrichtung sowie deutschen „Alibigerichten" auf der Karte, dem griechischen Lokal mit deutscher Volksmusik, dem „urigen" deutschen Lokal in rustikaler Eiche, mit wenig kundenoreintierter Bedienung aber guter Küche – diese Aufzählung könnte man in verschiedenen Variationen endlos weiterführen – geben auch die oft im großen Rahmen geplanten Betriebe der so genannten Systemgastronomie vielfach kein besseres Bild ab.

Die angeblich kinderfreundliche Kette, die im Sanitärbereich die speziellen Bedürfnisse der Kinder nicht berücksichtigt und eine andere, die zwar eine komplett durchgestaltete Inneneinrichtung mit Charme bietet, deren Convenience-Food aber qualitativ und geschmacklich auf dem Niveau einer Imbissbude liegt, stehen trotz wesentlich höherer Budgets ebenfalls auf der Negativliste.

Auf der einen Seite also die öfters traurige Bestandsaufnahme. Auf der anderen Seite klagen sowohl Gastronomen über ausbleibende Kunden als auch potenzielle Gäste über manche Missstände.

Das Argument, dass letzlich doch alles eine Kostenfrage sei und die Kunden zwar Anforderungen stellten, aber nicht bereit seien höhere Preise zu zahlen, höre ich in meinen Gesprächen zwar immer wieder. Im weiteren Verlauf der Diskussion kommen dann aber oft die wahren Gründe ans Licht. Die Argumente reichen von *„Solange die Gäste damit zufrieden sind, werde ich nicht investieren, wofür auch"* und *„Schauen Sie sich doch bei den Konkurrenten um. Die machen es doch genauso und deshalb mache ich keine Ausnahme"* über *„Es gibt immer wieder neue Trends. Wenn wir die alle mitmachen wollen, müssen wir eher Geld mitbringen als dass wir welches verdienen"* bis hin zu *„Ich habe alles vom meinem Vorgänger übernommen und bin in Sorge, dass die Stammkundschaft nach einer Neuausrichtung nicht mehr kommt"* (Anm. des Autors: Warum fragt man die Stammkunden, wenn sie denn überhaupt in ausreichender Anzahl vorhanden sind, nicht ganz konkret, was sie so gut finden, dass sie immer wiederkommen – siehe auch Teil I, Kap. 2.1.2.4 „Marktforschung"). Alle diese Begründungen enthalten einen mehr oder weniger fundierten Wahrheitskern und daneben viele Alibibegründungen.

Begründungen für die Beibehaltung des Status quo

Die Frage ist doch, wenn der Status quo so positiv wäre, dass wir uns zufrieden zurücklehnen könnten, warum dann so viele Betriebe schließen – während wieder andere einen enormen Zulauf haben – oder unzufrieden am Rande des Existenzminimums existieren?

Es liegt einzig und allein daran, dass die bloße „Essensaufnahme" nur ein Teil der Nachfrage ist. Der Kunde erwartet für sein Geld-Angebot

Die bloße „Essensaufnahme" ist nur ein Teil der Nachfrage

mehr als nur ein qualitativ hochwertiges Essen, ein sauberes Lokal inklusive der sanitären Anlagen und einen freundlichen und aufgeschlossenen Service. In der heutigen Zeit sind zwar viele Kunden bereits damit schon zufrieden.

Um sich aber von der oft zahlreichen Konkurrenz abzuheben und die Kunden ins eigene Lokal zu lenken, bedarf es einer überzeugenden Inszenierung der eigenen Thematik.

Natürlich ist eine (fast) perfekte Inszenierung schneller und mit weniger Improvisierungstalent umzusetzen, je größer das dafür vorhandene Budget ist. Aber auch hier bietet das LBM viele gute Möglichkeiten, finanzielles Budget durch persönliches Engagement, gute Kontakte und Ideenreichtum zu ersetzen. Wie Sie an den Negativpunkten der mit höheren Budgets ausgestatteten Food-Ketten sehen, ist Geld alleine nicht ausschlaggebend.

Aus der Sicht Ihres Kunden:
Kamerafahrt von der Straße in Ihr Lokal

Sehen Sie Ihr Lokal mit den Augen Ihres Kunden

Lassen Sie uns – auch aus Gründen der meist vorhandenen Betriebsblindheit, die sich bei jedem Unternehmer und Mitarbeiter nach einer bestimmten Zeit einstellt – einmal in Gedanken eine Kamerafahrt von der Straße in Ihr Lokal vornehmen. Wenn Ihnen eine reale Kamerafahrt besser gefällt, bedienen Sie sich einer Videokamera und vollziehen alle Anweisungen direkt nach. Fangen Sie nicht an, Ihre Eindrücke zu bewerten. Bleiben Sie während der kompletten Analyse stumm und fangen nur die Impressionen ein. Sie werden staunen, welche Tatsachen, die im täglichen Ablauf untergehen, Ihnen beim Ansehen Ihres Films auffallen.

Bewerten Sie Ihre Eindrücke nicht

Beginnen Sie also direkt an der Zufahrtstraße und vollziehen einen langsamen 360 Grad Kameraschwenk aus beiden Fahrtrichtungen (am besten führen Sie diese Aufnahmen einmal bei Tageslicht und einmal bei Dunkelheit durch).

Beachten Sie dabei die Außengestaltung (Hausfassade, Werbebeschriftung, Design, Beleuchtung, Eingangsbereich) und die Parkzone (Ausschilderung, Markierung, Größe der Parkplätze, Anzahl, Hinweis auf Alternativen).

Wie wirkt Ihr Lokal auf Ihren Kunden?

Betreten Sie nun den Eingangsbereich und versetzen sich einmal in einen Kunden, der einen Tisch reserviert hat und danach in einen spontanen Gast.

- Findet Ihr Kunde sofort einen Ansprechpartner, fühlt er sich von diesem auch persönlich bedient oder stört er dessen momentanen Arbeitsablauf?
- Wie wird der Kunde betreut, wenn er noch auf seinen Platz warten muss?
- Erhält er schon einmal ein Getränk?
- Hat er ausreichend Steh- oder Sitzfläche um nicht „im Weg zu stehen"?

- Kann er während der Wartezeit schon einmal die Speisekarte studieren und auf Wunsch auch schon bestellen?
- Was passiert wenn der Tisch frei (geworden) ist?
- Wird der Kunde an den schon fertig neu eingedeckten Tisch geleitet (oder muss er sich noch die Reste des Vorgängers ansehen und eventuell Abräumkrümmel von der Kleidung schütteln)?
- Sind die Tische für die Speiseangebote ausreichend groß und ist genügend Platz, dass auch Gäste ohne Modelmaße auf den Stühlen Platz nehmen können?
- Wie ist der Ausblick der Gäste an allen Plätzen?
- Welche Geräusche und Gerüche nehmen Sie (ungewollt) wahr?
- Ist die Tischdeko und die Tischwäsche sauber und passend zur Inszenierung?
- Ist die Speisekarte ansprechend gestaltet und enthält themengerechte Angebote?
- Kennen die Servicekräfte die einzelnen Gerichte und können auch auf Sonderwünsche eingehen?
- Wie lange wartet der Gast auf die bestellten Speisen?
- Bleibt die Speisekarte am Platz, sodass Nachbestellungen von Getränken oder Nachspeisen jederzeit möglich sind?
- Sind die Speisen themengerecht angerichtet?
- Werden die Gäste zeitnah von überflüssigem Geschirr und Resten befreit und können Nachbestellen oder Bezahlen?
- Sind die sanitären Anlagen gut auffindbar und in einem sauberen und angenehmen Zustand (Toilettenpapier, Desinfektion der Toilettenbrille, Seife, Handtücher / Gebläse)?
- Wie erfolgt die Übergabe der Rechnung und wie ist der Bezahlmodus geregelt?
- Wie wird der Gast verabschiedet? Erhält er noch eine kleine Erinnerung, ein kleines Dankeschön oder auch eine Unterlage (Visitenkarte, Korken o.Ä. mit den Kontaktdaten) für eine Empfehlungswerbung (hierbei auch immer an ein Feld für den Namen des Empfehlenden für die eigene Werbeerfolgskontrolle denken).

Cut! Jetzt haben Sie schon eine ziemlich realistische Bestandsaufnahme Ihres Betriebes aus der Sicht Ihrer Kunden „im Kasten". Ergänzen Sie diese Analyse noch um die Bereiche Werbung und Kunden beziehungsweise Zielgruppen.

Individuelle Werbung für Ihre Kernzielgruppen

Betrachten Sie dabei zuerst alle Ihre Werbemaßnahmen (Anzeigen in Tageszeitungen, Anzeigenblättern, Vereinspublikationen, Radiospots, Bus-, Bahn- und Taxiwerbung, Gelbe Seiten, Stadtpläne etc.) aus der Sicht Ihres Kunden. Erreicht die von Ihnen ausgesandte Botschaft den Empfänger, d.h. sieht oder hört Ihre Zielgruppe Ihre Werbung?

alle Werbemaßnahmen aus der Sicht des Kunden betrachten

Welche Informationen bekommen Ihre Kunden?

- Sind Ihre Informationen für Ihre Kunden wichtig, bzw. – und das wäre die beste Variante – erwartet er sie „sehnsüchtig" oder findet er sie eher überflüssig, bzw. – und das wäre natürlich die schlechteste Variante – langweilen sie ihn?
- Können Sie Reaktionen Ihrer Kunden wirklich nachhalten (Rücklauf von Coupons, Anfragen) oder müssen Sie sich auf allgemeine Mediaanalysen verlassen?
- Führen Sie eine ständige Kontrolle der Werbemaßnahmen durch und korrigieren Sie diese entsprechend? Oder verfahren Sie nach der Überzeugung: *„Hauptsache Werbung, irgendwie wird es mir schon etwas bringen"*?

Testen Sie ruhig einmal verschiedene Varianten und Kombinationen von Werbemedien sowie deren Wirkung aus und optimieren somit Ihre Werbung. Selbst der kleinste Werbeetat ist pure Geldvernichtung, wenn man sich nur nach Mengenrabatten richtet und lediglich Alibianzeigen schaltet.

Wie sieht Ihre Kernzielgruppe aus?

Die Kernzielgruppe ist für einen dauerhaften Erfolg ausschlaggebend

Im nächsten Schritt betrachten Sie einmal intensiv Ihre Kunden. Natürlich freut man sich grundsätzlich über jeden zahlenden Kunden. Wichtig ist hier jedoch die Kernzielgruppe. Wie in Teil I, Kapitel 2.1.2.4. näher ausgeführt, ist in erster Linie diese Kernzielgruppe für einen dauerhaften Erfolg ausschlaggebend.

- Wie groß ist der Anteil dieser Zielgruppe an der Gesamtheit Ihrer Kunden?
- Wie hoch ist das Erweiterungspotenzial?
- Wie können Sie den Anteil weiter erhöhen?
- Wird ihre Kernzielgruppe optimal informiert (Werbung) und bedient?

die Kunden in die Marktforschung einbeziehen

Sie sollten auch Ihre Kunden in Ihre Marktforschung einbeziehen. Dazu benötigen Sie nicht unbedingt ein externes Institut. Führen Sie Gespräche mit Ihren Stammkunden und befragen diese kurz zu einer Auswahl der verschiedenen Themen.

Fragebogen für die Kunden

Oder fertigen Sie einen kleinen Fragebogen an und bitten Ihre Kunden, diesen ausgefüllt beim nächsten Besuch wieder mitzubringen. Der Fragebogen sollte dabei anonym sein, um die wirkliche Meinung zu erfahren. Jeder Kunde, der einen solchen Fragebogen am Eingang in einen verschlossenen Kasten einwirft, erhält als kleines Dankeschön einen Verzehrgutschein oder ein Los für eine Verlosungsaktion. Günstiger und effektiver können Sie Marktforschung nicht betreiben.

Alternativ können Sie auf den Tischen kleine, visitenkartengroße Teilnahmekarten auslegen (siehe Abb. 2), auf denen 3 bis 6 Fragen verzeichnet sind (lassen Sie die Kunden zumindest die Postleitzahl eintragen, damit Sie einen kleinen Überblick über das Einzugsgebiet bekommen).

(Vorderseite:)

Sehr geehrter Gast,

unser wichtigstes Ziel ist es, dass Ihr Aufenthalt in unserem Restaurant zu Ihrer vollsten Zufriedenheit verläuft und Sie sich immer gerne an Ihren Besuch bei uns erinnern.

Deshalb sind wir auch stetig bemüht unseren Service, die Auswahl unserer Gerichte und unsere Räumlichkeiten für Sie zu optimieren.

Bitte unterstützen Sie uns dabei, indem Sie diesen kurzen Fragebogen ausfüllen und abgeben.

Als kleines Dankeschön für Ihre Bemühungen und Ihre Tipps erhalten Sie ...

Wir wünschen Ihnen noch eine schöne Zeit in unserem Restaurant!

Ihre *(Unterschriften)*

(Rückseite:)

Bitte vergeben Sie für jeden Punkt eine Schulnote von 1 bis 6:

Wie empfinden Sie unser Bedienungspersonal?

Freundlichkeit: ....   Beratung: ....   Erscheinungsbild: ....

Tipps: ....

....

Wie finden Sie unsere Räumlichkeiten?

Raumdekoration u. Einrichtung: ....   Tische u. Stühle: ....
Sanitärbereich: ....

Tipps: ....

....

Wie beurteilen Sie unsere Speisekarte?

Umfang: ....   Auswahl: ....   Qualität der Speisen: ....
Preis-Leistungsverhältnis: ....   Dekoration der Speisen: ....

Tipps: ....

....

Wie oft besuchen Sie unser Restaurant?

monatlich .... mal ;   jährlich .... mal

Wie sind Sie auf unser Restaurant aufmerksam geworden

....

....

Ihr Alter: 20-30 ❏   31-40 ❏   41-50 ❏   51-60 ❏   > 60 ❏

Ihre Postleitzahl: ....

Abb. 2: Beispiel für Karten zur Kundenbefragung auf dem Restauranttisch

Werden diese Karten dann beim Bezahlen abgegeben, erhalten die Gäste noch ein Getränk auf Kosten des Hauses.

Abgleich von Ist- und Soll-Analyse

Sie sollten sich ausreichend Zeit nehmen, die Ergebnisse Ihrer Ist-Analyse, die Sie hiermit aufgenommen haben, aufzuarbeiten. Entspricht das vorhandene Bild dem Bild, das Sie von Ihrem Unternehmen haben wollen (Soll-Analyse)?

Formulieren Sie Ihre Wunschziele

Stellen Sie jetzt in einer zweiten Aktion Ihre Soll-Analyse auf. Was soll Ihr Kunde sehen und erleben, wenn er zu Ihnen kommt und vor allem, was soll er auch weitergeben, wenn er von seinem Besuch bei Ihnen berichtet? Wägen Sie im Rahmen der Erstellung der Sollanalyse jetzt nicht ab, ob dieses oder jenes Wunschziel auch erreichbar ist, sondern definieren Sie vorbehaltlos Ihr Ziel, an das Sie mit Ihrem Unternehmen gelangen wollen (siehe auch Teil I, Kap. 2.1.2). Es ist einzig und allein Ihre Entscheidung!

To-do-Liste erstellen

Erst nach Erstellung beider Analysen fängt die Bewertungsphase an! Erstellen Sie nun eine To-do-Liste, auf der Sie alle Differenzen zwischen Ist- und Soll-Zustand nach Dringlichkeit / Priorität geordnet aufführen.

keine Rechtfertigungsversuche

Auch an dieser Stelle noch einmal der Hinweis: Halten Sie weder vor Ihren Partnern oder Mitarbeitern, noch vor sich selbst ein Verteidigungsplädoyer, in dem Sie die Differenzen zwischen Ist und Soll zu begründen versuchen. Solche rückwärtsgewandten Rechtfertigungsversuche blockieren Sie und Ihre Mitdenker nur bei der sachlichen und effektiven Auseinandersetzung mit dem Zustand und der Zukunft Ihres Unternehmens.

In den Spalten Ihrer To-do-Liste notieren Sie möglichst konkret die Aufgabe (*Was ist zu tun, damit wir vom Ist- zum Sollzustand gelangen?*), die dafür zuständige Person und das Datum, bis zu welchem die Aufgabe zu erledigen ist. In den Spalten Lösungen und Budget notieren Sie oder der zuständige Mitarbeiter, wie, mit welcher Unterstützung und mit welchem Budget diese Aufgabe lösbar ist. Bei der Suche nach Lösungen können Ihnen auch wieder die Kreativitätstechniken (Teil II, Kap. 1.3.2 ff.) weiterhelfen.

Ist-Zustand	Soll-Zustand	Differenz	Priorität	Aufgabe	Zuständiger Mitarbeiter	Datum (zu erledigen)	Lösung (geplant)	Budget	Datum (erledigt)	Lösung (ausgeführt)

Im folgenden Abschnitt habe ich Ihnen als Anregung einige Ideen und Gedanken entwickelt.

Gastronomie

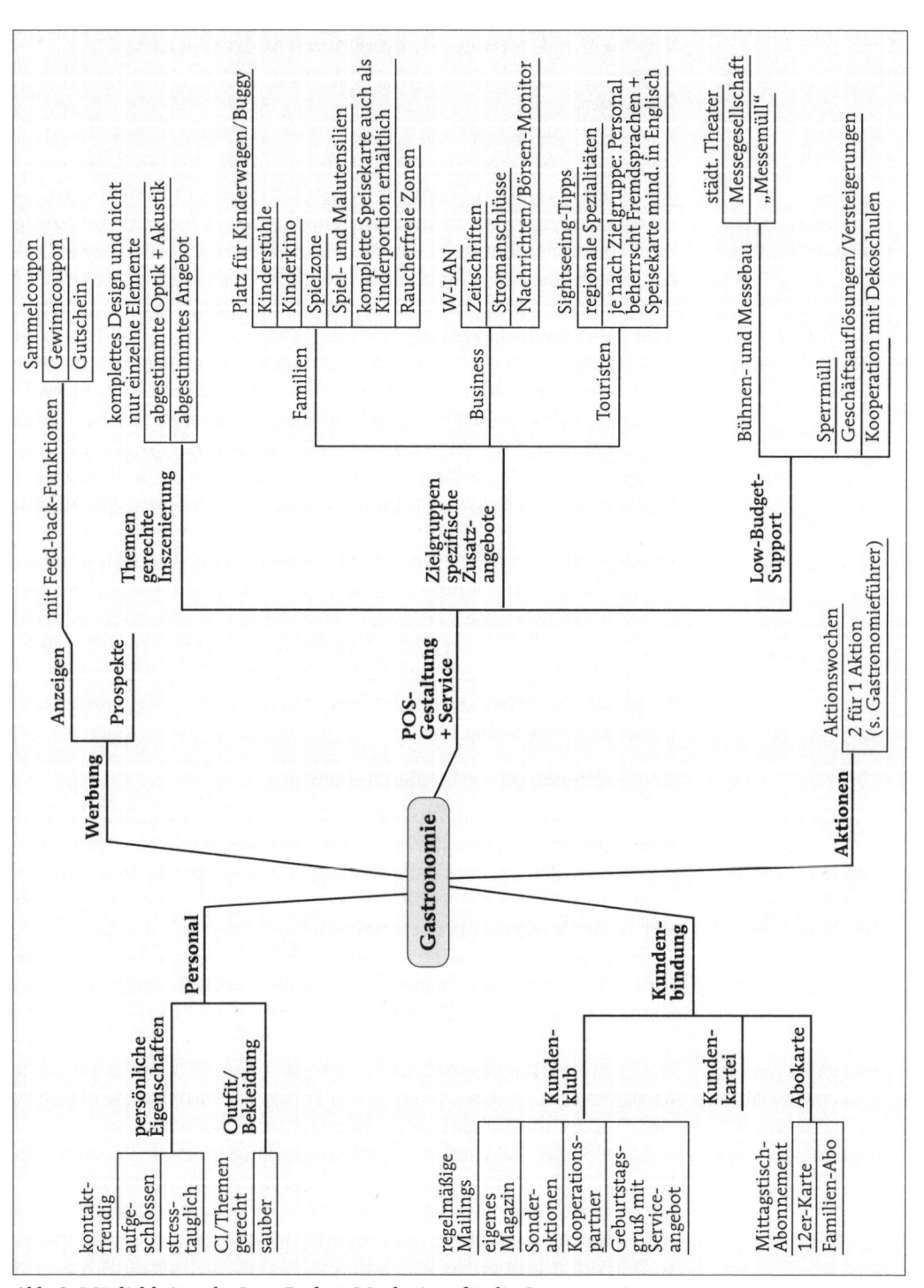

Werbung

- **Anzeigen** — mit Feed-back-Funktionen
  - Sammelcoupon
  - Gewinncoupon
  - Gutschein
- **Prospekte**

POS-Gestaltung + Service

- **Themengerechte Inszenierung**
  - komplettes Design und nicht nur einzelne Elemente
  - abgestimmte Optik + Akustik
  - abgestimmtes Angebot
- **Zielgruppenspezifische Zusatzangebote**
  - Familien
    - Platz für Kinderwagen/Buggy
    - Kinderstühle
    - Kinderkino
    - Spielzone
    - Spiel- und Malutensilien
    - komplette Speisekarte auch als Kinderportion erhältlich
    - Raucherfreie Zonen
  - Business
    - W-LAN
    - Zeitschriften
    - Stromanschlüsse
    - Nachrichten/Börsen-Monitor
  - Touristen
    - Sightseeing-Tipps
    - regionale Spezialitäten
    - je nach Zielgruppe: Personal beherrscht Fremdsprachen + Speisekarte mind. in Englisch
- **Low-Budget-Support**
  - städt. Theater
  - Messegesellschaft "Messemüll"
  - Bühnen- und Messebau
  - Sperrmüll
  - Geschäftsauflösungen/Versteigerungen
  - Kooperation mit Dekoschulen

Aktionen

- Aktionswochen
- 2 für 1 Aktion (s. Gastronomieführer)

Personal

- **persönliche Eigenschaften**
  - kontaktfreudig
  - aufgeschlossen
  - stresstauglich
- **Outfit/Bekleidung**
  - CI/Themen gerecht
  - sauber

Kundenbindung

- **Kundenklub**
  - regelmäßige Mailings
  - eigenes Magazin
  - Sonderaktionen
  - Kooperationspartner
- **Kundenkartei**
  - Geburtstagsgruß mit Serviceangebot
- **Abokarte**
  - Mittagstisch-Abonnement
  - 12er-Karte
  - Familien-Abo

Abb. 3: Möglichkeiten des Low-Budget-Marketings für die Gastronomie

Wie Sie Ihre Gastronomie kundenorientiert ausrichten

Gestaltung

Im Bereich der Innen- und teilweise auch der Außengestaltung geben sich viele Gastronomen mit einfachen Allgemeinlösungen oder kostengünstigem bis billigem Selfmade-Design zufrieden und verzichten auf eine eigenständige und deshalb unternehmensspezifische Inszenierung ihrer Lokalität. Schauen Sie sich beispielsweise einmal in den Niederlanden und Belgien um. Gerade dort findet man viele sehr individuell und interessant gestaltete Cafés, Grand-Cafés und Restaurants, von denen man gute Impulse bekommt.

unternehmensspezifische Inszenierung der Lokalität

Kontaktieren Sie doch einmal Bühnendekorateure des Theaters oder Schauspielhauses oder Messedesigner um alternative Gestaltungsvorschläge zu bekommen. Gerade Bühnendekorateure verstehen es, mit geringem Aufwand an Etat und Material Räumlichkeiten perfekt in Szene zu setzen. Integrieren Sie Gestaltungs-Module, die auch öfter ausgetauscht werden können, um immer wieder neues Interesse zu wecken. Führen Sie Wechselausstellungen mit den Exponaten regionaler Künstler oder auch mit Werken Ihrer Stammkunden durch. Bieten Sie somit eine Plattform für semiprofessionelle Künstler an, die in Ermangelung eigener Popularität keine Galerie finden, die ihre Werke ausstellt oder die nicht über das Budget verfügen, Räumlichkeiten dafür anzubieten. Achten Sie allerdings bei der Auswahl der Exponate / Künstler außerhalb Ihres Stammkundenkreises auch wieder auf die zu Ihrem Unternehmen passende „Stilrichtung".

professionelle Bühnendekorateure einbinden

Kooperationen mit regionalen Anbietern

Suchen Sie sich neben der Möglichkeit, z.B. über so genannte Gutscheinbücher neue Kunden zu finden, regionale Werbepartner aus anderen Branchen, die die gleiche Zielgruppe anvisieren wie Ihr Unternehmen. Entwickeln Sie gemeinsame Aktionen und Veranstaltungen, um sich dadurch gegenseitig zu empfehlen.

Gutscheinbücher

regionale Werbepartner aus anderen Branchen mit der gleichen Zielgruppe

Bei einer solchen Aktion in Bochum haben wir festgestellt, dass die fünf beteiligten Unternehmen zwar alle die gleiche Zielgruppe ansprechen, es jedoch bei den Stammkunden (jedes teilnehmende Unternehmen hat zwischen 100 und 300 Stammkundendaten zur Verfügung gestellt) nur wenige Überschneidungen gab. Jeder Teilnehmer profitiert dabei von dem positiven Image seiner Partner, die durch diese Aktionen eine Empfehlung für die jeweils anderen Partner aussprechen.

vom positiven Image der Partner profitieren

Der positive Nebeneffekt: Die Kostenteilung senkt die Werbekosten für den Einzelnen und / oder ermöglicht Aktionen, die ein einzelnes kleines Unternehmen nicht realisieren könnte. Im genannten Beispiel wurde eigens für die fünf Unternehmen eine individuelle, edle Weihnachtskarte entworfen und gedruckt. Nachdem alle Inhaber persönlich unterschrieben hatten, wurden die Briefumschläge ebenfalls handschriftlich

Senkung der Werbekosten

mit den Adressen der Kunden versehen und mit Briefmarken frankiert (keine Frankiermaschine und keine Adressetiketten; das wirkt persönlicher).

Im Rahmen einer anderen Aktion haben ein Modehaus, ein Kürschner, ein Optiker, ein Goldschmied, ein Friseur, eine Floristin und ein Autohaus als Veranstaltergemeinschaft eine jährliche Produktschau im Autohaus durchgeführt. Jedes teilnehmende Unternehmen kann dazu je 50 VIP-Kunden einladen. Die Veranstaltungen sind in jedem Jahr ein voller Erfolg. Und auch hier ist die Realisation nur möglich, weil sich alle Beteiligten den Aufwand an Zeit und Kosten teilen. Und, obwohl alle Firmen aus einem Mittelzentrum kommen, gibt es auch hier nur geringfügige Überschneidungen bezüglich der Stammkunden innerhalb der gleichen Zielgruppe.

Als Gastronomiebetrieb haben Sie noch wesentlich mehr Kooperationspotenzial. Notieren Sie sich einmal, welche regionalen Firmen von Ihren Kunden ebenfalls kontaktiert werden und überlegen Sie dann, welche Aktion Sie mit diesen potenziellen Werbepartnern starten könnten.

Welche regionalen Firmen werden von Ihren Kunden ebenfalls kontaktiert?

Preisreduzierte Komplettangebote für verschiedene Zielgruppen

In verschiedenen gastronomischen Betrieben gibt es zur Mittagszeit schon preisreduzierte Komplettangebote (Vorspeise, Hauptspeise, Nachspeise, ein Getränk). Denken Sie auch einmal an Komplettangebote für Familien, Senioren oder Geschäftsleute am Abend oder Wochenende nach. Auch Abonnements (Mittagessen-Monats/Wochen-Abonnement) sind eine gute Möglichkeit Kunden zu binden und Einnahmen kalkulierbarer zu machen. Fertigen Sie hierfür eine Abo-Karte (in Scheckkartengröße) an, die auf der einen Seite entwertet werden kann und auf der anderen Seite die Informationen und Kontaktdaten Ihres Unternehmens enthält, so hat der Kunde für seine Empfehlungen immer alle Daten im Portemonnaie griffbereit.

Feste Essen-Abonnements binden Kunden und machen Kosten kalkulierbar

Empfehlungsmarketing schafft neue Kunden

Für das Empfehlungsmarketing können Sie ähnliche Visitenkarten herstellen, nur dass auf der ersten Seite keine Entwertungsfelder sondern die Anschriftenfelder sowohl für die Kontaktdaten des geworbenen als auch des werbenden Kunden vorhanden sind.

So können Sie im Nachhinein auch das Beziehungsgeflecht Ihrer Kunden analysieren und hervorragende „Multiplikatoren" besonders pflegen. Alle Werber / Multiplikatoren erhalten einen Verzehrgutschein und auch der geworbene Neukunde bekommt als Begrüßungsgeschenk ein kleines CI-gerechtes Präsent oder einen Begrüßungsgetränke- / Verzehrgutschein.

Beziehungsgeflecht der Kunden analysieren

Einmal im Jahr sollten Sie alle hervorragenden Multiplikatoren zu einem speziellen Abend als kleines Dankeschön und als Motivation für das nächste Jahr einladen. Nehmen Sie sich dann auch ausreichend Zeit, um

besonderer Dank an hervorragende Multiplikatoren

als Unternehmer persönliche Gespräche zu führen, da das oft im aktuellen Tagesgeschäft nicht möglich ist.

JE STÄRKER DIE VERKNÜPFUNG ZWISCHEN IHREM UNTERNEHMEN UND DEN POSITIVEN ERINNERUNGEN UND ERLEBNISSEN DES KUNDEN IST, UMSO GERINGER IST DIE „GEFAHR DER TRENNUNG".

Erst wenn die positiven Erfahrungen mit Ihrem Unternehmen von den negativen Eindrücken – und dazu gehört auch das Gefühl der Langeweile und Vernachlässigung – „überholt" werden, besteht die „Gefahr des Fremdgehens".

Mehrwert durch Events

Lokalitäten „zweckfremd" nutzen

Sie können Ihre Räumlichkeiten auch „zweckfremd" nutzen. Entsprechende Aktionen und Events sorgen für Abwechslung und schaffen für bestimmte Zielgruppen über das Essen hinaus einen Mehrwert. Auf diese Weise lassen sich auch neue Kunden gewinnen, die vielleicht zunächst „nur" wegen des Events zu Ihnen kommen. Schauen Sie sich diesbezüglich einmal in anderen Branchen um und analysieren die dort durchgeführten Maßnahmen auf Möglichkeiten, diese auch für Ihr Unternehmen zu adaptieren.

So hat ein mir bekannter Gastronom ein Special-Abonnement eingeführt. Jeden Monat gibt es einen speziell inszenierten Themenabend, an dem neben den Speisen auch die Dekoration und das Begleitprogramm passend inszeniert sind. Achten Sie bei solchen Aktionen ganz besonders auf die „perfekte" Inszenierung. Ein Jazzbrunch wird austauschbar und zum vergesslichen Event, wenn es „nur" ein ausgedehntes normales Frühstücksangebot und im Hintergrund jazzige Klaviermusik oder Combomusik gibt.

Ein „Reminder" erinnert nachhaltig an die Veranstaltung

Eine Inszenierung umfasst stets alle Bereiche (Werbung, Deko, Speisen, Programm) des Events. Planen Sie immer auch einen kleinen „Reminder", eine kleine Erinnerung, in Form eines Fotos, eines Dekogegenstandes zum Mitnehmen oder einer besonders gestalteten und möglicherweise auch sammelbaren Einladungs-/Eintrittskarte mit ein. Während meiner Tätigkeit als Versicherungsberater habe ich bei vielen Hausbesuchen festgestellt, wie gerne die Menschen ihre „gesammelten Schätze" präsentieren.

Verbesserungspotenziale im Angebot für die Kernzielgruppe realisieren

Nachdem Sie Ihre Kernzielgruppe (KZG) bereits festgelegt haben (siehe Teil I, Kap. 2.1.2.3), überprüfen Sie noch einmal alle Aspekte Ihrer Angebote auf Korrekturen und Verbesserungspotenziale.

auf die spezifischen Bedürfnisser der Kernzielgruppe eingehen

Setzt sich Ihre KZG beispielsweise in erster Linie aus Geschäftsleuten zusammen, dann bieten Sie Ihren Kunden eine Möglichkeit für das Surfen im Internet und den Abruf von E-Mails an und legen entsprechende aktuelle – und hier meine ich wirklich die aktuellste Ausgabe! – Zeitungen, Zeitschriften und Magazine aus.

Da der Faktor Zeit bei den meisten der Businesskunden mit die wichtigste Komponente ist, achten Sie darauf, dass alle Vorgänge, vom Bestellvorgang über die Zubereitung der Speisen bis hin zum Bezahlvorgang, ohne große Wartezeiten ablaufen. Gestalten Sie die Räumlichkeiten so, dass zumindest in einem Bereich des Lokals die Abstände zwischen den einzelnen Tischen so groß gehalten wird, dass auch „intimere" Gespräche möglich sind. Auch die Größe der Tische (Unterlagen oder ein Notebook sollten noch Platz haben) und eine Stromquelle in der Nähe sind wichtige Aspekte. Für Spontanarbeiter, die ihre eigenen Schreibutensilien vergessen haben, können Sie Notizblöcke mit eigenem Logo (Sie sollten nicht einfach auf Utensilien Ihrer Brauerei zurückgreifen, denn Sie wollen schließlich in erster Linie für Ihr eigenes Unternehmen werben) und Kugelschreiber vorhalten.

Auch Familien mit Kindern gehören zu Ihren Gästen

Sind viele Familien mit Kindern in Ihrer KZG, bieten Sie diesen Beschäftigungsmöglichkeiten für Kinder verschiedener Altersstufen. Falls möglich sind natürlich Spielgeräte im Außen- oder Innenbereich hervorragend geeignet, um für einen entspannten Aufenthalt sowohl aufseiten der Eltern, Kinder und der anderen Gäste als auch für ein stressfreieres Arbeiten Ihrer Mitarbeiter zu sorgen. Aber auch kleinere Lösungen sind ebenfalls für Ihren Umsatz gut. Aus eigener Erfahrung weiß ich, dass gut beschäftigte Kinder den Aufenthalt entspannter machen und die Aufenthaltsdauer und somit die potenzielle Umsatzzeit erhöhen. Einfache Ausmalbilder und Bundstifte sind grundsätzlich besser als gar nichts.

Beschäftigungsmöglichkeiten für Kinder verschiedener Altersstufen

Aber lassen Sie auch hier Ihre Kreativität spielen. Suchen Sie nach unternehmenstypischen Beschäftigungsmöglichkeiten. Produzieren Sie eine eigene Malvorlage oder gleich ein kleines Malheft, das sich mit Ihrer CI oder der Region verknüpfen lässt. Kinder sind immer sehr wissbegierig. Liefern Sie ihnen Informationen über Ihre Region (kindgerechte Informationen über die Historie, interessante Ausflugsziele), ihr Herkunftsland (China, Italien, Griechenland, Türkei etc.) das Leben der Kinder in Ihrer Region / Ihrem Herkunftsland oder Basteltipps und landestypische, „tischgerechte" Spiele (die Sie auch leihweise oder als kleines Präsent vorhalten).

kindgerechte Informationen über Ihre Region

Überprüfen Sie auch Ihre Speisekarte darauf, ob Kinder nicht nur mit vier meist fantasielos kreierten Gerichten förmlich „abgespeist" werden. Auf meine Anfrage, ob die Küche für meinen Sohn nicht ein gutes „Erwachsenengericht" in etwas kleinerer Kinderportion servieren könnte – statt der eher teilweise „ungesunden" und lieblos dekorierten Fastfoodvarianten Pommes/Bockwurst, Pommes/Schnitzel, Spaghetti – erhielt

kleinere Kinderportionen

ich oft die Antwort, dass dies nicht möglich sei. Entweder müsste ich die normale Portion bestellen und auch bezahlen oder auf die drei bis vier Kindergerichte zurückgreifen. Nicht alle Gastronomen sind scheinbar in der Lage, einfach von allen Komponenten etwas weniger auf den Teller zu legen und mit einer kleinen pfiffigen Dekoration kindgerecht zu inszenieren.

Aspekte der „Familientauglichkeitsprüfung"

Beachten Sie bei Ihrer „Familientauglichkeitsprüfung" auch auf die folgenden Komponenten:
- Sind die Zufahrten, Parkplätze und auch die Durchgänge im Lokal kinderwagentauglich?
- Gibt es Abstellmöglichkeiten für Kinderwagen in der Nähe der Tische, Wickeltische (inkl. Utensilien) und kindgerechte Sanitäranlagen. (An dieser Stelle versagen selbst viele Systemgastronomieanbieter, die sich als besonders kinderfreundlich darstellen)
- Ist die Abluftanlage so gut eingestellt, das Klein- und Kleinstkinder nicht in der Rauchwolke der anderen Gäste sitzen?
- Ist auch die Getränkekarte (klein-)kindgerecht, z.B. was die Menge / Füllhöhe angeht?
- Gibt es kindgerechtes Besteck / Geschirr?

Vielfach treffen die Kinder die Entscheidung, welche Gastronomie die Familie besucht

Nicht nur bei vielen Kaufentscheidungen spielen Kinder eine immer größere Rolle. Auch bei der Entscheidung für oder gegen eine bestimmte Gastronomie ist in vielen Familien die Meinung der Kinder maßgeblich. Deshalb sehen Sie die Kinder nicht als Problemquelle, sondern als wichtigen Kunden, den Sie und Ihr Team begeistern müssen. Da diese Denkweise in Deutschland zur Zeit noch viel zu selten anzutreffen ist, können Sie sich gerade an dieser Stelle relativ leicht einen Vorsprung vor den Mitbewerbern sichern.

Qualität ergibt sich aus der Summe der Details

Achten Sie auch auf die Details

Achten Sie bei allen Angeboten auch auf die Details. Für meine Entscheidung über die Qualität einer Gastronomie spielt beispielsweise ein kleines aber feines Detail eine wichtige Rolle. Nach jedem Essen bestelle ich mir einen Espresso. Den Ausschlag gibt dabei nicht nur das Aroma des Espressos und die Qualität der Crema, sondern auch, ob mir dazu ein kleines Glas Wasser gereicht wird oder ob auf dieses verzichtet wird. Dabei kann es manchmal auch zu sehr positiven Überraschungen kommen. Viele Gastronomen, die aus dem Herkunftsland des Espressos stammen, verzichten auf dieses Detail.

Erfolgskontrolle

Kommen wir nach diesem kleinen Ausflug in diverse Lösungsmöglichkeiten wieder zur Analyse zurück. Die letzten beiden Spalten der To-do-Liste dienen schließlich der Erfolgskontrolle, denn hier tragen Sie ein, wann und letztendlich wie die Aufgabe gelöst wurde. Eine gründlich durchgeführte Erfolgskontrolle liefert Ihnen auf Dauer auch einen guten „Problemlösungsratgeber", denn viele Probleme haben gleiche oder ähnliche Wurzeln und können mithilfe eines solchen Ratgebers schneller und somit effektiver angegangen werden.

Erfolgskontrolle als „Problemlösungsratgeber" für zukünftige Aufgabenstellungen

Mein Selbstverständnis ist nie geprägt gewesen von einem Wirte-Sein, sondern immer und uneingeschränkt von einem Gäste-Sein.
Ueli Prager (schweizer. Gastronom; Gründer MÖVENPICK)

2.2 Einzelhandel

Der eine wartet, dass die Zeit sich wandelt.
Der andere packt sie kräftig an – und handelt.
Dante Alighieri (ital. Dichter)

2.2.1 Versuch einer Zustandsbeschreibung

Es gibt zurzeit kaum einen Wirtschaftszweig, der so interessant ist und voller Herausforderungen steckt wie der Einzelhandel. Trotz der unterschiedlichen Branchen ist die aktuelle Situation mit all den Problemen bzw. Herausforderungen – je nach Sichtweise – ähnlich. Das Zitat von Dante Alighieri beschreibt dies kurz und bündig aber sehr treffend, obwohl es zu seiner Zeit den Einzelhandel in der heutigen Form natürlich noch gar nicht gab.

Vier unterschiedliche Schaufenstertypen dokumentieren die Situation des Einzelhandels

Ein Schaufensterbummel durch die deutschen Städte bestätigt diese Aussage auf sehr eindrucksvolle Weise.

Im Grundsatz findet man vier Arten von Schaufenstern:

- Das **Ketten-Design:** Meist sehr professionell ausgeführte, gut ausgeleuchtete und moderne Gestaltung, CI-gerecht mit hohem Wiedererkennungswert, deshalb aber auch in allen Städten weitgehend gleich, lediglich sachlich dekorierte Produktpräsentationen aber keine Inszenierungen.

professionell aber wenig individuell

- Das **„Sie-haben-sich-wenigstens-Mühe-gegeben-Design":** Der Wunsch, die lagermäßige Massenpräsentation durch kleine, meist billige oder alte, teilweise ausgeblichene Dekoartikel aufzufrischen, ist leider bei der Umsetzung nicht realisiert worden. Die Frühjahrs-, Oktober- oder Weihnachtsdeko des Großvaters kombiniert mit einer wenig fantasievollen lockeren Anordnung der Waren ist nicht besser als nichts, sondern wirkt billig und abstoßend.

wenig Neues

- Das **„Lager-Design":** Das Schaufenster ist lediglich eine Erweiterung der Regalmeile oder des Lagers. Je mehr Produkte ausgestellt werden, umso besser, scheinen die Inhaber zu denken. Masse statt Klasse könnte man als Betrachter dazu sagen. Der negative Nebeneffekt ei-

Masse statt Klasse

ner solchen Produkt- und Warenflut ist, dass der Kunde nicht an den POS, also in den Laden, gelockt wird, weil dort noch weitere interessante Angebote warten, sondern eher davon ausgeht, dass sein gesuchter Artikel im Laden auch nicht zu finden ist, wenn dieser schon bei der Warenfülle im Schaufenster nicht anzutreffen ist.

individuell inszeniert

- Das **„Schaufenster-als-Seele-des-Geschäfts-Design"**: Nicht große Etats und professionell ausgebildete Dekorateure sind die Grundvoraussetzung für diese inszenierten Schaufenster, sondern die Liebe zu den Produkten und zum Kunden. Die richtige Einstellung ist die Basis für Kreativität auch bei der Gestaltung eines Schaufensters. *„Schaufenster offenbaren die Seele eines Geschäfts ..."* hat Mary Portas in ihrem Buch „Spektakuläre Schaufenster" geschrieben und ich kann nur ergänzen: *„ ... und damit auch die Seele des Geschäftsführers".*

Womit wir wieder beim Thema des Ausgangszitats sind. Sie werden jetzt einwenden, dass nicht jeder Einzelhändler ein typisches Schaufenster hat und dass man die komplexe Situation des Einzelhandels nicht an den Schaufenstern ablesen kann.

Ich möchte Ihnen an dieser Stelle mit einem Bild antworten: Jeder Mensch hat Augen! Der eine kleinere, der andere größere. Es gibt verschiedene Farben und Musterungen der Iris und ähnlich wie beim Fingerabdruck gleicht kein Augenpaar hundertprozentig dem anderen. Aber alle Menschen haben Augen. Die Augen sind das Fenster zur Seele des Menschen. An ihnen kann man die verschiedenen Stimmungen ablesen und einige Menschen verfügen auch über die Fähigkeit, Krankheiten des Menschen an den Augen erkennen zu können.

Schaufenster als Fenster zur Seele des Geschäfts bzw. des Geschäftsführers

Ähnlich verhält es sich auch mit den Schaufenstern als Fenster zur Seele des Geschäfts beziehungsweise der des Geschäftsführers.

Beschränken wir uns nicht auf das reine Schaufenster am Ladenlokal, sondern beziehen auch Schaukästen, Fenster ohne Ausstellungsfläche und selbst Außenanlagen mit ein. Alle diese Flächen sind gewissermaßen die „Bühnenböden" für Unternehmensinszenierungen. Es sind die ersten und manchmal auch die letzten direkten Kontaktflächen zum Kunden. Und deshalb können Sie an ihnen eine Menge ablesen.

Das Verpackungsdesign von Markenartikeln verfolgt das gleiche Ziel wie die Inszenierung des POS

Erfolgreiche Hersteller von Markenartikeln legen großen Wert auf das Verpackungsdesign, auch wenn die Verpackung von den meisten Kunden nach dem Kauf entsorgt wird. In wenigen Fällen wird die Verpackung sogar zur Ware und zum Kult- und Sammelobjekt (siehe entsprechende Auktionen bei Ebay). Rein sachlich gesehen, könnte man Parfüm auch in Reagenzgläsern oder anderen einfachen Glasbehältern anbieten. Doch in den meisten Fällen ist neben dem Duft, der einem natürlich gefallen muss, auch die entsprechende Verpackung ein wichtiger Kaufanreiz.

Ich habe bereits dargelegt (siehe Teil II, Kapitel 1.1), dass die Differenzierung vergleichbarer Produkte einerseits über den Preis und andererseits über die Implementierung von persönlichen Produktkomponenten zu erzielen ist. Eine dieser Komponenten ist die Gestaltung des POS (Point of Sale, inklusive seiner Außenflächen), an dem das Angebot präsentiert wird.

Von Paul Smith stammt die Aussage: *„Mit Schaufenstern hat man nur ein paar Sekunden, um auf sich aufmerksam zu machen; dabei liegt die wirkungsvollste Methode, um Sprach- und Etatgrenzen zu überwinden, im visuellen Humor."*

Legen wir zusätzlich das Sprichwort: *„Wo ein Wille, ist auch ein Weg!"* zugrunde, müssen wir also schlussfolgern, dass es dem Einzelhandel in vielen Fällen sowohl an entsprechendem Humor als auch an Willen mangelt, die Außendarstellung und damit seine Kontaktfläche zum Kunden zu optimieren!

die Kontaktfläche zum Kunden optimieren

Pause!

Hier mache ich bewusst eine kleine Pause. Aus vielen Gesprächen mit Einzelhändlern aus meinem Kunden- und Bekanntenkreis weiß ich, dass nach einer so harten Aussage die Gemüter förmlich überkochen.

Nachdem der erste Sturm vorüber ist, erkennen die meisten Gesprächspartner aber, dass hier wirklich der Kern des Problems liegt: Die eigene bewusste und aktive Entscheidung für den Erfolg gegen das passive Warten auf bessere Zeiten!

Nicht die allgemeine Politik, nicht die Mitarbeiter oder Lieferanten und auch nicht die Kunden sind dafür verantwortlich, dass einige Einzelhändler erfolgreicher als andere sind, sondern lediglich die eigene Aktivität.

bewusste und aktive Entscheidung für den Erfolg

Im Umkehrschluss bedeutet dies jedoch auch, dass Problemlösungen nicht vonseiten der Politik, der Gesellschaft oder der Kunden kommen können, sondern dass nur der Unternehmer mit seiner eigenen Energie, Kreativität, Persönlichkeit, Überzeugung und Willenskraft Lösungen finden kann und diese dann auch umsetzen muss.

Einige positive und negative Impressionen

Bevor ich im Folgenden zu den nach Branchen unterteilten Einzelbetrachtungen komme, möchte ich noch einige positive und negative Erlebnisse als nachdenkenswerte Anregungen weitergeben. Vielleicht erkennen Sie sich, Ihr Unternehmen oder Ihre Mitarbeiter in diesen Beispielen wieder.

Das erste Erlebnis ist mit dem Ausspruch *„Jage Deine Kunden nicht selbst zur Konkurrenz!"* überschrieben.

„Jage Deine Kunden nicht selbst zur Konkurrenz!"

Beim Betreten eines Ladenlokals bekam ich noch folgendes Gesprächsende mit: *„Ja, ja Frau Weber, die Zeiten sind schlecht. Wer weiß, wie lange wir uns noch halten können."* Der Sprecher hat ja wirklich so Recht! Die Zeiten sind schlecht – und wenn man so manchem deutschen Einzelhändler Glauben schenken wollte, sogar so schlecht wie nie zuvor!

Aber ist das ein Grund, jedem Kunden diese Erkenntnis permanent vor Augen zu halten?

Bei vielen Besuchen im Einzelhandel, sowohl in kleinen als auch in großen Städten, sind mir ähnliche wie die oben genannten Aussage zu Ohren gekommen. Sicher ist, dass es dem Einzelhandel nach vielen guten Jahren in den letzten Jahren schlechter ging. Die Ursachen dafür sind vielfältig und sicher nicht in erster Linie bei den Kunden zu suchen.

Aus Sicht des Händlers könnte das Weitergeben von Sorgenmeldungen noch verständlich sein. Beim Kunden lösen entsprechende Äußerungen der Anbieter jedoch nicht in erster Linie umsatzsteigernde „Mitleidskäufe" aus, sondern vielmehr „Ängste" bezüglich bevorstehender Versorgungsprobleme oder -engpässe: *„Wenn dieser Einzelhändler nun wirklich auch bald schließt, werde ich doch mal beim nächsten Besuch in der Nachbarstadt oder auch der eigenen Innenstadt nach einer Alternative suchen!"* Und hat der Kunde diese Alternative erst einmal gefunden, versucht er sich mit ihr anzufreunden. Ist die neue Lösung des möglicherweise bevorstehenden Versorgungsproblems dann für gut befunden worden, kann dies sogar dazu führen, dass der Kunde, auch ohne dass der alte Anbieter schließt, den neuen Anbieter auf Dauer bevorzugt.

Somit hat der Einzelhändler zwar Recht behalten, denn mit zunehmender Abwanderung der Kunden kann er nicht weiter existieren. Das wirkliche Problem hat er jedoch im Sinne einer sich selbst erfüllenden Prophezeiung erst selbst geschaffen!

Nicht Jammern, sondern Klappern gehört zum Handwerk!

Deshalb an dieser Stelle mein Tipp: Nicht Jammern, sondern Klappern gehört zum Handwerk!

Der Kunde als Arbeitgeber

Ein anderes Beispiel mag die Einstellung zu den Kunden verdeutlichen und könnte folgendermaßen überschrieben werden: *„Sehen Sie den Kunden nicht als Störfaktor oder Problemfall, sondern als Arbeitgeber. Gute Geschäfte mit ihm sind der einzige Grund für Ihre Arbeit!"*

Auch Sie kennen sicherlich die Situation, dass Sie bei Ihren Einkäufen in diversen Kaufhäusern trotz anwesender Verkäufer oft nicht registriert werden. Die Konzentration des Verkaufspersonals gilt eher den privaten Diskussionen über die bevorstehenden oder zurückliegenden Abend- und Wochenendgestaltungen. Wenn Sie dann endlich fündig geworden sind, stehen Sie teilweise in viel zu kleinen Umkleiden, die auch noch mit den zurückgelassenen Probetextilien Ihrer Vorgänger überfüllt sind. Doch bevor die nicht gewünschten Exponate schnellstmöglich wieder für den nächsten Kunden zur Verfügung gestellt werden, gibt es auch laut geäußerte Beschwerden über schlampige Kunden. Die Situation spitzt sich noch zu, wenn Sie durch Ihren Gang zur Kasse dem Wunsch Ausdruck geben, die von Ihnen ausgesuchte Ware nun auch käuflich erwerben zu wollen. Oft erscheint es dann so, als müssten die MitarbeiterInnen förmlich „Streichhölzer ziehen" um zu entscheiden, wer denn nun den lästigen Kunden bedienen soll.

Sicherlich werden Sie jetzt in einem ersten (Schutz-)Reflex einwerfen, dass es sich hierbei um einen zugespitzten Einzelfall handelt, der keinerlei Verallgemeinerung zulässt.

Ich gebe an dieser Stelle zu, dass ich viele einzelne Erlebnisse in dieser beispielhaft beschriebenen Situation zusammengefasst habe.

Aber denken Sie an dieser Stelle doch wirklich einmal unvoreingenommen an ähnliche Erlebnisse, in denen Sie Kunde waren und auch immer wieder sind und an ihre eigenen Erfahrungen. Und danach werfen Sie noch einmal einen kritischen Blick auf Ihr eigenes Unternehmen. Sehen Ihre Mitarbeiter und natürlich auch Sie selbst die Kunden als Herausforderung und Chance bzw. als gleichberechtigten Tauschpartner oder doch eher als Störenfried, den man zwar benötigt, um Umsätze tätigen zu können, den man aber am liebsten schnell an der Kasse und danach wieder vor dem Geschäft sieht?

den Kunden als gleichberechtigten Tauschpartner begreifen

Viel überzeugender und vor allem auch positiver für die Kundenbindung ist es doch, wenn der Kunde sich wohl fühlt, gut beraten wird und den Aufenthalt im Unternehmen als wohltuendes Erlebnis abspeichert.

Ein auf altbewährte, wertbeständige und qualitativ hochwertige Produkte spezialisiertes Unternehmen hat den Slogan geprägt: *„Es gibt sie noch, die alten Dinge!"* Zum Glück gilt dies nicht nur für die Artikel dieses Unternehmens, sondern auch für Fertigkeiten eines guten und somit auch erfolgreichen Einzelhändlers. Es gibt sie noch,

Fertigkeiten eines erfolgreichen Einzelhändlers

- die Einzelhändler, die ihr Verkaufsumfeld so gestalten, dass der Einkauf zum Erlebnis wird und Kunden gerne wiederkommen,
- die Fachsortimenter, die erklärungsbedürftige Produkte kunden- und nicht abschlussorientiert argumentieren und den individuell passenden Service anbieten,
- die Boutiqenbesitzer, die einem nicht bei jedem Kleidungsstück sagen, wie toll es aussieht, auch wenn man darin wie eine Vogelscheuche wirkt,
- die Modeverkäufer, die einem zum gewünschten Sakko auch die passenden Hemden, Hosen, Krawatten und Socken zeigen und wenn gerade nicht vorhanden, schnell besorgen können,
- die Lebensmittelverkäufer, die dem Kunden einen alternativen Rezepttipp oder auch eine raffinierte Dekorations-/Verfeinerungsidee mitgeben können und auch noch zeigen, an welcher Stelle des Ladens sie zu finden sind,
- die Einzelhändler, die die Namen ihrer Stammkunden kennen und sich auch an Gesprächsinhalte des letzten Verkaufsgesprächs oder Smalltalks noch erinnern und daran anknüpfen können.
- die Verkäufer, die auch für gelangweilte Partner oder quengelnde Kinder einen Beschäftigungstipp auf Lager haben oder einfach einen Kaffee und eine Zeitung beziehungsweise ein Malbuch und Spielzeug anbieten.

2.2.2 Lebensmitteleinzelhandel

Das erste Unterkapitel des Themas Einzelhandel widme ich der Lebensmittelbranche. Mein Vater hat sein ganzes Berufsleben in diesem Bereich verbracht und deshalb habe ich auch eine ganz besondere Beziehung und individuelle Einblicke in diese Branche.

Der allgemeine Trend im gesamten Einzelhandel, bei dem viele kleine und mittlere Händler schließen und große Discounter immer stärker wachsen, ist auch im Lebensmitteleinzelhandel (LEH) nachvollziehbar. Dabei taucht nicht nur in den Massenmedien immer wieder die Redewendung: *„Die Großen schlucken die Kleinen"* auf. Mit diesem platten Ausspruch hat man schnell Täter und Opfer identifiziert und gebrandmarkt und die Unumgänglichkeit dieser Entwicklung durch das herrschende Ungleichgewicht zwischen den beiden vermeintlichen Kontrahenten regelrecht zementiert. Als ob es sich hierbei um ein physikalisches Gesetz handeln würde, sehen nicht nur gutgläubige Zeitgenossen, sondern auch manche Fachleute und so genannte Branchenkenner den Grund für den vermeintlich unverschuldetem Untergang der kleinen und mittelständischen Einzelhändler im rücksichtslosen Expansionsdrang der Discounter.

„Die Großen schlucken die Kleinen", ein Naturgesetz?

Eines wird bei dieser oberflächlichen Sichtweise – kleine und mittlere Betriebe schließen, große Betriebe, Filialketten und Discounter expandieren – nicht bedacht. Es handelt sich hierbei lediglich um die Beschreibung einer Folgeentwicklung ohne genauere Betrachtung der Ursachen und ihrer Wirkung.

Es gibt weder in der Natur, noch in der Geschichte unserer Gesellschaft eine Gesetzmäßigkeit, die allgemein bestätigt, dass immer die Kleinen den Großen weichen müssen. Sowohl in der Evolutionsgeschichte unseres Planeten (nicht die großen Dinosaurier, sondern Klein- und Kleinstlebewesen haben überlebt) als auch in der Geschichte (so manche kleine Volksgruppe hat schon viele große Herrschervölker überlebt) und auch im Wirtschaftsleben (es gibt bisher noch keinen großen Konzern, der in gleicher Konstruktion auf eine mehr als hundertjährige Geschichte zurückblicken kann, dafür aber umso mehr mittelständische und kleine Unternehmen) sind es nie die Großen, die die kleinen längerfristig dominieren, sondern immer die flexiblen, schnellen und anpassungsfähigen, die die langsamen und schwerfälligen Großunternehmen überholen.

Um also diese Entwicklung zu verstehen und entsprechende Maßnahmen ergreifen zu können, müssen Sie sie entsprechend ohne voreilige populistische Schlussfolgerungen analysieren.

Was genau erwartet der Kunde von einem Anbieter?

Hilfreich ist auch hier wieder die Analyse der Funktionen, die der jeweilige Anbieter für die Zielgruppe der Kunden erfüllt und die Gewichtung der jeweiligen Wertigkeit, die bestimmte Funktionen für die Zielgruppe haben.

In meiner Kindheit gab es noch in jeder etwas größeren Siedlung den typischen „Tante Emma Laden". Meist aus einem, nach dem Krieg eröffneten Wohnzimmerladen oder Bäcker- bzw. Metzgerladen entstanden, waren dies die fußläufig zu erreichenden Einkaufsmöglichkeiten für den täglichen Bedarf. In den meisten Familien gab es einen Haupterwerbstätigen und meist eine Hausfrau, die täglich frisch gekocht hat. Aufgrund der fehlenden Lagermöglichkeiten für Frischwaren – die Kühlschränke hatten in den meisten Haushalten gerade mal ein Gefrierfach – und der begrenzten Transportmöglichkeiten für größere Mengen (viele Frauen hatten keinen Führerschein oder wenn doch, gab es maximal ein Fahrzeug im Haushalt, mit dem der Mann unterwegs war) war der Einkauf im Lebensmittelgeschäft ein Fixpunkt auf der Tagesordnung.

Umfeld der „Tante Emma Läden"

Im Rahmen der gesellschaftlichen Entwicklung, dass zunehmend Frauen in Teilzeit-/Vollzeitbeschäftigungen stehen, es immer mehr Single-Haushalte gibt, die Mobilität wächst und man zwischen Wohn- und Arbeitsstätte pendelt und angesichts des technischen Fortschritts Lebensmittel zu Hause konservieren zu können (Tiefkühlkost, Convenience-Food, Tiefkühltruhen), ist es nicht mehr länger notwendig, frische Lebensmittel direkt und unmittelbar am Wohnort zu kaufen. Günstige Verkehrsanbindungen und Parkmöglichkeiten, die große Auswahl an Lebensmitteln bei erweiterten Öffnungszeiten sowie das große Informationsangebot über günstige und preiswerte (Marken-)Produkte und eine Vielzahl (angeblicher) Schnäppchen machen zudem die Funktion des Tante-Emma-Ladens als Nachbarschaftstreff und Frischeversorger weitgehend überflüssig.

Bedingungen modernen Lebensmitteleinkaufs

Doch es gibt immer noch genügend Funktionen, die die großen Discounter nicht abdecken können und auf die sich somit die kleinen und mittleren Lebensmitteleinzelhändler spezialisieren können.

Spezialisierungsmöglichkeiten für die „Kleinen"

VERSUCHEN SIE NICHT DIE NUTZEN ZU BEFRIEDIGEN, DIE AUCH DIE DISCOUNTER ABDECKEN, SONDERN ENTDECKEN UND FÜLLEN SIE DIE LÜCKEN, DIE BEIM VERBRAUCHER DURCH BUNDESWEITE NORMIERUNG UND RADIKALE KOSTENMINIMIERUNG DER GROSSFILIALISTEN ENTSTEHEN.

Ein von vielen Konsumenten vorgebrachter Hauptnutzen der Discounter ist der Kostenaspekt. Beachten Sie dabei jedoch immer die schon mehrfach erwähnten unterschiedlichen Produktinhalte. Da der Konsument bei ALDI, LIDL, PENNY u.a. lediglich das „nackte" Produkt zuzüglich minimaler Distributionsaufschläge erhält, erwartet er auch kein gutes Ambiente, keine Beratung und keinen besonderen Service, z.B. in Form schneller Kassenabwicklung.

Das „nackte" Produkt ist nicht für jede denkbare Zielgruppe alles

Im Gegenzug stellt das Gros der Verbraucher an Anbieter mit höherem Preisgefüge auch andere Anforderungen bzw. ist auch bereit, für

In der Regel besteht Bereitschaft als Mehrwert akzeptierten Zusatznutzen auch zu bezahlen

mehr Service, Komfort, Ambiente und Beratung einen höheren Preis zu zahlen. Die reinen Produktkosten sind eben nur ein Bestandteil des Endpreises und jeglicher kundenorientiert argumentierte Zusatznutzen kann, wenn die Kunden ihn als lohnenswerten Mehrwert akzeptiert haben, auch zusätzlich berechnet werden.

An dieser Stelle höre ich von verschiedenen Seiten schon wieder Gegenstimmen, die behaupten, dass die Konsumenten auch von den kleinen und mittelständischen Händlern ähnlich günstige Preise wie von den Discountern erwarten und zusätzlich auch noch mehr Service und Nutzen verlangen. Selbstverständlich hat jeder Kunde den Wunsch, so viel Produkt wie möglich für den Einsatz seines Transfergut „Geld" zu bekommen. In gleicher Weise versucht ja auch jeder Unternehmer, seine Einkaufsgüter so günstig und seine Verkaufsgüter so teuer wie möglich zu handeln. Richtig betrachtet gibt es also, was die grundlegende Einstellung angeht, keine Unterschiede, denn beide Seiten versuchen lediglich eine Gewinnmaximierung zu betreiben. Dieser Sachverhalt wird einem auch ganz schnell klar, wenn man sich verdeutlicht, dass jeder Verkäufer in anderen Bereichen seines Lebens auch wieder Käufer / Konsument ist und sich in dieser Situation oftmals nicht anders verhält, als die von ihm kritisierten Kunden.

Mit diesen Einsichten kann man manche unsachliche Diskussion über unverschämte Kunden oder Händler beenden.

grundsätzliche Ansprüche an den Lebensmittelkauf

Wenn Sie sich also als kleinerer Lebensmittelhändler positiv von der Konkurrenz absetzen wollen, können Sie in folgenden Bereichen geldwerten Mehrwert für Ihre Kunden schaffen.

Es gibt keine andere Branche im Einzelhandel, in der die Menschen grundsätzlich so viel Wert auf Qualität, Frische und Informationen über Inhalte, Produktion und Herkunft der Waren legen.

DAS VERTRAUEN IN DIE UNBEDENKLICHKEIT DER PRODUKTE FÜR DIE EIGENE GESUNDHEIT MUSS STÄNDIG GEPFLEGT WERDEN.

Sauberkeit, Frische und das Fachwissen der Mitarbeiter

Dabei bürgen gerade Markenartikel im Bewusstsein der Verbraucher für diese gewünschte Qualität. Das Vertrauen wird aber auch von der Markierung Ihres Betriebes beeinflusst. Sauberkeit, Frische und vor allem auch das Fachwissen der Mitarbeiter sind wichtige Faktoren bei der Entscheidungsfindung der Kunden und rechtfertigen als zusätzliche Produktkomponenten einen entsprechend höheren Preis.

Mit den Augen Ihrer Kunden

Im nun folgenden Absatz möchte ich mit Ihnen erst einmal wieder die schon aus dem Gastronomiekapitel (Kap. 2.1) bekannte Kamerafahrt durch ein mittelständisches Lebensmittelgeschäft unternehmen. Wir beginnen wieder einige Meter vor dem Ladenlokal:

- Wie werden potenzielle Kunden auf das Geschäft aufmerksam?
- Was sehen die Kunden, wenn Sie auf das Ladenlokal zugehen / zufahren?
- Sind Parkplätze in der Nähe vorhanden und die Zufahrten entsprechend ausgeschildert?
- Sind die Parkplätze auch von der Größe her für das Verstauen der Einkäufe optimal?
- Können die Kunden mit den Einkaufswagen ihr Fahrzeug erreichen?
- Sind die Eingänge behindertengerecht und auch mit Kinderwagen erreichbar?
- Gibt es vor dem Eingang Fahrradständer und bleibt auch bei einem voll besetzten Fahrradständer noch ein ausreichender Durchgang für die Kunden?
- Lassen sich die Zugangstüren auch für Kinder, ältere und behinderte Kunden und voll bepackte Kunden leicht öffnen oder geht dieses sogar automatisch?
- Befinden sich im inneren Eingangsbereich des Ladens (abschließbare) Abstellmöglichkeiten für Kinderwagen, Gehhilfen etc.?
- Sind ausreichend leichtgängige, intakte und saubere Einkaufswagen vorhanden? Gibt es im Abstellbereich der Einkaufswagen einen Mülleimer für Reste des Vorbenutzers?
- Ist die Frischeabteilung auch wirklich frisch? Sind alle verdorbenen Waren entfernt?
- Wird der Obst-/Gemüsebereich regelmäßig überprüft und auch nachdekoriert und aufgefüllt?
- Sind aussortierte Artikel nicht in der Nähe der Theken gelagert und verbreiten Ungeziefer und Gerüche?
- Ist immer im ausreichenden Maß Verpackungsmaterial (Tüten) vorhanden?
- Befinden sich im SB-Bereich Papierhandtücher, um durch feuchtes Obst oder Gemüse verschmutzte Hände zu reinigen?
- Sind alle vorhandenen Waren auch mit einem aktuellen Preis versehen?
- Wo findet der Kunde die Leergutrückgabe und wie lang ist die durchschnittliche Wartezeit?
- Sind die verpackten Waren in den Regalen sauber und ordentlich eingeräumt?
- Ist das Mindesthaltbarkeitsdatum noch nicht abgelaufen?
- Sind die Sonderaufbauten so platziert, dass die Kunden auch ohne „Rallyekenntnisse" ihren Einkauf durchführen können?
- Befinden sich die Sonderaufbauten in der Nähe der betreffenden Abteilung oder irgendwo im Ladenlokal ohne thematischen Zusammenhang?
- Wie lange ist die durchschnittliche Wartezeit an der Fleisch-/Wurst-/Käsetheke?

Stationen der Kamerafahrt durch Ihren Lebensmittelladen

- Wie lange ist die durchschnittliche Wartezeit an den Kassen?
- Wie ist der Bereich gestaltet, in dem die Kunden ihre gekauften Waren einpacken können? Werden Ein-/Ausgangswege beeinträchtigt und gibt es körpergerechte Abstellmöglichkeiten?
- Ist dieser Bereich sauber (Müllbehälter)?
- Blockieren während der Auffüllphasen Container und Verpackungsmüll die einzelnen Gänge und behindern die Kunden bei ihrem Einkauf?
- Ist das Verkaufspersonal fachlich geschult und motiviert kundenfreundlich? (An dieser Stelle sollten Sie sich auch den für Kunden nicht zugänglichen Bereich der Sozialräume und Mitarbeiter-WCs genauer ansehen. Deren Zustand lässt auf Ihre Einstellung den Mitarbeitern gegenüber schließen und beeinflusst in nicht unerheblichem Maß auch die Motivation der Mitarbeiter!)

Cut!

Nach dieser Kamerafahrt füllen Sie die aus dem Kapitel 2.1. „Gastronomie" bekannte und dort auch näher erläuterte To-do-Liste aus und gehen wie dort beschrieben auch weiter fort, bis die komplette Liste ausgefüllt ist.

An dieser Stelle präsentiere ich Ihnen wieder einige Lösungsvorschläge als Anregung für Ihre eigenen Planungen.

Wie Sie Ihr Lebensmittelangebot attraktiv gestalten

Aktionen und Zusatzservices

Es gibt eine ganze Reihe von Aktionen und Zusatzservices, mit denen Sie sich von den Discountern differenzieren und Ihre besondere Stellung als kundenserviceorientierter Versorger festigen können.

jahreszeitlich orientierte Präsentation regionaler Spezialitäten

In den Sortimenten der Discounter ist selten Platz für regionale Spezialitäten. Auch wenn mittlerweile viele dieser Spezialitäten über das Internet zu ordern sind, wird diese Möglichkeit von vielen Konsumenten noch nicht in ausreichender Form genutzt. Führen Sie deshalb über das ganze Jahr verteilt diverse Präsentationen durch. Richten Sie einen Platz in Ihrem Ladenlokal ein, an dem im monatlichen Wechsel verschiedene Regionen und deren Spezialitäten präsentiert werden.

Denken Sie bei der Auswahl der Regionen an mögliche Reiseländer Ihrer Kunden und stimmen sie im Vorfeld der Reisesaison auf den kommenden Urlaub ein oder bieten im Nachhinein die Möglichkeit, kennen gelernte Urlaubsgerichte mit den entsprechenden Zutaten selber zuzubereiten. Bieten Sie nicht nur die Produkte selber, sondern auch Informationen über die Region, die Hersteller oder Zubereitungstipps an. Nehmen Sie Kontakt mit der entsprechenden Region auf und planen in Kooperation mit den jeweiligen Verkehrsvereinen eigene Aktionen.

Convenience-Food für Kunden mit wenig Zeit

Viele Kunden sind bedingt durch ihre Berufstätigkeit nicht mehr in der Lage, während der Woche viel Zeit mit der Zubereitung der Speisen zu verbringen. Deshalb greifen sie oftmals auf Convenience-Food zurück. Mit teilweise vorgefertigten Salaten, Gemüsepaketen oder auch fleischhaltigen Gerichten bieten Sie diesen Konsumenten eine Alternative.

Zielgruppenspezifische Rezeptangebote

Platzieren Sie eine Pinnwand oder einen Aufsteller im Eingangsbereich auf der / dem Sie wochenweise wechselnd Rezepttipps, Infos über Neuheiten und sonstige Einkaufsinformationen aushängen. Bei der Auswahl dieser Rezepte sollten Sie die verschiedenen Kundengruppen berücksichtigen und die einzelnen Tipps in Rubriken anordnen: Singleküche, Familienküche, vegetarische Küche, eilige Küche, Snackgerichte etc. *Pinwand mit Rezepttipps*

Als besonderen Service können Sie zusätzlich Kopien der Rezepte inklusive eines Wegweisers für den Laden (Wo finde ich die Zutaten?) auslegen. Auf diesen Kopien sollten Sie auch gut sichtbar Ihr Logo und Anschrift mit Telefonnummer eindrucken. Um eine Reaktion Ihrer Kunden und deren Kontaktdaten zu erhalten, können Sie jede Rezeptaktion mit einem kleinen Preisausschreiben verknüpfen. Dafür gestalten Sie die Rezeptkopien so, dass die Kunden einen unteren Abschnitt beschriften, abtrennen und bei Ihnen abgeben können. Jede Woche wird dann unter allen abgegebenen Coupons ein (eigenes) Kochbuch oder ein Zutatenkorb verlost. Selbstverständlich werden die Gewinner der Woche immer auch an der erwähnten Eingangstafel namentlich und mit Übergabefoto präsentiert. *Rezeptkopien mit Responsemöglichkeit*

Beziehen Sie Ihre Mitarbeiter in diese Aktion mit ein, indem Sie diese um Rezepttipps bitten. In der Veröffentlichung weisen Sie dann besonders auf diesen Mitarbeitertipp hin und können somit die Interaktion zwischen Kunden und Mitarbeitern und somit eine bessere Kundenbindung erzielen. *Veröffentlichungen von Mitarbeitertipps dokumentieren Fachkompetenz*

Diese Rezeptkopie ist je nach Wunsch auch ausbaubar. Da in fast jedem Lebensmittelgeschäft viele Sonderaufbauten mit Neuheiten und Aktionsware einen schnellen Überblick fast unmöglich machen und damit auch Neuheiten schwer zu platzieren sind, können Sie die wichtigsten Produktneuerscheinungen der Woche auch auf der besagten Kopie präsentieren und kurz deren Eigenschaften und Nutzen beschreiben.

Zusamenstellung von Themenpaketen

Bündeln Sie einzelne Produkte zu thematischen Paketen, die Sie als Sonderaktion Ihres Unternehmens präsentieren. Einige wenige Hersteller haben dies in einer Art Joint Venture mit anderen Produzenten gemeinsam oder lediglich mit verschiedenen Produkten des eigenen Unternehmens bereits vorgemacht. Beachten Sie dabei regionale Gepflogenheiten und Verhaltensweisen Ihrer Kernzielgruppe.

Bieten Sie z.B. ein Barbecuepaket (Kohle, Grillanzünder, Grillplatten, Grillsaucen, Gewürze, Gemüse und Fleisch, Getränke, Rezepttipps als Kopie oder kleines Buch), ein „Candlelightdinnerpaket" (Kerzen, Sekt, Wein, teilweise vorgefertigte Mahlzeit für 2 Personen, Knabbereien), ein Kindergeburtstagspaket (Backmischung, Geburtstagskerzen, Dekomaterial, Süßigkeiten, Kindersekt, Getränke, Tipps für Spiele als Kopie) und andere Themenpakete zu einem attraktiven Gesamtpreis an.

Transport- und Auffüllservice

fester Lieferauffüllservice für bestimmte Grundnahrungsmittel

Je nach Kernzielgruppe sind Zusatzdienstleistungen wie z.B. Transport- und Auffüllservice ein Nutzen, der die entsprechenden Kunden auch fester an Sie und Ihr Unternehmen bindet. Vereinbaren Sie mit Ihren Stammkunden einen festen Lieferauffüllservice für bestimmte Grundnahrungsmittel an. Die Kunden können die gewünschten Artikel auf einem Bestellschein ankreuzen (alternativ per Internet) und den bevorzugten Liefertermin angeben.

Sortimentsdetektivspiel für Kinder

Kinder spielerisch in den Einkauf einbinden

Machen Sie sich den detektivischen Spürsinn von Kindern zunutze. Bei den Einkäufen mit meinem Sohn muss ich immer wieder die noch benötigten Waren vom Einkaufszettel vorlesen und er zeigt mir dann, wo die entsprechenden Artikel zu finden sind. Seitdem wir dieses „Spiel" eingeführt haben, ist jeder Einkauf eine richtige Expedition.

Laden Sie die Kinder Ihrer Kunden zum Detektivspielen ein. Alle teilnehmenden Kinder müssen eine Liste mit bestimmten Artikeln (gängige typische Alltagsprodukte und Spezialartikel) abarbeiten. Auf dem Einsatzzettel finden sich die Produkte inklusive Ordnungsnummer sowie ein grober Lageplan des Ladenlokals, auf dem die Detektive die Nummern der gesuchten Produkte an der richtigen Fundstelle einzeichnen.

Alle Teilnehmer bekommen einen Detektivausweis (denken Sie auch hier wieder an Ihr Logo und die Kontaktdaten) und ein kleines Teilnahmepräsent. Die drei besten (schnellsten) Einkaufsdetektive erhalten einen Detektivkoffer und / oder ein Detektivpaket mit entsprechend thematisch passenden Produkten des Unternehmens.

Gründen Sie einen Kunden-Club

auch für kleine und mittelständische Unternehmen praktikable Basislösung

Je nach Zusammensetzung der Kernzielgruppe (Laufkundschaft / Stammkundschaft) bietet sich auch die Gründung und Betreuung eines Kunden-Clubs an. Es geht hier nicht um die Errichtung eines vergleichbaren Pendants zu den großen Kundenclubs mit eigener Mitgliedskarte inklusive Kreditkartenfunktion, Hochglanzmagazin, Internetauftritt und Hotline, sondern vielmehr um den Aufbau einer auch für kleine und mittelständische Unternehmen praktikablen Basislösung.

Als „Mitgliedsausweise" völlig ausreichend sind auf der Rückseite personalisierte Visitenkarten, die nach Eindruck der Kundendaten mit wischfester Folie überzogen werden. Die Kunden erhalten in festgelegten Abständen einen Newsletter (Kopien, E-Mail) in dem zum einen aktuelle Informationen über neue Produkte, Zubereitungstipps, Rezepte, Sonderaktionen Ihres Unternehmens und zum anderen regionale Informationen von Vereinen, Institutionen und auch anderen Unternehmen, die nicht in Konkurrenz stehen (Blumen, Reinigung, Apotheke, etc.), veröffentlicht werden.

periodisch erscheinender Newsletter

Durch die Kooperation mit anderen Anbietern oder auch Lieferanten können Sie die Kosten dieser Kundenmailings entsprechend senken und die Attraktivität erhöhen. Integrieren Sie auch hier wieder ein Preisausschreiben oder Gutschein-Coupons, um eine Rückmeldung Ihrer Kunden zu erhalten. Auch die Integration von Umfragen (Marktforschung) zu bestimmten Themen bietet sich an.

Kooperation mit anderen Anbietern und Lieferanten

Sie sehen, dass es in jeder Branche immer wieder neue interessante und vor allem relativ kostengünstige Möglichkeiten gibt, um sein Marketing interessant und effektiv zu gestalten.

2.2.3 Bekleidung

Bei meinen Aufenthalten in Nord-Holland genieße ich immer wieder die Shoppingtouren durch die vielen kleinen inhabergeführten Boutiquen. Selbst die von Großunternehmen unterhaltenen Filialketten haben hier eine komplett andere Ausstrahlung, werden von einer anderen Aura umgeben als viele Boutiquen in deutschen Städten. Es hat fast den Anschein, als ob in Deutschland das Hauptaugenmerk auf eine quantitative Optimierung der Verkaufsfläche und in Holland auf eine qualitative Optimierung gesetzt wird.

Nicht nur in den deutschen Modekaufhäusern finden sich überfüllte Kleiderständer und eine Kleiderständer-, Regal- und Verkaufstrogdichte, bei der nur schlanke Mitbürger ohne Einkaufstüten und vor allem auch ohne Kinderwagen eine Chance haben hindurch zu kommen. Von einem positiven optischen Eindruck will ich erst gar nicht sprechen. Die gerade an Wochenenden oft überfüllten Umkleidekabinen unterbieten meistens noch das Grundmaß einer mobilen Toilette und lassen viele von uns zu wahren Körperkünstlern mit atemberaubenden Verrenkungen werden. Von Ruhezonen oder wenigstens einer Sitzmöglichkeit, Spielecken für Kinder und Beschäftigungszonen für entnervte Männer hat der Bekleidungshandel in Deutschland noch nicht allzu viel gehört.

Ich skizziere an dieser Stelle wie gewohnt natürlich den Worst-Case. Aber mit dem Spaß am Einkaufen ist es vielfach nicht weit her. Da kann sich der Kunde auch getrost die gewünschten Bekleidungsstücke im Internet oder im Katalog auswählen, sich zusenden lassen und in den eigenen schön gestalteten und vor allem großen Räumen anprobieren und braucht nicht auch noch in der Kassenschlange zu stehen.

Gerade das Produkt Mode muss inszeniert werden Gerade das Produkt Mode muss inszeniert werden. Neben Schuhen gibt es kaum ein anderes Produkt – außer bei Männern das Produkt Auto – das so stark mit Emotionen behaftet ist und von daher auch mit und über Emotionen verkauft werden muss.

Die kleine Kaffeeecke mit Wasserspender, Keksen oder Bonbons und Magazinen (Wohnen, Mode, Technik, Lifestyle, je nach Genre und Kernzielgruppe des Geschäftes) findet man in Holland in fast jeder Boutique. Da die Mitarbeiter dort auch selber mal einen Kaffee mit Kunden trinken (dürfen), gibt es meistens eine kleine Sitzmöglichkeit oder zumindest einen Bistrotisch.

Räumlichkeit zum Verweilen und Austausch schaffen

Sehen Sie eine solche Einrichtung nicht als quantitativen Verlust, sondern als qualitativen Gewinn im Hinblick auf die Bildung eines Kundennetzwerks und die Nutzung dieser Informationsquelle. Je netter Sie die Kunden an Ihr Geschäft binden und sie dazu bewegen, nicht nur schnell hereinzukommen und nach einem ersten flüchtigen Überblick den Laden fluchtartig zu verlassen, umso wohler werden sie sich an Ihrem POS fühlen. Während des verlängerten Aufenthalts kann der Kunde noch den einen oder anderen Artikel entdecken.

Ladengestaltung, die einer bestimmten Inszenierung folgt

Apropos entdecken: Viele Kunden zählen zum Typ „Schatzsucher" und möchten bei ihren Shoppingtouren auf Entdeckungsreise gehen. Wie schon erwähnt, meine ich damit natürlich nicht das Suchspiel in überfüllten Ständern, in die man ein einmal herausgenommenes Exponat nur mit vieler Mühe wieder hineinbekommt. Ich meine vielmehr eine Ladengestaltung, die nicht auf den ersten Blick schon alle Produkte überblicken lässt, sondern einer bestimmten Inszenierung folgend immer wieder neue und auch überraschende Einblicke gewährt. Ein niederländisches Fotostudio hat ein Buch mit diversen vorbildlich eingerichteten Geschäften herausgegeben, das mir immer wieder auch als Ideenquelle dient (siehe Literaturhinweise).

Umkleiden werden bei Planung der Räumlichkeiten meist sehr stiefmütterlich behandelt, man braucht sie zwar, aber sie sollen bitte nicht so viel von der teuren Verkaufs- und Präsentationsfläche einnehmen. Auch die Ausstattung erinnert oft eher an einen Verschlag als an den Platz, an dem die zweite Kaufentscheidung getroffen wird. Die erste Entscheidung fällt bei der Durchsicht der ausgestellten Ware. Dabei wird lediglich entschieden, ob das Kleidungsstück an sich gefällt.

In Umkleiden fällt die eigentliche Kaufentscheidung Die viel wichtigere Entscheidung dagegen, ob das Kleidungsstück auch an der Person des potenziellen Käufers gefällt, wird jedoch während der Anprobe getroffen. Enge Kabinen (in Bezug auf die Kernzielgruppe Familie sollte man zusätzlich an eine Kabinengröße denken, die auch noch Platz für begleitende Kinder lässt), fehlende Ablagemöglichkeiten für die eigenen Utensilien und die ausgewählte Ware, fehlende Sitzmöglichkeiten, ungünstige Beleuchtung und mangelhafte Be- und Entlüftung, schlechte oder gar keine Spiegel und manchmal auch ein zu kleiner Sichtschutz stören die positive Kaufentscheidung erheblich!

Die mittlerweile mehrfach besprochene Kamerafahrt durch das eigene Ladenlokal werde ich an dieser Stelle nicht mehr im Detail darstellen. Nehmen Sie jedoch die Drehbücher der anderen Branchen als Vorlage (siehe Kap. 2.1 u. 2.2.2) und adaptieren Sie daraus Ihr eigenes Drehbuch. Treffen Sie sich mit Ihren Mitarbeitern und guten Bekannten oder auch Stammkunden und sehen Sie sich gemeinsam des gedrehte Video an. Notieren Sie dabei alle Äußerungen, die während der Vorführung gemacht werden und sprechen Sie die Diskussionspartner darauf an. Sie werden eine Reihe von Problemstellen entdecken können, wenn Sie bewusst mit nicht betriebsblinden Partnern arbeiten.

Auf das Thema Schaufenster- und Gestaltung des POS bin ich bereits in Teil II (Kap. 3.3) eingegangen. Dort finden Sie auch Anregungen für mode-und themenorientierte Schaufenstersonderaktionen. So entwickelt beispielsweise die Inhaberin einer kleinen Modeboutique regelmäßig gemeinsam mit dem Bühnenbildner des städtischen Schauspielhauses ihre ausgefallenen Dekorationen.

themenorientierte Schaufensterdekoration

Als Alternative zu normalen Flyern habe ich gemeinsam mit meinen Kunden Postkarten / Fotoabzüge erstellt, auf denen die Inhaber, Mitarbeiter und auch der ein oder andere Stammkunde die neue Kollektion präsentierte. Weil man mit Bekannten gearbeitet hat, war das Interesse an diesen Karten sehr groß und es gab regelrechte Sammler dieser „Werbung". Für die Gründerin eines Nähstudios wurden Stoffquadrate mit der Zackenschere ausgeschnitten und mit einem entsprechenden Werbeaufdruck versehen in die Briefkästen der regionalen Zielgruppe geworfen.

Die Kosten und der Aufwand einer Modenschau übersteigen oft die Kapazitäten einer kleinen Boutique. Außerdem ist die Erfolgsquote in Bezug auf die Rekrutierung von Neukunden eher mäßig. Suchen Sie sich deshalb Kooperationspartner, die im Bereich Mode (Dessous, Hochzeits-/Festmode, Kindermode, Pelze, Leder) und in den Bereichen Accessoires (Schmuck, Uhren, Brillen) und Design (Friseur, Kosmetik, Blumen, Wohndesign) Ihr Portfolio ergänzen und die gleiche Kernzielgruppe bedienen.

Kooperationspartner im Bereich Mode, die die gleiche Kernzielgruppe bedienen

Ein solches Projekt hat meine Agentur vor einigen Jahren ins Leben gerufen. Als Lokalität konnte ein Autohaus mit schönem und großem Showroom gewonnen werden und auch für die Bereiche Catering, Fotografie, Druck und Moderation fanden sich Kooperationspartner, die ihre Leistung kostenlos in das gemeinsame Projekt eingebracht haben. Jeder teilnehmende Partner konnte eine begrenzte Anzahl guter Kunden zu diesem VIP-Event einladen, und obwohl die Unternehmen alle eine ähnliche Zielgruppe hatten und dazu auch noch aus einer Stadt kamen, gab es kaum Überschneidungen auf den Gästelisten. Die Veranstaltung war somit nicht nur eine gelungene und für alle Teilnehmer günstige Produktpräsentation, sondern auch eine optimale Plattform für Empfehlungsmarketing in Reinform.

Kindermodeschauen und Playback-Shows für Kids

Im Segment Kindermoden bieten sich als Veranstaltungen Kindermodeschauen und Playback-Shows für Kids bzw. dem aktuellen Trend folgend natürlich Superstar-Contests an. Um Kindermodels zu rekrutieren wenden Sie sich direkt an Ihre Kunden und bei zu geringer Resonanz von dieser Seite an die regionalen Kindergärten und Schulen. Gegen einen kleinen Beitrag für die Klassenkasse und Einkaufsgutscheine für die kleinen Models verfügen Sie über engagierte Kinder und deren unterstützende Eltern. Auch bei der Suche nach Darstellern für die Musik-Contests können Ihnen zusätzlich zu Ihren Aushängen die jeweiligen Musiklehrer sehr behilflich sein. Arbeiten Sie so oft wie möglich sowohl bei Gewinnen, als auch bei kleinen Dankgeschenken in erster Linie mit Einkaufsgutscheinen. Einem Kindergarten hat unser Kunde nach einer solchen Modenschau einen großen Gutschein (150 Euro) für den Kauf einer Rutsche überreicht. Zu dieser Übergabe kam dann auch die regionale Presse sehr gerne.

2.2.4 Schuhe

Der Hauptnutzen dieses Kleidungsstücks, der Schutz der Fußsohle auf langen, steinigen Wegen ist in unserer meist laufarmen Zeit fast gänzlich weggefallen. Lediglich der Kälte-, Nässe- und Schmutzschutz ist als Nebennutzen geblieben. In den meisten Fällen hat das Tragen von Schuhen mittlerweile jedoch einen gesellschaftlichen und modischen Grund. Eine kleine Ausnahme bildet hier lediglich noch der Bereich der Sicherheitsschuhe, denn auch im Segment der Sportschuhe steht aufgrund hoher Qualitätsstandards der meisten Fabrikate nicht mehr der grundlegende Nutzen der Unterstützung der Gehwerkzeuge, sondern *Schuhe sind vielfach* die Imagepräsentation des Trägers durch Tragen einer bestimmten Mar- *Imageträger* ke im Vordergrund.

Schuhe sind mit Emotionen und Erinnerungen behaftet

Hinzu kommt, dass kein anderes Kleidungsstück in unserer Gesellschaft mit so vielen Emotionen und Erinnerungen behaftet ist wie der Schuh. Die ersten Schuhe eines Kindes gelten teilweise sogar als Glücksbringer, zumindest aber werden sie von den meisten Eltern aufbewahrt. Genauso ergeht es den ersten Ballettschuhen, Tanzschuhen, Kommunionsschuhen, Hochzeitsschuhen etc. Man definiert Menschen nach Ihrem Schuhwerk (Turnschuhträger, Birkenstock-Öko, Lackschuhträger etc.) und achtet nicht nur bei Bewerbergesprächen gerade auch auf die Schuhe des Gegenübers. Auch einige Sprichwörter und Redewendungen haben unsere Füße und Schuhe zum Inhalt.

Diesen Nutzenwandel haben viele Schuhgeschäfte allerdings immer noch keine Rechnung getragen. Von unromantischer Lageratmosphäre mit Schuhen, die lediglich nach Größe und Farbe geordnet in Holzregalen auf Käufer warten, bis hin zu nach Flowerpower und Handwerksbetrieb „riechenden" Schuhgeschäften im Stil der späten Siebzigerjahre findet man fast alles.

In der Regel sind es leider nur sehr wenige Unternehmen, die nicht mit Rabattschlachten (teilweise sogar bis 70 Prozent) oder „2 bis 3 Paare zum Preis von einem Paar Aktionen" versuchen, die lieblos und wenig kreativ gestalteten Verkaufsräume und Schaufenster zu überspielen.

Dabei ist Inszenierung gerade bei diesem am stärksten mit Emotionen aufgeladenen Kleidungsstück das A und O.

Ein ausgezeichnetes Beispiel für hervorragende Inszenierung von Schuhhaus-Schaufenstern liefert Lian Maria Bauer, die über einen Zeitraum von 8 Jahren für das Design des Schuhhauses REGINA SCHUHE in München verantwortlich zeichnete. In ihrem Buch „Szenerien", in dem sie am Beispiel des genannten Unternehmens hervorragende Hilfen und Anregungen für eine optimale Warenpräsentation auf der Bühne des Schaufensters präsentiert, finden sich auch sehr viele Abbildungen, die einen Eindruck von der wirklichen Inszenierung eines Schaufensters vermitteln. Eigentlich müsste dieses Buch neben einigen anderen (siehe Literaturhinweise) zur Pflichtlektüre jedes Einzelhändlers gehören.

Im Jahr 2001 lernte ich den Regionalleiter Verkauf einer Schuhhauskette kennen. Für einen Innenstadt-Standort suchte er eine Möglichkeit, die Kunden nicht wie die Mitbewerber nur über Rabatte zu binden und in das Schuhhaus zu locken, sondern mit Aktionen, die dem Thema Schuhe in seiner Vielschichtigkeit gerecht werden.

zwei exemplarische Aktionen

Das Ergebnis waren zwei Aktionen, die in den Jahren 2001 und 2002 sowohl bei den Kunden, als auch bei den Medien großes Interesse hervorriefen.

„Schuhe mit Vergangenheit"

Die erste Aktion war mit dem Titel „Schuhe mit Vergangenheit" überschrieben. Die Kunden wurden dazu aufgefordert, ein Paar Schuhe, mit beziehungsweise in dem sie ein besonderes Erlebnis hatten, zur Verfügung zu stellen und die erlebte Geschichte niederzuschreiben. Beides, die Schuhe und die Geschichte, wurden dann im Schaufenster des Schuhhauses präsentiert. Mehr als 30 Exponate mit den unterschiedlichsten Stories wurden eingereicht und die besten drei prämiert.

Kunden schildern Kunden erlebte „Schuhbiographien"

Es war nicht nur für die Juroren, sondern auch für die vielen Kunden, die das Schaufenster während der einmonatigen Ausstellung besuchten, ein interessantes Projekt. Von einer Schülerin, die ihren Schulweg aus Sicht ihrer Stiefel niederschrieb, über einen Professor der örtlichen Universität, der einen bewachsenen Wanderstiefel (aufgrund der im Leder enthaltenen Salze blühte die Pflanze bereits im dritten Jahr) mit insgesamt 50 Din-A 4 Seiten Wandertagebuch einreichte, bis hin zu einer Kundin, die zwar eine Geschichte hatte, aber die entsprechenden Schuhe nicht mehr mitbringen konnte, weil sie die betreffenden Schuhe kurz nach dem Krieg endlich entsorgen konnte (sie hatte die frisch zugeteilten Schuhe während eines Bombenangriffs in einem Bunker in eine Ölwanne gestellt und musste die völlig verölten Schuhe wegen des herrschenden Mangels noch lange tragen).

Die Kosten dieser Aktion hielten sich in minimalen Grenzen, der Gewinn war dafür umso bedeutender. Die Berichterstattung in der regionalen Presse war umfangreich und hervorragend platziert.

„Schuhe im Profil"

Ausstellung eines Fotografie-Projekts zum Thema „Schuhe" in den Verkaufsräumen

Die zweite Aktion im Jahr 2002 stand unter Thema „Schuhe im Profil". Das musische Zentrum der Ruhr-Universität Bochum hatte im Vorjahr ein Fotografie-Projekt zum Thema „Schuhe" durchgeführt und bot sich an, die Exponate im Schuhhaus auszustellen. Das Team des Schuhhauses sorgte gemeinsam mit den Studenten für eine optimale Positionierung der Fotografien im gesamten Verkaufsraum und in den Schaufenstern. Um auch die Kunden zu integrieren, wurde gemeinsam mit einem Fotogeschäft ein Fotowettbewerb zum obigen Thema ausgeschrieben. Die Einsendungen wurden dann von einer professionellen Jury bewertet, ebenfalls ausgestellt und im Beisein der regionalen Presse und des Rundfunks prämiert.

sich mit inszenierten Aktionen und Kampagnen von den Mitbewerbern differenzieren

Diese zwei Beispiele machen deutlich, dass es genügend kostengünstige Möglichkeiten gibt, sich mit inszenierten Aktionen und Kampagnen von den Mitbewerbern zu differenzieren ohne das Rabatteranking zu toppen. Im Rahmen gezielter Kooperationen wird die Kernzielgruppe durch verschiedene Ansprechpartner kontaktiert und dadurch besser erreicht und überzeugender angesprochen.

Außerdem werden durch die Zusammenlegung der entsprechenden Potenziale (Unterstützung durch die jeweiligen Lieferanten, Integration der eigenen Werbemittel, Mitarbeiterpool etc.) die Kosten für entsprechende Aktionen stark minimiert. Nehmen Sie als Beispiel die zweite Aktion. Die Gewinne für den Fotowettbewerb (eine Digitalkamera, Einkaufsgutscheine für das Schuhhaus) wurden von beiden Partnern gestellt (mehr als eine Halbierung der Kosten, weil beide Partner die Produkte zum Einkaufspreis zur Verfügung stellen konnten) und Hinweise auf die Aktion in die eigene Werbung integriert: Beispielsweise wurden jeder Tüte mit Fotoarbeiten und jeder Einkaufstasche des Schuhhauses kleine Flyer beigelegt.

Überlegen Sie, welche potenziellen Kooperationspartner, z.B. aus den Bereichen Mode, Fotografie, Tanzschule, Musik, Accessoires, Schmuck und Sport Sie in der Nähe Ihres Schuhhauses haben und sprechen diese auf mögliche gemeinsame Aktionen an.

Um die Kosten für gute Schaufensterdekoration zu senken, suchen Sie sich ebenfalls „Tauschpartner". Bieten Sie Ihre Schaufensterfläche gegen eine freundliche Leihgabe des Partners an. Wenn das Fenster entsprechend thematisch inszeniert ist – und die Produkte nicht nur hineingestellt wirken –, profitieren beide Partner von einer solchen Aktion.

Führen Sie eine Kamerafahrt durch und füllen danach die bekannte To-do-Liste aus (siehe Kap. 2.1). Da sich die grundlegenden Regieanweisungen für den Film Ihres Unternehmens nicht verändern, möchte ich an dieser Stelle auf die Kapitel 2.1. und 2.2.2 verweisen und nur einige branchentypische Aufnahmepunkte aufführen:

Kamerafahrt durch Ihr Ladenlokal

- Sind die Außenwerbeanlagen technisch und optisch in Ordnung und aktuell?
- Sind die Schaufensterflächen sauber?
- Sind die Schaufenster reine Produktlager oder Produktinszenierungen?
- Sind die Dekoelemente sinnvolle „Bühnenaccessoires" oder nur Alibideko?
- Sind die Schaufenster zu jeder Tageszeit problemlos einsehbar oder gibt es störende Spiegelungen und schlechte Ausleuchtung? Ist die Ausleuchtung dem Thema angepasst?
- Riecht es im Schuhhaus nach Leder und Lederpflege (z.B. Bienenwachs) oder eher nach alten Schuhen?
- Sind ausreichend Sitzmöglichkeiten und Schuhanzieher vorhanden?
- Erhält der Kunde auch Accessoires (Pflegeprodukte u. Schnürsenkel) oder kennt das Verkaufspersonal zumindest Quellen dieser Accessoires?

Zum Schluss möchte ich Ihnen noch zwei interessante Aktionen als Anregung vorstellen.

Ein Schuhhaus in Nordholland hat sein Schaufenster komplett leer geräumt und hinter die Schaufensterscheibe eine zweite Plexiglasscheibe (Abstand ca. 20 cm, Höhe ca. 1,50 bis 2,50 m) montiert. Über einen festgelegten Zeitraum führte das Schuhhaus danach eine Umtauschaktion durch, bei der die alten Schuhe mit einer bestimmten Rabattsumme auf die neuen Schuhe angerechnet wurde. Die alten Schuhe musste der Kunde dann in den Zwischenraum im Schaufenster legen. Im Laufe der Aktion wuchs nicht nur der „Schuhberg", sondern auch die Resonanz der Konsumenten immer stärker. Zum einen pilgerten die Altbesitzer mit dem einen oder anderen Bekannten zum Schaufenster, um die eigenen alten Schuhe zu zeigen (ähnlich war ja auch der Effekt bei der Aktion „Schuhe mit Vergangenheit"), zum anderen führte diese Maßnahme zu einem „Ich-auch-Effekt" bei bisher noch nicht beteiligten Kunden.

Umtauschaktion für alte Schuhe

Ähnlich, aber etwas proaktiver angelegt ist die zweite Aktionsidee unter dem Motto „Zeigt her eure Schuhe!" Hierfür benötigen Sie eine selbstbewusste und wortgewandte Promoterin oder besser noch einen Promoter und eine Promoterin, die gemeinsam durch die Innenstadt streifen. Sie sollten schon auf den ersten Blick als „Schuhdetektive" Ihres Unternehmens erkennbar sein. Ebenso sollte die Aktion längerfristig angelegt sein. Mit einer Sofortbildkamera / Fotohandy / Videokamera und einem Gutscheinblock bewaffnet durchstreifen die beiden Detektive die

„Schuhdetektive" tauschen alte in neuen Schuhe um

Fußgängerzone und sprechen Passanten an (Zielgruppe vorher genau definieren), deren Schuhe schon etwas mitgenommen aussehen. Bei einer positiven Rückmeldung bieten die Promoter den Konsumenten dann an, ihre alten Schuhe im Schuhhaus gegen neue Schuhe (im Maximalwert von X) einzutauschen. Hier sollte es aufgrund der Art der Ansprache wirklich um einen 1 zu 1 Tausch und nicht um einen kleinen Anzahlungsgutschein gehen.

An jedem Aktionstag sollten maximal 1 bis 3 Passanten angesprochen werden. Die Aktion lebt von der Mund-zu-Mund-Propaganda und von der Wiederholungsfrequenz. Die getauschten Schuhe werden gemeinsam mit einem Foto des Tauschpartners am POS präsentiert. Als Sponsoren bieten sich hier selbstverständlich auch Lieferanten an.

2.2.5 Spielwaren

Welches Kind – und natürlich mit Ausnahmen auch welcher Mann – hat nicht mindestens schon einmal davon geträumt, eine unbegrenzte Shoppingtour in einem gut sortierten Spielwarenladen unternehmen zu können? Alle Spielsachen anschauen und ausprobieren und vor allem so viele wie gewünscht auch mitnehmen zu dürfen.

Nicht nur in der Advents- und Weihnachtszeit verfügen Spielwarengeschäfte über eine magische Anziehungskraft. Und dank der Marktbereinigung in den vergangenen Jahren gibt es in den meisten Mittel- und Oberzentren neben einigen kleinen Abteilungen in Kaufhäusern nur noch einen Anbieter dieser Branche.

Diese Tatsachen führen leider in vielen Fällen zur Umkehrung einer Weisheit von Oscar Wilde:

Unseren Feinden haben wir viel zu verdanken.
Sie verhindern, dass wir uns auf die faule Haut legen.

Das Fehlen direkter Feinde führt im Gegenteil auch oft dazu, dass man sich zufrieden auf die faule Haut legt. Natürlich ist das nicht ganz so ernst gemeint. Die Unternehmer stehen meist selber täglich in den Geschäften und bedienen ihre Kunden.

exemplarische Schilderung eines worst-case und eines best-case

Nein, die Folgen der fehlenden Konkurrenz stellt man an ganz anderer Stelle fest. In den nun folgenden Zeilen stelle ich Ihnen bewusst zwei Extreme gegenüber. Auf der einen Seite steht die zugespitzte Status-quo-Beschreibung, in die ich allerdings alle Negativpositionen hineingepackt habe und auf der anderen Seite zeichne ich Ihnen ein Bild von einem optimalen Spielzeuggeschäft, das ich allerdings in dieser Form leider auch noch nicht gefunden habe. Ich denke nicht, dass es ein Unternehmen dieser Branche gibt, auf das die eine oder andere Grenzbeschreibung zutrifft. Überprüfen Sie doch einmal Ihr Unternehmen auf die genannten Punkte und versuchen Sie es entsprechend der Unterpunkte zu benoten. Danach können Sie auch wieder die mittlerweile bekannte To-do-Liste zu Hilfe nehmen, um durch gezielte Maßnahmen eine Optimierung zu erzielen.

Worst-case-Szenario

Beginnen wir wieder mit der Außenansicht des Spielwarenladens. Die angebrachte Lichtreklame ist sachlich und führt in schwarzen Buchstaben auf weißem Grund die Firma des Unternehmens auf. Daneben gibt es noch eine mehr oder weniger große Vielfalt von Herstellerwerbeschildern. Die Schaufenster sind meist hoffnungslos mit Papp- oder Blisterverpackungen diverser Spielzeuge überfüllt, die aufgrund mangelnder Wechselintervalle teilweise schon stark ausgeblichen sind. Um der statischen Präsentation etwas Bewegung / Leben einzuhauchen befindet sich zwischen den Verpackungen eine solargetriebene Maschine bzw. Figur oder eine LGB-Eisenbahn, die dauerhaft ihre Runden im erweiterten Grundkreis abfährt.

ausgeblichene Papp- oder Blisterverpackungen

Betritt man nun das Ladenlokal hat man das Gefühl in einer Lagerhalle zu stehen. Irgendwo im Hintergrund dudelt der Regionalsender aus einem Radiorekorder und man versucht verzweifelt zwischen den vollgestopften Hochregalen das gesuchte Spielzeug zu finden. Ist man in der misslichen Lage, noch einen Kinderwagen oder Buggy mitführen zu müssen, steht man vor dem fast unlösbaren Problem, diesen einigermaßen wetter- und diebstahlgeschützt abstellen zu können. An ein Durchkommen mit dem Kinderwagen im Laden ist überhaupt nicht zu denken. Die schmalen Gänge sind schon verstopft, wenn sich zwei Personen einen Artkel etwas näher anschauen.

Ist man dann doch fündig geworden oder möchte sich das Kind (immerhin die Zielgruppe Nr. 1!!) einmal einige Verpackungen näher ansehen, erschallt aus dem Hintergrund der warnende Ruf: „*Aber bitte nicht alles anfassen! Wir wollen die Sachen schließlich noch verkaufen!*"

Bedürfnisse der Kernzielgruppe nicht berücksichtigt

Ein weiteres Problem taucht dann auf, wenn, was bei Kindern natürlicherweise häufiger passiert als bei erwachsenen Kunden, die Kinder plötzlich auf die Toilette müssen oder aber von einer verschmutzten Windel befreit werden müssen. Darauf sind viele Unternehmen nicht eingerichtet, obwohl es doch hier um die Bedürfnisse ihrer Kernzielgruppe geht!

An dieser Stelle beende ich die Schilderung des Worst-case und wende mich lieber der Schilderung des Best-case zu.

Best-case-Szenario

Schon von weitem erkennen Sie den Spielzeugladen an seiner interessanten Außenreklame. Ein einprägsamer Name und Leuchtschilder, auf denen nicht nur Kinder, sondern auch Erwachsene immer wieder neue Elemente entdecken. Die Schaufenster sind wie die Bilderbücher von Ali Mitgutsch spannend inszeniert. Die Dekoration jedes Schaufensters steht unter einem bestimmten Motto, bei dem die einzelnen Produkte in eine (Hinter-)Grunddekoration eingefügt werden.

Beim Betreten des Ladenlokals erhält jeder Besucher eine „Landkarte der Schatzinsel" oder eine „Seekarte von Atlantis". Die passende Bezeichnung entspricht der Grundgestaltung des Spielwarenparadieses, das die Besucher betreten. Im Ladenlokal gibt es nach den Grundsätzen der qualitativen und nicht der quantitativen Verkaufsflächenoptimierung gestaltete Produktinseln. Diese sind größtenteils nach Altersgruppen und teilweise nach Herstellergruppen sortiert aufgebaut. Der Lageplan ist zum einen Orientierungshilfe (Plan auf der Rückseite) und zum anderen findet der Besucher / Kunde Informationen über neue Produkte, Angebote und Aktionen. Auf einem ablösbaren Coupon tragen die Kunden neben ihren Kontaktdaten auch Wünsche, Verbesserungsvorschläge und Kritikpunkte ein. Jeder Coupon nimmt an einer monatlichen Verlosungsaktion von Einkaufsgutscheinen teil.

thematisch gestaltete Produktinseln

Auch die Einkaufskörbe/-wagen sind dem Stil der Innendekoration angepasst. Auf allen „Inseln" gibt es Teststationen, an denen verschiedene Spielzeuge ausprobiert und bespielt werden können (wie dies heute schon in vorbildlicher Weise von der Firma BRIO praktiziert wird!).

Teststationen, an denen verschiedene Spielzeuge ausprobiert und bespielt werden können

Das Verkaufspersonal trägt einheitliche, freundliche und zum Design des Unternehmens passende Kleidung und Namensschilder, auf denen die Vornamen verzeichnet sind. Die Mitarbeiter sind kinderfreundlich und pädagogisch geschult.

Neben einem Getränkespender steht den Kunden auch ein Sanitärbereich mit kindgerechten Anlagen und Wickeltischbereich zur Verfügung.

In Kooperation mit Partnern, die die gleiche Zielgruppe anvisieren, wird die Mitgliedschaft in einem eigenen Kundenclub angeboten, der auch ein eigenes Magazin herausgibt und ein Internetangebot offeriert. Die Club-Kinder erhalten anlässlich ihres Geburtstages einen Wertgutschein, den sie in einem der Partnerunternehmen einwechseln können und auf der Internetseite können sie anlässlich ihres Geburtstags für alle Freunde und Bekannten eine Wunschliste hinterlegen.

Club-Kinder erhalten anlässlich ihres Geburtstages einen Wertgutschein

In regelmäßigen Abständen finden im Spielzeuggeschäft gemeinsam mit den Kooperationspartnern Veranstaltungen zu diversen Themen statt. Lesungen und Vorführungen mit der örtlichen Buchhandlung, Vortragsveranstaltungen zu erziehungsspezifischen Themen mit Kinderärzten, Logopäden, Erzieherinnen, Ernährungsberatern und Therapeuten und Spielenachmittage mit den Repräsentanten der Hersteller sind nur eine kleine Auswahl möglicher Events.

Sicherlich ließe sich auch diese Aufzählung noch fortführen. Ich kann an dieser Stelle jedoch in erster Linie nur initiale Denkanstösse geben.

Auch in dieser Branche gilt: Beschäftigen Sie sich intensiv mit Ihrer Kernzielgruppe und setzen sich zum Ziel, diese zu begeistern.

Im folgenden Schaubild habe ich verschiedene Punkte des Best-case-Szenarios noch einmal aufgeführt.

Spielwaren 171

Werbung

Anzeigen
- mit Zusatznutzen
  - mit Bastelanleitungen zum Sammeln
  - zum Rätseln
  - zum Ausmalen
- mit Feed-back-Funktionen
  - Sammelcoupon
  - Gewinncoupon
  - Gutschein

Prospekte
- mit Zusatznutzen
  - Bastelanleitungen
  - Bauanleitungen (z.B. Lego)
  - Geschichten zum Nachspielen
  - Produktabbildungen zum Ausmalen
- altersgerechte Themenfelder
- Inszenierung

POS-Gestaltug

Schaufenster
- wechselnde Themenwelten inszenieren
- keine reine Produktaufreihung
- vernünftige Ausleuchtung
- Aktion + Bewegung

Verkaufsräume
- übersichtliche Themeninseln
- interessant + spannend
- Spielinseln, auf denen "neue" Produkte erspielt werden können
- kindgerechter Ladenbau
- regelmäßig wechselnde Inszenierungen auf einer Aktionsfläche
- freundlich und hell
- kinderwagengerechte Zwischengänge

Aktionen
- Themen: Kreatives Spielzeug, altersgerechtes Spielzeug, Familienspiele, Lernförderung mit Spielzeug
- Präsentationen in Kindergärten, Grundschulen, Krabbelgruppen
- Geburtstagsliste/Weihnachtsliste
- Spielnachmittag
- Aktion: Spielzeugdetektive
- Weihnachtsmann-Service

Personal
- pers. Eigenschaften
  - spielbegeistert
  - kinderfreundlich
  - lernfähig und lernwillig
- Outfit/Bekleidung
  - CI-gerecht
  - freundlich

Kundenbindung
- Kundenklub
  - regelmäßige Mailings
  - eigenes Magazin
  - Sonderaktionen
  - Kooperationspartner
  - Geburtstagsgruß
- Kundenkartei

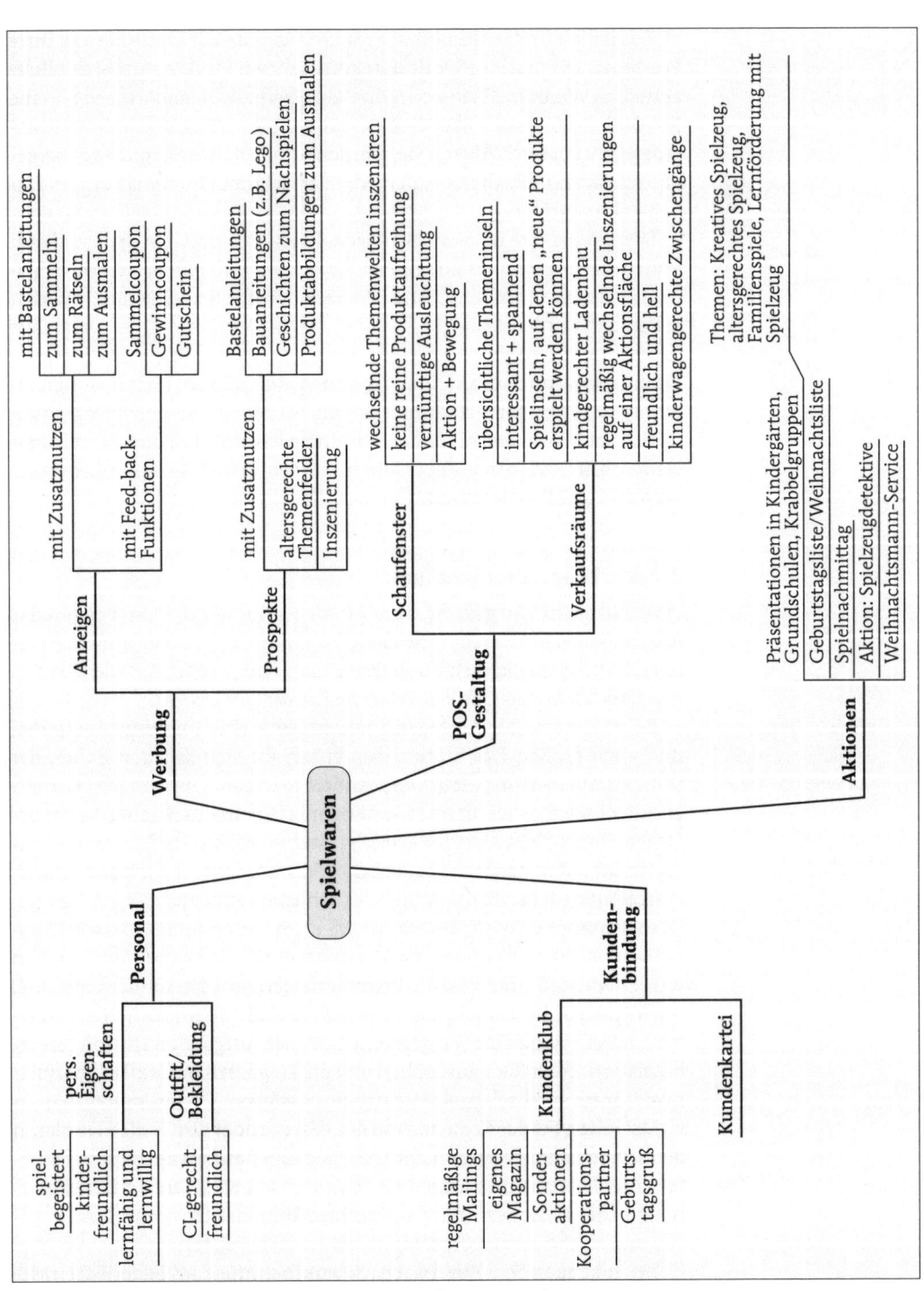

Abb. 4: Ideen für ein zielgruppenorientiertes Spielwarenangebot

Zusätzlich finden Sie dort aber auch Hinweise zur Optimierung Ihrer Werbung. Vergleichen Sie die dort aufgeführten Punkte einmal mit Ihrer aktuellen Werbung. Wie sehen Ihre Anzeigen zurzeit aus? Haben Sie eine persönliche Kontrolle über die Resonanz, die Ihre Anzeigen in Ihrer Kernzielgruppe auslöst? Wissen Sie, wie den Kindern Ihre Prospekte gefallen, ob diese länger behalten werden oder nach einem Durchblättern im Altpapier landen?

Werten Sie Ihre Medien (Anzeigen, Prospekte) mit den in dem Mind-Map genannten Modulen auf und Sie werden feststellen, dass Ihre Publikationen zu einem langfristig wirkenden Reminder (Erinnerer) für Ihre Kunden werden.

Zum Schluss noch ein kleiner Tipp zu Weihnachten: Bieten Sie den Eltern einen Weihnachtsmannservice an, bei dem Sie die gewünschte Ware nicht per Post liefern, sondern ab einem bestimmten Bonwert die Präsente ohne Aufschlag durch einen rotbemützten Geschenkebringer persönlich anliefern lassen.

2.2.6 Uhren und Schmuck

„Wer hat an der Uhr gedreht, ist es wirklich schon so spät?", so beginnt das Abschlusslied der Zeichentrickserie Bugs Bunny. In Bezug auf viele Uhren- und Schmuckgeschäfte könnte man entsprechend fragen: *„Ist es nun wirklich fast zu spät, hat keiner mal an der Uhr gedreht?"*

überfüllte Fenster, die dem Auge keinen Anhaltspunkt bieten

Beim Blick in die Auslagen so mancher kleinen, mittelständischen und auch großen Filialunternehmen scheint sich seit den Zeiten der Schwarz-Weiß-Filme nicht viel geändert zu haben. Die Farbe der Hintergrunddeko hat zwar von rot zu weiß oder blau gewechselt, aber die Art der Dekoration sich in keinster Weise verändert. Massenhafte, jeden Millimeter Schaufensterfläche bedeckende Warenschau, die lediglich durch einige Aufsteller oder minimale Dekoaccessoires der jeweiligen Hersteller durchbrochen wird. Ein wahres Meer an Uhren und Schmuck-Exponaten überflutet das Auge des Betrachters. Selbst kleine Einzelflächen werden nicht für interessante Inszenierungen genutzt, sondern lediglich mit Ware gefüllt. Dabei haben sowohl die Ware Schmuck schon seit jeher und die Ware Uhr seit geraumer Zeit die Aufgabe zu faszinieren, zu begeistern, einen Reiz auszuüben und die Trägerin bzw. den Träger in seinem/ihrem modischen Auftritt zu unterstützen. Davon merkt man in vielen Fällen bei der Präsentation der Waren nicht viel. Viele Händler in den Innenstädten treten nicht professioneller auf als der Verkäufer gefälschter Markenuhren, der dem Touristen seinen „Uhren-Mantel" öffnet und ihn zwischen linker und rechter Mantelseite wählen lässt.

Dabei geht es auch völlig anders. Sowohl Schmuck als auch Uhren, die ich gerade in der heutigen Zeit mehr dem Segment Schmuck als dem Segment „Gebrauchsgegenstand Zeitmesser" zuordnen würde, haben viele verwandte Themenfelder und sind mit zahlreichen positiven Assoziationen verknüpft. Da ist eigentlich kein Platz für kalte, langweilige und sachliche Präsentation.

Als Dekorations- und Gestaltungsthemen für Schmuck- und Uhrenfenster bieten sich an:

- Erdgeschichte / Geologie
- Juwelen und Edelsteine
- Bergbau / Gewinnung von Edelmetallen
- Goldrausch und Silberminen
- Herkunftsländer
- Zeitgeschichte
- berühmte Menschen und ihre Uhr(en) / ihr Schmuck
- „Frühstück bei Tiffany's", „Diamonds are the girls best friends" und andere Kinofilme mit entsprechenden Themen
- Sonnenuhren, Eieruhren, Stechuhren, Kirchturmuhren, Spezialuhren
- Handarbeit, Mechanik, Präzision
- Lifestyle, Wohlstand, Reichtum

Wählen Sie eines dieser Themen und dekorieren Ihre Schaufensterflächen dementsprechend einheitlich. Sie können auch für jedes der Schaufenster ein anderes Unterthema wählen. Zum Oberthema „Berühmte Personen und ihr Schmuck" dekorieren Sie beispielsweise jedes Schaufenster nur in Bezug auf eine Person oder eine Personengruppe mit gleichem Hintergrund (alle Schauspieler, alle Politiker, alle Wissenschaftler) und deren jeweiligen Schmuck-Exponate. Da Sie meist nicht an Originale kommen können, präsentieren Sie Fotos, Kopien, Zeichnungen und jeweils einen passenden Gegenstand Ihrer aktuellen Kollektion. Zum Oberthema „Handarbeit und Präzision" drapieren Sie die Werkzeuge oder eine Auswahl der wesentlichen Werkzeuge, die zur Herstellung des jeweiligen Exponats benötigt wurden / werden. Zusätzlich können Sie anhand von Fotos die einzelnen Entstehungsstufen dokumentieren.

themenspezifische Schaufensterdekoration

Beziehen Sie auch Ihr Ladenlokal, den POS, in diese Themeninszenierung mit ein. Sparen Sie (Dekorations-)Kosten dadurch, dass Sie neben Herstellern und Lieferanten auch andere Materialquellen nutzen und einbeziehen. Je nach Thema kontaktieren Sie entsprechende Museen, Botschaften, Interessensvertretungen, Verbände, Sammlerclubs, Universitäten, Buchhandlungen, Fotografen und Zeitschriftenverlage und

das Ladenlokal in die Themeninszenierung mit einbeziehen

bitten Sie diese um kooperative Unterstützung und gemeinsame Präsentation des Themas. Sie sparen dadurch eine Menge an Zeit und Materialkosten und erhalten zum Teil ein wesentlich besseres oder überhaupt ein Presseecho in Form von redaktionellen Beiträgen über Ihre Aktion.

Beteiligen Sie Ihre Kunden mit Preisausschreiben zum Thema an den jeweiligen Aktionen

Beteiligen Sie auch immer wieder Ihre Kunden und Interessenten mit Preisausschreiben zum Thema an den jeweiligen Aktionen.

Inszenieren Sie Ihre Produkte so, wie es ihrer Natur gemäß ist, denn Sie haben ein hohes Potenzial dafür und entwickeln Sie Ihr Unternehmen so von einer Abverkaufsstelle für Modeaccessoires zu einer geheimnisvollen und faszinierenden Schatzkammer für moderne und qualitätsbewusste Kunden.

2.2.7 Unterhaltungselektronik

Nicht nur die großen Discounter der „*Geiz-ist-geil*"-Kategorie, sondern auch diverse oft noch günstigere Internethändler machen den wenigen verbliebenen Fachhändlern das Überleben sehr schwer. Dabei ist auch den großen Händler nicht daran gelegen, ihre Produkte zu den günstigsten Kursen abzugeben. Vielfach wird dem Kunden über entsprechende Massenwerbung und optische Aufmachung auch lediglich vorgegaukelt, dass er bei den Discountern die wirklichen Schnäppchen erstehen kann.

Auch an dieser Stelle weise ich darauf hin, dass eine reine Preisdiskussion oft nicht zu den erwünschten positiven Rückmeldungen der Kunden führt. Dank der Einkaufskooperationen sind zwar auch die meisten Fachhändler in der Lage, vergleichbare Preise anzubieten, ihre Hauptargumente liegen jedoch an anderer Stelle.

FACHKOMPETENTES PERSONAL, PROFESSIONELLER REPARATURSERVICE MIT HOL-/BRINGDIENST UND EINE GUTE PRODUKTKENNTNIS SIND DIE VERKAUFSARGUMENTE EINES FACHHÄNDLERS.

vielfach nicht mehr zeitgemäße Ausrichtung und Darstellung des Fachhandels

Nicht der viel zitierte Beratungsdiebstahl und die Dumpingpreise der Discounter sind das größte Problem, sondern vielmehr eine veraltete und nicht mehr zeitgemäße Ausrichtung und Darstellung des Fachhandels.

Viele Ladenlokale ähneln eher einem Lager oder noch schlimmer einem verstaubten Museum als einem modernen Fachgeschäft. Alte Werbedisplays der Hersteller und eine ebensolche historische Präsentation oftmals veralteter Produkte, defekte, nicht angeschlossene oder falsch eingestellte Vorführgeräte, staubige Bildschirme und der Geruch nach altem Staub auf heißen Röhren und Kondensatoren erinnern eher an den Besuch bei der Großmutter als an einen POS für Hightech-Geräte.

Es geht auch anders. Dafür müssen natürlich die oben genannten Missstände komplett beseitigt werden. Ein modernes, technisches Ambiente mit Themeninseln ist selbst in einem kleinen Ladenlokal realisierbar. Die zurzeit aktuellen Themen sind Espresso- bzw. Kaffeevollautomaten, Dolby-Surround-Sound, Mobile Connection (MMS, SMS, Bluetooth, WLAN) u.Ä. Die immer weiter fortschreitende Verknüpfung der einzelnen Multimediabestandteile – TV + Computer + DVD-Brenner + Dolby Surround in einem Gerät – weckt komplett neue Informations- und Servicebedürfnisse bei den Kunden. Der Fachverkäufer entwickelt sich immer mehr zum Multimediaberater.

Fachverkäufer als Multimediaberater

Wenn Sie die Besetzung einzelner moderner Fachbereiche nicht mit eigenem Personal realisieren können, kooperieren Sie doch über eine Shop-in-Shop-Lösung mit dynamischen und gut geschulten selbstständigen Verkäufern. Denken Sie bei Ihrer Präsentation natürlich auch wieder an Ihre Schaufensterflächen. Diverse Tipps und Anregungen dazu habe ich bereits in den anderen Kapiteln gegeben.

Kooperationen mit gut geschulten selbstständigen Verkäufern

2.2.8 Möbelhaus

„*Wohnst du noch, oder lebst du schon?*" fragt IKEA am Ende eines jeden Werbespots. Die schwedischen Möbelhäuser feiern Knut, Midsommer und inszenieren ihre Vorstellung vom Wohnen sowohl in ihren Katalogen, Werbespots, Anzeigen als auch am Point-of-Sale.

Ein Teil ihres Erfolges begründet sich nicht nur im hervorragenden Preis-Leistungs-Verhältnis der Produkte und dem Do-it-yourself-Erlebnis der Kunden beim Zusammenbauen, sondern auch in einer fast perfekten Inszenierung der Erlebniswelt Wohnen. Mit Ausnahme einiger Designermöbel-Showrooms haben die Schweden auf dem deutschen Markt schließlich fast eine Marktalleinstellung.

Inszenierung der Erlebniswelt Wohnen bei IKEA

Die „Konkurrenz" bietet entweder ein billiges Massensortiment in dekorationsloser Lagerhallenatmosphäre oder ein breites Vollsortiment an, allerdings oft auch nur in leicht dekorierter Massenpräsentation. Von der „Erlebniswelt Wohnen" ist da nicht viel zu spüren. Diese gleichförmig fade Darstellung findet sich dann auch in den Prospekten sowie im Internetauftritt wieder und ist Basis für die wenigen, meist sehr austauschbaren Veranstaltungen in den Möbelhäusern.

Es ist vielfach einfach unverständlich, wie man mit derart positiv emotional aufgeladenen Gütern wie Möbeln und Wohnaccessoires, so phantasielos arbeiten kann. Selbstverständlich gelten die Maßgaben des schmalen Budgets auch bei allen im Folgenden beschriebenen Impulsen und Konzeptideen. Es geht auch hierbei lediglich darum, vorhandenes Potenzial effektiver einzusetzen und mit Kreativität aufzuladen.

Prospekte und Kataloge mit eigenen redaktionellen Inhalten

Beginnen wir bei den Prospekten und Katalogen. Selbstverständlich geht es bei diesen Werbemedien darum, die Produkte zu präsentieren und den Kunden zum Kauf anzureizen. Aber wen soll die vielfach zu beobachtende willkürliche Anhäufung von Herstellerfotos kombiniert mit vielen verschiedenen Schrifttypen und -farben denn nun noch anlocken?

Präsentieren Sie eine „Vorher-Nachher-Story" eines Ihrer Kunden

Werten Sie Ihren Prospekt durch eigene redaktionelle Elemente auf. Präsentieren Sie in jeder Ausgabe eine „Vorher-Nachher-Story" eines Ihrer Kunden. Dokumentieren Sie anhand einer kleinen Homestory inklusive der entsprechenden Fotos, wie das neue Möbelstück oder die neuen Elemente die Einrichtung des Kunden bereichert und verändert. Zufriedene Kunden, und nur solche lassen sich auf so eine Aktion ein, sind immer ein sehr wichtiges und verkaufsförderndes Werbeargument. Der starre, leblose Produktschau-Prospekt wird so zu einem lebendigen Medium und führt dazu, dass die Empfänger des Prospektes dieses wesentlich intensiver und ausführlicher begutachten. Fügen Sie Dekorationstipps, Pflegetipps und andere hilfreiche Ratschläge Ihrer Fachleute und Mitarbeiter mit ein. In dieser Rubrik können Sie auch über Leserzuschriften Ihre Kunden zu Wort kommen lassen und dadurch in eine bidirektionale Kommunikation eintreten.

Einrichtung einer speziellen Kinderrubrik

Ermitteln Sie Ihre Kernzielgruppe(n) und fügen entsprechend spezialisierte Themen mit ein. Gehören z.B. Familien zu einer Ihrer Zielgruppen, so erreichen Sie durch die Einrichtung einer speziellen Kinderrubrik, dass die Prospekte von den Kindern regelrecht erwartet und allein deshalb schon nicht ungesehen im Altpapier verschwinden.

Zielgruppenspezifische Freizeit-, Gastro- und Veranstaltungstipps aus der Region und natürlich entsprechende Einrichtungslösungen und Innovationen sowie Veranstaltungshinweise auf empfehlenswerte Einrichtungs- und Dekorationsmessen sowie Antik- und Flohmärkte ergänzen diesen zusätzlichen Kundenservice.

Durch die Anreicherung mit redaktionellen Inhalten wird das reine Werbemedium für den Kunden positiv mit Mehrwert aufgeladen und das lustlose „Entsorgen" erschwert.

Inszenierung des Verkaufsortes Möbelhaus

Im zweiten Teil des Kapitels Möbelhaus setze ich mich mit dem Möbelhaus an sich, also dem so genannten POS (Point-of-Sale) auseinander. Zu Beginn habe ich meine Erfahrungen, Beobachtungen und die entsprechenden Empfindungen kurz geschildert. Wie auch z.B. im Textileinzelhandel steht bei den meisten Möbelhäusern die quantitative über der qualitativen Bewertung der Verkaufsfläche. Übersichtlichkeit und Inszenierung scheinen auch hier Fremdworte zu sein. Dabei sind Wohnzeitschriften und Wohnbücher, in denen Wohnwelten inszeniert und präsentiert werden, immer wieder begehrte Studienobjekte.

Verfolgt man in der Arztpraxis oder beim Friseur die Gespräche der Menschen, so interessieren beim Studium so gennannter Homestories der Stars und Sternchen nicht nur die Aussagen derselben, sondern viele Leute wollen auch sehen, wie diese „Promis" eingerichtet sind. Deshalb sollten auch Unternehmer, die ein Möbelhaus betreiben, sich diese Neugierde zunutze machen.

Eine Möglichkeit, die IKEA z.B. schon seit Jahren nutzt, sind Beispielwohnungen. Aus verkaufspsychologischer Sicht erleichtert man durch solche, dem Vorstellungsschema des Kunden wesentlich eher entsprechenden Präsentationsformen die Einfügung des Möbelstücks in die Wohnwelt des Kunden. Ein Sofa, das in einem Beispielwohnzimmer dekoriert ist, kann man sich auch in den eigenen vier Wänden leichter vorstellen, als eines, das in einer Lagerhallenatmosphäre zwischen 20 bis 30 anderen Sitzgelegenheiten auf einen Käufer wartet.

Ausstellung komplett eingerichteter Beispielwohnungen

Steigern Sie die Neugier Ihrer Kunden dadurch, dass Sie eine komplette „Wohnung" in regelmäßigen Abständen von verschiedenen Zielgruppen dekorieren lassen. Im nächsten Abschnitt gebe ich diesbezüglich noch einige Veranstaltungstipps zur Inszenierung der „Umzugsphasen" dieser Wohnung.

Kunden als Dekorateure

Rufen Sie abwechselnd Ihre Mitarbeiter und Kunden, aber auch regionale und andere Prominente auf, ihre Traumwohnung mit den im Möbelhaus vorhandenen Accessoires und Möbelstücken einzurichten. Zelebrieren Sie diese Aktionen regelrecht, indem Sie mit einer computergestützten Planung beginnen, die öffentlich auch ausgehängt oder sogar in einem Ihrer Prospekte präsentiert wird. Der Umzugstag wird ebenfalls publiziert und alle Kunden anschließend zu einer „Einweihungsparty" eingeladen.

Kunden zu einer Einweihungsparty der Musterwohnung einladen

Teilweise können Sie die „Renovierungsphase" auch für ein Kundenevent nutzen. Veranstalten Sie verschiedene Wettbewerbe im Rahmen der Tapezier- und Anstreicharbeiten, bei dem Kunden gegen Mitarbeiter, externe Fachkräfte oder eben die „Promis" antreten und Einkaufsgutscheine für Ihr Möbelhaus gewinnen können.

Renovierwettbewerb

Je nach Prominentenstatus des jeweiligen „Innenarchitekten" können die ausgewählten Ausstellungsstücke auch signiert und beim „Auszug" meistbietend versteigert werden – eine solche Aktion kombiniert mit einer Spende für einen entsprechend gewählten Zweck ist eine positive und beachtete PR-Maßnahme.

Abhängig von Ihrer Kernzielgruppe können Sie auch Schulklassen und entsprechende Vereine an einer Musterwohnungsaktion beteiligen. Nutzen Sie einfach den natürlichen Wunsch vieler Menschen, sich selbst und die eigenen Fähigkeiten in der Öffentlichkeit zu präsentieren und profitieren dadurch zusätzlich auch von den Beziehungsnetzwerken der jeweiligen Akteure. Denn die meisten Menschen, die nur sehr selten eine solche Chance haben, laden mit sehr viel Elan ihren gesamten Bekanntenkreis zu „ihrer" Veranstaltung ein und dadurch können Sie u.a. potenzielle Kunden erreichen, die Sie über Ihre sonstige Kommunikation nicht ansprechen konnten. Hinzu kommt die durchweg positive Auswirkung solcher Aktionen auf Ihr Unternehmensimage in der betreffenden Zielgruppe.

Kontaktnetze der Akteure unter den Kunden nutzen

Eine weitere Möglichkeit besondere Aufmerksamkeit zu erzielen besteht darin, die Beispielwohnung spezifisch an einem aktuellen Thema auszurichten. Nehmen Sie die neue, viel beachtete Staffel einer beliebten Fernsehserie und präsentieren „So wohnt man (eine bestimmte Hauptfigur) in der Serie XY" oder wählen Sie ein Land aus, das gerade positiv im Fokus Ihrer Zielgruppe steht und stellen dar, wie das Pendant Ihrer Zielgruppe in dem Land lebt.

Deko-Accessoires in verschiedenen Preisklassen

Präsentieren Sie zu allen Wohnwelten und Themen auch diverse Deko-Accessoires in verschiedenen Preisklassen, sodass auch jeder „zufällige" Besucher immer etwas zum Mitnehmen finden kann. Ein bestimmter Anteil dieses Sortiments sollte immer nur befristet angeboten werden und ständig wechseln, damit Kunden auch zu häufigeren Besuchen Ihres Möbelhauses angeregt werden.

Shop-in-Shop-Konzepte

Zur Steigerung der Kundenfrequenz in Ihrem Möbelhaus und der Professionalität einzelner Angebote eignen sich Shop-in-Shop-Konzepte besonders gut.

Aktivieren Sie Ihre Kunden mit einem speziellen Dekorationsladen, einer Bilder-/Kunstgalerie, einer Pflanzenwelt, einem Haushaltswarenshop und auch diversen Technikshops zu den Bereichen Küchen-/Haushaltsmaschinen, Kaffeemaschinen oder TV/Hifi/Computer sowie einem „Putzprofishop", die natürlich alle an Ihrem Zielgruppenportfolio ausgerichtet sein müssen.

Entwickeln Sie eine „Stadt des Wohnens"

Entwickeln Sie Ihr Unternehmen so zu einem Zentrum für den gesamten Bereich des Wohnens. Zusätzliche Dienstleistungen zu den Themen Innenarchitektur, Versicherungen, Renovierung, Restaurierung etc. können über Sprechstunden in Ihrem Haus oder direkt in Dienstleistungsbüros im Nahbereich Ihres Möbelhauses angeboten werden. Eine „Stadt des Wohnens", die sich nur mit Möbelangeboten und entsprechenden Accessoires begnügt, ist auf Dauer zu schmal angelegt und genügt dem, durch den Begriff „Stadt" assoziierten Eindruck und ausgelösten Vorstellungen in keinster Weise.

Möbelhaus als Bühne für Wohnwelteninszenierungen

Im letzten Abschnitt dieses Kapitels präsentiere ich Ihnen einige weitere Anregungen und Konzeptbeispiele zu Veranstaltungen in einem Möbelhaus. Beleben Sie Ihr Unternehmen, indem Sie Ihr Möbelhaus als Bühne für Wohnwelteninszenierungen nutzen.

themenspezifische Veranstaltungen in den einzelnen Abteilungen

Wenden wir uns zuerst den verschiedenen Abteilungen bzw. Zimmern zu. In jeder Abteilung lassen sich themenspezifische Veranstaltungen inszenieren. Suchen Sie sich aus Kostengründen, zur Erleichterung der Planung und Durchführung und zwecks Erweiterung der angesprochenen Zielgruppe mithilfe der Kunden des jeweiligen Partnerbetriebes Kooperationspartner aus Ihrem Unternehmensumfeld oder Netzwerk.

Zapping-Show in der Wohnzimmerabteilung

Gemeinsam mit einem Radio- und Fernsehgeschäft können Sie z.B. in Ihrer Wohnzimmerabteilung eine Zapping-Show durchführen. Gewinnen Sie einen regionalen Prominenten und einen bekannten Regional-Radiomoderator für diese Veranstaltung, bei der Sie in einer Wohnzimmerkulisse die neuesten Fernsehsessel testen und promoten und dabei diverse Fernsehshows in Ausschnitten ansehen und gemeinsam bissig, witzig und interessant kommentieren. Je nach Zielgruppe statten Sie die Gesprächspartner mit XXL-Feinrippunterhemden (über der normalen Kleidung zu tragen) in Ihrer Firmenfarbe inklusive Logo aus und spendieren Getränke und die typischen Fernsehaccessoires Chips, Flips und Weingummi auch für die zuschauenden Kunden. Beziehen Sie diese Kunden während der Veranstaltung immer wieder mit ein und bauen kleine Gewinnmöglichkeiten ein.

Im Schlafzimmerbereich können Sie mit Ihren Kunden – nicht nur mit Kindern – eine Kissenschlacht nach Punkten, einen Kissenweitwurf oder -zielwurfwettbewerb und einen Bettenbauen-Contest durchführen. *Kissenschlacht in der Schlafzimmerabteilung*

Der Hochzeitsmonat Mai bietet sich an, Brautpaare zu einem 24- oder 12-stündigen Aufenthalt ins Möbelhaus einzuladen. Wie in einer richtigen Wohnung werden sie im Ess- / Wohnzimmerbereich empfangen. Ein ausgezeichneter Koch einer regionalen Gastronomie zaubert ein mehrgängiges Menü für das Candlelightdinner in der Esszimmerabteilung. Nach einem anschließenden gemütlichen Abend in der Wohnzimmerabteilung verbringen die Gäste die Nacht in der Schlafzimmerabteilung des Möbelhauses. Je nach Absprache mit den Paaren und Ihren Vorstellungen können Videocams Bilder des Events auf Ihre Homepage übertragen oder Fotos nachträglich dort hinterlegt werden. Nach einem abschließenden ausgedehnten Frühstück im Bett oder wieder in der Esszimmerabteilung werden die Gäste mit einem Einkaufsgutschein als Hochzeitsgeschenk Ihres Hauses verabschiedet. *Beherbergen Sie ein Brautpaar in Ihrer Musterwohnung*

Eine durchaus kulturell ausgerichtete Veranstaltungsform ist das Event in der Schlafzimmerabteilung: „In bed with – das prominente Bettgeflüster!" Als Kooperationspartner bieten sich in diesem Fall Buchhandlungen, Kunstgalerien, Theater, Konzertveranstalter etc. an, die Ihnen den Prominenten zur Verfügung stellen. Ein Moderator und der Promi sitzen dabei auf einem Bett und tragen XXL Nachthemden / Schlafanzüge in Ihrer Firmenfarbe inklusive Logo und sprechen über das aktuelle Projekt des Prominenten, sein Leben, allgemeine tagesaktuelle Themen und natürlich über wohnungs- und schlafzimmerspezifische Themen („*Was lesen Sie vor dem Einschlafen?*"; „*Welche Bettwäsche bevorzugen Sie?*"; „*Wann haben Sie das letzte Mal im Bett gefrühstückt?*" etc.). *prominentes Bettgeflüster in der Schlafzimmerabteilung*

Im Bereich der Badezimmermöbel bietet sich eine Kooperation mit einer Sanitärfirma inklusive Badausstellung an. Gegenseitige freundliche Leihgaben und Hinweistafeln auf den Kooperationspartner sowie Infoveranstaltungen und Infotage an den jeweiligen POS erhöhen die Kundenkontaktmöglichkeiten und sorgen gleichzeitig für einen Imagegewinn beider Partner.

kinderspezifische Vorträge im Kinderzimmerbereich

Im Kinderzimmerbereich werden Infoveranstaltungen von Fachleuten zum Thema Wohnen mit Kindern durchgeführt. Dabei sind u.a. Themen zu den Bereichen „*Sicherheitsvorkehrungen im Wohnbereich für Kinder aller Altersstufen*", „*Kindgerechte Möblierung*", „*Der erste Schreibtisch*", „*Effektiver Stauraum für Spielzeug*", „*Ein Kinderzimmer für zwei*", etc. möglich. Um die Kosten für die Referenten so gering wie möglich zu halten, fragen Sie in den Kindergärten und Schulen oder auch bei anderen Institutionen nach, die sich intensiv mit Kindern beschäftigen.

Kinder malen ihr Wunschkinderzimmer

Rufen Sie zu einer Aktion Traumzimmer auf, bei der alle teilnehmenden Kinder zuerst einmal ihre Vorstellungen von einem Wunschkinderzimmer malen, fotografieren oder als Collage darstellen. Gemeinsam mit einer Fachjury wählen Sie dann die drei besten Entwürfe aus und laden die Gewinner ein, ihre Vorstellungen gemeinsam mit Ihren Mitarbeitern, den Herstellern und falls nötig externen Handwerkspartnern in Ihrer Kinderzimmerabteilung zu realisieren. Nach Beendigung der Ausstellung erhalten die drei Gewinner ihre Traumzimmer als Preis. Alle nicht umgesetzten Entwürfe werden während der Präsentationszeit ebenfalls ausgestellt.

Koch-Duelle zwischen Köchen regionaler Gastronomiebetriebe im Küchenbereich

In der Küchenabteilung können Sie eine ganze Reihe von Events durchführen. Neben Koch-Duellen zwischen Köchen regionaler Gastronomiebetriebe und Ihren Kunden oder auch nur zwischen Kunden sowie zwischen Ihren Mitarbeitern und Ihren Kunden führen Sie zu bestimmten Anlässen (Weihnachten, Ostern, Frühlingsanfang, Urlaubsdiät etc.) und Themen (Singleküche, Kochen mit Kindern, Sommerküche, Kochen in div. Ländern etc.) Kochvorführungen der regionalen Köche durch. Da jede derartige Präsentation immer auch eine gute Werbung für den jeweiligen Gastronomen darstellt, sind diese oft gerne zu einer Kooperation in dieser Form bereit. Lediglich die Materialkosten sollten geteilt oder komplett von Ihnen übernommen werden. Beziehen Sie auch bei solchen Koch-/Backvorführungen immer das Publikum mit ein und verlosen Sie sowohl Einkaufsgutscheine für Ihr Möbelhaus als auch Gutscheine der Gastronomie. Präsentieren Sie in Zusammenarbeit mit diversen Herstellern von Haushaltswaren und Küchengeräten (Tupperware, WMF, Vorwerk, Siemens, Krupps etc.) die neuesten Produkte und laden dazu alle potenziellen Kunden ein.

Neben diesen Beispielen für abteilungsspezifische Veranstaltungen lässt sich auch eine ganze Reihe allgemeiner „Möbelhaus-Events" durchführen. Gestalten Sie alle Konzeptionen so, dass immer das Themenfeld „Wohnen" im Mittelpunkt steht.

Schrankwand-Slalom- Parcours auf dem Kundenparkplatz

Als Wettbewerb im Außenbereich, z.B. auf dem Kundenparkplatz, bietet sich ein Schrankwand-Slalom-Parcours an. Dabei muss ein Kundenteam, das aus mindestens 2 Personen besteht, ein großes Möbelstück – am besten eben eine Schrankwand – sicher über einen Wettbewerbsparcours mit Hindernissen manövrieren. Die Schrankwand steht dafür auf Rollbrettern und kann so „leicht" geschoben werden. Bauen Sie die Hindernisse so auf, dass viele vorbeikommende Kunden auch zuschauen können. Die Tagessieger erhalten einen Einkaufsgutschein und die Stundensieger einen Satz Möbeltransportrollen.

Bei dem Wettbewerb „Die Transportprofis" muss eine bestimmte Anzahl an Kartons / Kisten und Accessoires in einem kleinen Mittelklassekombi verstaut werden. Auf dem Weg vom Lagerplatz zum Fahrzeug sollen auch wieder bestimmte Hindernisse überwunden werden.

Wettbewerb
„Die Transportprofis"

Achten Sie bei allen Wettbewerben mit Kundenbeteiligung immer darauf, das Verletzungsrisiko optimal zu minimieren und klären die Deckung der Versicherungsrisiken durch Ihre Veranstaltungshaftpflicht- oder Firmenhaftpflichtversicherung mit Ihrem Firmenkundenbetreuer ab.

Versicherungsrisiken abdecken

Auch für den Innenbereich gibt es einige sehr einfache, aber umso beliebtere Kurzwettbewerbe. Lassen Sie 2 bis 4 Kunden gegeneinander antreten und ein Kleinmöbel zusammenbauen (Nachttisch, kleines Regal, o.Ä.). Nicht nur die Beteiligten, auch die Zuschauer werden an dieser Aktion viel Spaß haben.

Möbelzusammenbau-Wettbewerb

Spielen Sie mit Ihren Kunden zur Präsentation eines neuen Stuhlmodells die klassische „Reise nach Jerusalem." 5 Kunden streiten sich dabei zuerst um 4 Stühle, die Rückenlehne an Rückenlehne im Quadrat stehen. Während Musik im Hintergrund läuft, gehen die Teilnehmer immer im Kreis um die Stühle herum. Stoppt die Musik, müssen alle Reisenden schnellstmöglich einen Sitzplatz finden. Wer keinen gefunden hat, scheidet aus. Nach jeder Runde wird jeweils ein Stuhl entfernt, bis zum Schluss nur noch ein Stuhl für 2 Teilnehmer zur Verfügung steht. Derjenige, der nun in den Genuss des Sitzplatzes kommt, darf den Stuhl mitnehmen. Fertigen Sie von jedem Gewinner ein Foto mit seinem Stuhl an und veröffentlichen diese in der nächsten Ausgabe Ihres Prospektes oder auf Ihrer Homepage.

„Reise nach Jerusalem"

Stellen Sie Ihr umfangreiches Know-how, bzw. das Wissen Ihres Unternehmensnetzwerkes in Kundenseminaren und Schulungen unter Beweis. Auch hierbei eignen sich alle Themen rund um das Oberthema „Wohnen":
- die Möbelreparatur
- die Möbelrestauration
- Möbel selber bauen
- Möbel dekorieren
- die optimale Möbelpflege
- alle Unterthemen zum Thema „Dekoration"
- die Präsentation von Möbeldesignern, Möbelherstellern, Entwicklungsgeschichten von einzelnen Möbelstücken

Kundenseminare und Schulungen

Berichten Sie mit einer Zusammenfassung des Seminars in Ihrem nächsten Prospekt von allen Veranstaltungen und geben Sie dabei immer auch

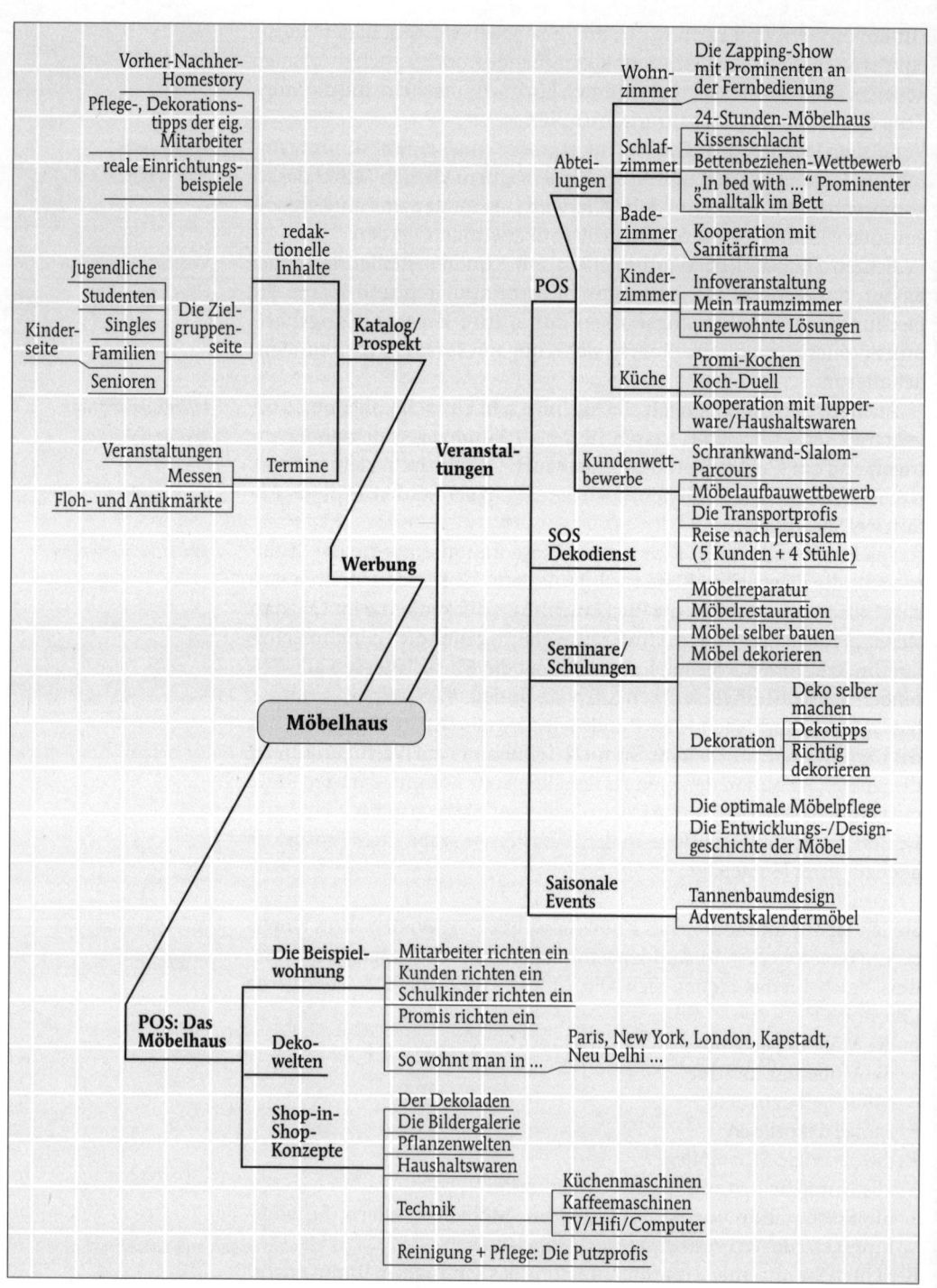

Abb. 5: Werbung, Aktionen und Events im Möbelhaus

Hintergrundinformationen über Ihre Kooperationspartner weiter. Auch das steigert Ihr Image in den Augen Ihrer Zielgruppe.

Zum Abschluss der Eventtipps weise ich noch auf bestimmte saisonale Veranstaltungsmöglichkeiten hin.

saisonale Veranstaltungsmöglichkeiten

Organisieren Sie eine bestimmte Anzahl an künstlichen Tannenbäumen und lassen diese von den Kindergarten-/Schulkindern der Region gestalten. Stellen Sie die so dekorierten Weihnachtsbäume in Ihrer Wohnzimmerausstellung auf und lassen Ihre Kunden über den schönsten Tannenbaum per Teilnahmekarten entscheiden. Die Gewinnergruppe erhält einen Zuschuss für Kindergarten- oder Schulmöbel. Der Sieger unter den abstimmenden Kunden erhält als Gewinn einen professionell dekorierten Tannenbaum und einen Einkaufsgutschein.

Als alternativen Adventskalender wählen Sie einen Schubladenschrank mit 24 Türen oder Schubladen. Beim Kauf erhält der Kunde nicht nur das Möbel, sondern in jedem fünften oder auch zehntem Schrank (je nach abschätzbarem Kundeninteresse) befinden sich 24 kleine Präsente aus den verschiedenen Abteilungen des Möbelhauses und den Shops. Alternativ könnte das Möbel auch mit einem 24-teiligen Besteck kombiniert werden, das auf die Schubladen verteilt wird. In der vierundzwanzigsten Schublade befindet sich dann noch zusätzlich ein Gutschein für ein Weihnachtsessen in einer kooperierenden Gastronomie.

Schubladenschrank mit 24 Türen oder Schubladen als alternativer Adventskalender

Angelehnt an diverse aktuelle Fernsehkonzepte bieten Sie doch aktionsweise einen SOS Dekodienst an. Ihre Kunden können sich mit akuten Dekorationsproblemen an Sie und Ihr Team wenden. Nach Sichtung der Einsendungen (mit Fotos!), entscheiden Sie sich, je nach Budget, für die publikumswirksamsten „Problemfälle" und dokumentieren diese samt der geschaffenen Lösungen Ihres Teams auf Videofilm und Fotos. Veröffentlichen Sie diese „Beweise Ihrer Unternehmenskompetenz" auch in Ihren Prospekten, im Möbelhaus und auf der Homepage.

Ein SOS Dekodienst bietet Hilfe bei akuten Dekorationsproblemen

Lassen Sie sich immer wieder neue Aktionen einfallen – und beteiligen aus Kostengründen Ihre Lieferanten und Kooperationspartner – und stellen somit Ihre Kompetenz und Ihr Know-how als Partner Ihrer Kunden in allen Belangen des Wohnens unter Beweis. Nur wenn Sie das Oberthema „Wohnen" optimal inszenieren, werden Sie auf Dauer erfolgreich sein.

2.2.9 Gartencenter und Blumenhandel

In einer einzigen Blume gibt es genug Material,
um Dutzende von Kathedralen damit auszuschmücken.
John Ruskin (englischer Kunstkritiker)

Ruskin bezieht sich in seiner Aussage auf die immateriellen Bestandteile einer einzigen Pflanze und gibt damit auch eine nachdenkenswerte Anregung für die Betreiber von Blumenläden und Gartencentern. Viele dieser Unternehmer profitieren alleine schon von der grundsätzlich positiven Ausstrahlung einer Ansammlung von Pflanzen und Blumen. Selbst eine lieblos aufgestellte Sammlung von Schnittblumen in einem langweiligen Ladenlokal oder einer Halle wirkt aufgrund der Assoziationen, die Blumen beim Betrachter wecken, positiv. Damit geben sich leider immer noch viele Unternehmer zufrieden.

viele assoziierbare Themengruppen

Dabei ist das Potenzial eines Blumenladens bzw. das eines Gartencenters wesentlich umfangreicher. Über assoziierte Themengruppen, z.B. Dekoration, Kunst, Hobby, Wellness, Gesundheit, Flora und Fauna, Tierwelten, Aquaristik etc. und auch die entsprechenden zusätzlichen Kundengruppen können nicht nur weitere Umsätze in den neuen Feldern erzielt werden, sondern über das verbesserte und interessante Image des Unternehmens lässt sich auch eine bessere Kundenbindung erzielen. Außerdem wird so die „Bühne Blumenhandel" auch wesentlich abwechslungsreicher inszenierbar. Um sich davor zu schützen, dass man in zu viele Bereiche vordringt, in denen man nicht über das nötige Know-how verfügt, kann man entweder auf Franchiseangebote zurückgreifen oder aber, ähnlich wie im Kapitel Möbelhandel bereits beschrieben, externen Unternehmern Shop-in-Shop-Konzepte anbieten.

Integration eines Cafes oder Bistros

Je nach Lage, Umfeld und Zielgruppe sollten Sie auch über die Integration eines Cafes oder Bistros nachdenken. Das sehr schön zu dekorierende Umfeld bietet sich für die Installation eines Tee-/Kaffeehauses geradezu an. Nutzen Sie eine solche Fläche und auch das direkte Umfeld als permanente kleine Leistungsschau Ihres Unternehmens.

In den folgenden Abschnitten gebe ich Ihnen einige Impulse für die Bereiche Events, Kinderaktionen, Kunden-Club, Kunden-Seminare und auch einige Anregungen für neue Angebote in Ihrem Unternehmen.

Events im Jahreszeitenturnus

Kundengarten-Contest

Das ganze Jahr bietet immer wieder Anlässe um besondere Events durchzuführen. Eine durchgängig durchführbare Aktion ist der Kundengarten-Contest. Rufen Sie Ihre Hobbygärtner-Kunden jeden Monat dazu auf, Entwürfe für eine kleine Gartenparzelle auf Ihrem Grundstück anzufertigen und einzureichen. Eine „professionelle" Jury bewertet die Entwürfe und der Gewinner kann seine Idee in dem aktuellen Monat in die Tat umsetzen. Als Dankeschön erhält er einen Warengutschein Ihres Unternehmens.

Alle nicht realisierten Entwürfe werden an einer Wand des Centers ausgestellt, und die Kunden können ebenfalls monatlich ihren Sieger ermitteln. Auch die Juroren sowie Kunden, die den Kundensieger empfohlen haben, erhalten Einkaufsgutscheine. Optional können Sie alle realisierten Entwürfe fotografisch dokumentieren und auf Ihrer Homepage z.B. als Kalenderfoto des Monats darstellen.

Ein sehr schöne und positive PR- und Werbeaktion ist die Wahl einer Miss Blumencenter als Blumenkönigin und Botschafterin. Schon die Bewerbung und auch die Wahl lassen sich als Spezialveranstaltung zelebrieren. Die Blumenkönigin kann das ganze Jahr in der Werbung, den Prospekten und auch auf regionalen Veranstaltungen als Sympathieträgerin eingesetzt werden.

Wahl einer Miss Blumencenter als Blumenkönigin und Botschafterin

Zu Beginn der Gartensaison, wenn der erste Rasenschnitt ansteht, können Sie als jährliches Highlight die Rasenmäher-Meisterschaften durchführen. Neben der Präsentation neuer Modelle und der Vermittlung von Tipps und Tricks durch Instruktoren der Hersteller führen Sie diverse Ausscheidungswettbewerbe in den Disziplinen Beschleunigungsrennen, Geschicklichkeitsparcours, Schaumähen, Figurenmähen und Synchronmähen durch. Eine besondere Herausforderung für alle Teilnehmer ist dann noch das Mähen mit der Sense. In Kooperation mit den Herstellern bieten Sie am Rande der Hauptveranstaltungen einen Vor-Ort-Reparatur- und Ersatzteilservice durch und laden alle Besucher zur Teilnahme an einem Preisausschreiben ein.

Rasenmäher-Meisterschaften

Die im April oder Mai beginnende Grillsaison starten Sie in Ihrem Betrieb mit den Gartencenter-Grilltagen. Involvieren Sie auch hierbei Ihre Lieferanten in die Veranstaltung. Diese haben die Möglichkeit, neue Grillgeräte, Zubehör und auch Grillkohle bzw. Grillholz zu präsentieren. Ein Brauerei-Ausschank und natürlich Fleisch und Würstchen vom Grill – in Kooperation mit einer regionalen Metzgerei – runden das Angebot ab.

Gartencenter-Grilltage

Auch hier können Sie für Ihre Kunden kleine Mitmachwettbewerbe organisieren:

kleine Mitmachwettbewerbe für Ihre Kunden

- Optimale Glut in kürzester Zeit, einmal mit und einmal ohne professionellen Grillanzünder
- Würstchen-Wettgrillen auf einem oder auch mehreren Grills (es gewinnen die drei Teilnehmer, die innerhalb von 10 Minuten die meisten Würstchen gegrillt haben)
- Grill-Kreationen-Wettbewerb (hierbei müssen die Teilnehmer aus diversen Zutaten die tollsten Spieße kreieren)
- Grill-Show-Wettbewerb (jeder Barkeeper lebt nicht nur von guten Cocktails, sondern auch von seiner Show, die er bei der Herstellung der Drink-Kreationen inszeniert; hier müssen die Grillmeister unter Beweis stellen, dass sie nicht nur leckere Grillprodukte erzeugen, sondern ihr Publikum auch unterhalten können; eine semi-professionelle Jury aus Zuschauern, einem professionellen Moderator und einem „Show-Profi" bewerten die Teilnehmer)

Als weitere Programmpunkte eignen sich ein Glücksrad und natürlich ein Preisausschreiben sowie diverse Info- und Aktionsstände zum Thema Gartenparty (Ausstattungsverleiher, Getränkehersteller und -vertreiber, Cocktailstand, Gartenbeleuchtung etc.).

Vor Beginn und nach dem Ende der Urlaubssaison können Sie Sehnsüchte wecken bzw. die positiven Erinnerungen der Kunden noch

Themengärten typische Urlaubsregionen

einmal hervorrufen, wenn Sie in einer Art Themengärten typische Urlaubsregionen und ihre Vegetation für den Innen- und Außenbereich präsentieren. Auch für diejenigen, die ihren Urlaub auf „Balkonien" verbringen, sind für diese Impulse empfänglich und können sich so einen kleinen Teil ihres Wunschreiselandes im eigenen Wohn- und Lebensbereich nachbauen.

Reiseziele als Thema einer Aktionswoche

Reiseziele können auch das Thema einer Aktionswoche sein. Dabei weiten Sie die im letzten Abschnitt erwähnte reine Dekorationsaktion zu einem umfassenden Event aus. Grundlage bildet auch hier wieder die Kombination aus einem Schaugarten und einem gestalteten Innenbereich. Optimal wäre natürlich, wenn diese beiden Bereiche direkt ineinander übergehen würden.

Trennen Sie im Innenbereich den Themenbereich durch eine landestypische Kulisse vom restlichen Ausstellungsbereich ab. Innerhalb der Kulisse finden die Kunden themenspezifisch Einrichtungsgegenstände und Accessoires. Durch eine Tür betritt man dann den Garten / Park des Themenhauses, der an den Grenzen auch wieder sichtbar abgetrennt ist.

Alle Aktionen, die zusätzlich während der gesamten Woche und verstärkt am Wochenende stattfinden, nutzen diese inszenierte Fläche als Bühne. Binden Sie verschiedene regionale Unternehmen in solche Aktionen mit ein. Gemeinsam mit einem Möbelhaus und einem Dekobedarfshandel realisieren Sie die Innenbereiche. Eine regional ansässige Dekoschule oder die Bühnenbauer eines Theaters oder Schauspielhauses können Ihnen wertvolle Tipps geben und möglicherweise auch Unterstützung liefern. Die Botschaft des jeweiligen Landes und ein Reisebüro sind als Informanten ebenfalls sehr hilfreich. Laden Sie die Botschaft zur Eröffnung und das Reisebüro zur Durchführung von Infoveranstaltungen ein. Aktionen mit einem Wein- und Spezialitätenhändler sowie einem Restaurant mit landestypischer Küche ziehen ebenfalls viele Kunden an. Vielleicht besteht sogar die Möglichkeit, am abschließenden Wochenende ein richtiges landestypisches Fest zu feiern.

Beteiligen Sie Ihre Kooperationspartner an den Werbekosten und nutzen deren Material, Know-how und vor allem auch deren Kundenpotenzial und Image. Bieten Sie sich gegenseitig auch in Zukunft Werbeplattformen in ihren Unternehmen und möglicherweise auch bei ihren zukünftigen Werbeaktionen. Grundlage für eine kostengünstige Durchführung einer solchen Aktionswoche ist ein breit gefächertes, gut funktionierendes Unternehmernetzwerk.

Aktionen mit Kindern und für Kinder

Eine interessante Zielgruppe stellen Kinder dar. Zum einen steht hinter Kindern bekanntlich ein größeres Netzwerk von Eltern, weiteren Familienangehörigen, Kindergärten, Schulen und Vereinen und zum anderen finden Aktionen, bei denen Kinder im Mittelpunkt stehen, auch bei der Tagespresse immer eine positive Resonanz. Zu beachten ist natürlich, dass die Kinder nicht als Mittel zum Zweck der besseren Vermarktung missbraucht, sondern als gleichwertige Kundenpartner (das Kind von heute ist Ihr Kunde von morgen!) ernst genommen werden. Haken Sie also das Thema Kinderbetreuung nicht mit einer billigen Hüpfburg ab und werben auch noch großzügig damit, sondern kreieren Sie Programmpunkte die thematisch passend und zielgruppengerecht gestaltet sind. Im folgenden Abschnitt gebe ich Ihnen dazu einige Anregungen.

Laden Sie die in Ihrem Unternehmensumfeld ansässigen Schulen zu Betriebsbesichtigungen ein und bieten Sie in Kooperation mit den Biologielehrern Infoveranstaltungen zu diversen Gartenthemen an. Unterstützen Sie die AGs oder Klassen bei der Anlage und Pflege eines Schulgartens oder bieten Unterstützung bei der Versorgung der Klassenpflanzen während der Ferienzeiten.

Betriebsbesichtigungen für Schulen und Kooperationen mit deren naturwissenschaftlichen Fachbereichen

Auch die regionalen Kindergärten sind gute Kooperationspartner. Mit ihnen können Sie ebenfalls Informationsveranstaltungen mit und für Eltern, Kinder und Erzieher durchführen und diese in Ihr Unternehmen einladen. Da fast jeder Kindergarten auch über eine Freifläche mit Garten verfügt, können Sie gemeinsam mit dem Kindergarten ein Gartencenter-Beet anlegen. Veranstalten Sie dazu eine Bewerbungsphase für alle Kindergärten der Stadt, bei der die Kinder ihre Vorstellungen von einem Beet / Garten malen oder gestalten sollen. Diese Exponate können Sie dann in Ihrer Werbung, am POS und im Internet ausstellen. Jede teilnehmende Einrichtung erhält ein Kindergarten-Beet-Paket mit kindgerecht gestalteter Anleitung, Werkzeug, Saatgut, Anzuchthilfe und natürlich eine kleine Aktionstafel mit der jeweiligen Aktionsnummer des Kindergartens und Ihrem Firmenlogo. Während der Realisierungsphase besucht immer wieder ein Mitarbeiter Ihres Unternehmens die Kindergärten und gibt Tipps und Informationen weiter. Zum Abschluss der Aktion werden alle Beete inspiziert und die schönsten Anpflanzungen dann auch prämiert. Eine Begleitung dieser Aktion in den regionalen Medien ist fast immer sicher. Sprechen Sie die Redaktionen auch auf eine Medienpartnerschaft für diese positive Aktion an. Alternativ oder zusätzlich können Sie monatlich jeweils eine Einrichtung einladen, ein Kindergartenbeet in Ihrem Unternehmen anzulegen und zu pflegen.

Gartencenter-Beet im Kindergarten

Saisonal motiviert rufen Sie die Kinder und ihre Eltern auf, in Ihrem Unternehmen an einem Adventskranzbastelkurs oder einem Tannebaumdekowettbewerb teilzunehmen.

Kundenseminare

Offerieren Sie Ihr Know-how und die Kompetenz Ihrer Mitarbeiter nicht nur den Schulen und Kindergärten, sondern auch der restlichen aktuellen Klientel und anderen Interessenten. Sprechen Sie mit der ortsansässigen VHS über Möglichkeiten, unternehmensspezifische Kursthemen anbieten zu können und planen Sie solche Seminare und Vorträge abhängig von der Größe der Ihnen zur Verfügung stehenden Räume auch für eine Durchführung im eigenen Betrieb.

Die Angebotspalette reicht dabei von fünf bis zehnminütigen Kurzseminaren, die während der normalen Öffnungszeiten mehrmals am Tag angeboten werden können bis hin zu Nachmittags- oder Abendseminaren, die über einen Zeitraum von ein bis drei Stunden laufen. Im Rahmen der Blitzkurse können u.a. folgende Themen angeboten werden:

zehnminütige Kurzseminare

- Schnittblumenpflege
- Sträuße binden
- Pflege von Kunstblumen
- Wohnraumgestaltung mit Zimmerpflanzen und frischen Blumen

Nachmittags-, Wochenend- oder Abendseminare

Umfangreichere Themen, wie *„Die Gestaltung eines Gartens", „Das Anlegen eines Gartenteiches", Ökologischer Umgang mit Ungeziefer", „Baum- und Strauchpflege"* oder *„Mein Gartenhaus"* gehören eindeutig in den Bereich der Nachmittags-, Wochenend- oder Abendseminare. Alle Teilnehmer sollten dabei auch ausführliche Informations-/Seminarunterlagen (mit dem Logo Ihres Unternehmens!) und je nach Thema auch Proben erhalten. Um die Maßnahme zu qualifizieren, sollten Sie über einen kleinen Unkostenbeitrag, z.B. für die Unterlagen / Proben nachdenken. Dieser kann dann bei einem themenspezifischen Einkauf (Gartenteichseminar – Kauf von Zubehör für einen Gartenteich) wieder verrechnet werden. Wenn Sie bereits einen Kunden-Club installiert haben, können die Mitglieder dieses Clubs entweder kostenfrei oder gegen Zahlung einer ermäßigten Gebühr an einem Seminar teilnehmen.

Gründung eines Kundenclubs

Damit sind wir auch schon beim nächsten Themenbereich „Kundenclub". Bei diesem Begriff denken viele Unternehmer nur immer an die kostenaufwändigste Version mit eigener Plastikkarte inklusive Bezahlfunktion. Dabei gibt es mittlerweile so viele verschiedene Varianten, dass für fast jedes Budget etwas dabei ist. Selbst die einfache klassische Variante, bei der der Kunde die Kassenbelege sammelt und zu bestimmten Stichtagen zur Verrechnung einreicht, erfüllt den Zweck der Kundenbindung. Auch wenn Sie die Rabattfunktionalität einmal komplett ausschließen, kann ein Kunden-Club auch für Ihre Kunden sehr interessant sein.

aktuelle Adressdatenbank

Ihr eigener Vorteil liegt eindeutig darin, dass Sie über einen Kundencub eine aktuelle Adressdatenbank (Name, Straße, Ort, Telefonnummer, Mobiltelefon, E-Mail, Geburtstag, Haushaltsgröße, Lieblingspflanze/-blume) erstellen können, die, wenn sie regelmäßig gepflegt wird, auch die Streuverluste Ihrer Werbung minimieren kann. Sie schaffen sich mit dem Club eine Kommunikationsplattform, über die Sie Ihre Kernzielgruppen optimal ansprechen können.

Kommunikationsplattform um Kernzielgruppen optimal ansprechen zu können

Ihre Club-Mailings und auch Ihr Club-Magazin müssen mit redaktionellen Bestandteilen aufgewertet werden und so das Segment der Produktkataloge und Prospekte verlassen. Arbeiten Sie auch in diesem Bereich eng mit Ihren Netzwerkpartnern zusammen und integrieren Sie diese mit ihrem Know-how und ihren interessanten und publikumswirksamen Themen in Ihre Veröffentlichungen. Erfragen Sie im Rahmen von Preisausschreiben regelmäßig die Meinung Ihrer Kunden über Ihr Image, Ihren Unternehmensauftritt, den Service, die Angebotspalette, die Kundenfreundlichkeit und auch die Wünsche der Kunden bezüglich neuer Produkte und Services. Je nach Kundenstruktur bieten Sie Premiumkunden ein kostenloses Zeitschriftenabonnement eines Fachmagazins an.

Neue Produkte und Angebotsformen

Beobachten Sie regelmäßig Ihre Mitbewerber und auch internationale Branchenkollegen sowie andere Branchen und suchen Sie zusammen mit Ihrem Team nach neuen Produkten und Angebotsformen. Kombinieren Sie – und nicht nur die Hersteller – verschiedene Produkte miteinander und bieten Ihren Kunden Paketlösungen an.

Offerieren Sie „Das Balkonpaket" (mit Balkonkästen inkl. Halterung, Blumenerde, Dünger, abgestimmten Pflanzen und einer kleinen Anleitung), „Das Rasenpaket" (optional einen Rasenmäher, Rasenlüfter, Kantenschneider, Rasensamen, Dünger, einem Rasensprenger und eine kleine Anleitung), „Das Kräuterbeetpaket" (Kräutersamen, Anzuchthilfe, Blumenerde, Werkzeug, Salatschüssel und Besteck und ein Kräuterrezeptbuch) oder auch ein bestimmtes „Paket des Monats". In Kooperation mit einem regionalen Buchhändler stellen Sie ein Regal mit aktueller Gartenliteratur auf. *Paketlösungen anbieten*

Als Schnittblumenanbieter offerieren Sie Ihren Kunden Abonnements, bei denen der Kunde in einem bestimmten Turnus mit frischen Blumen versorgt wird. *Abonnements für Schnittblumen*

Ihre Zielgruppe sind dabei nicht nur Privathaushalte, sondern vor allem auch Unternehmen. Bieten Sie in diesem Zusammenhang eine Blumen-Typberatung an, bei der Sie vor Ort anhand einer Typanalyse die optimale Blumenkollektion ermitteln. Berücksichtigen Sie dabei die Mitarbeiter und deren Vorlieben und Typen, die Lokalität und auch die Corporate Identity des jeweiligen Unternehmens. Entwerfen Sie dementsprechend einen kleinen Pflanzen-CI-Ratgeber nur für dieses spezielle Unternehmen, in dem die Empfehlungen für die Wahl der Pflanzen und Blumensträuße und die jeweiligen Begründungen aufgeführt sind. Ergänzen Sie dies um Hinweise über die CI-gerechten Blumensträuße für diverse Anlässe (Kundengeburtstag, allgemeines Kundenpräsent, Mitarbeiterhochzeit, öffentlicher Auftritt, Preisübergabe an Kunden, bis hin zum Trauergruß). *Pflanzen-CI-Ratgeber für spezielle Unternehmen entwerfen*

Gerade in einer Branche, in der es um kreative Produkte geht, sollte auch die Präsentation der Produkte und die Gestaltung des Kundenkontakts optimal inszeniert werden.

Gartencenter

Events

- **Grill-Tage**
  - Brauerei-Ausschank
  - Glücksrad
  - Preisausschreiben
  - Präsentation: Grillholz, Holzkohle, neue Grillgeräte
  - Metzgerei
- **Mexiko**
  - Kakteen
  - Mexikanisches Restaurant
  - Mexikanische Combo
  - Tequila
  - Reisebüro
- **Urlaubsländer** — Schaugärten + Aktionen
  - Italien
  - Frankreich
  - Spanien/Mallorca
- **Deutsche Rasenmäher Meisterschaften**
  - Beschleunigungsrennen
  - Geschicklichkeits-Parcour
  - Schau-Mähen
  - Präsentation neuer Modelle
  - Tipps + Tricks
  - Reparatur- und Ersatzteilservice
  - Sensen-Wettbewerb
  - Preisausschreiben
- **Miss Gartencenter/Blumenkönigin**
- **Kundengarten-Contest**
  - Ausstellung (Fotos + Lagepläne)
  - jährliches Event
  - Zeitraum: April–August
  - Gewinne: Einkaufsgutscheine
  - professionelle Jury
  - Kooperation mit Zeitung/Zeitschrift

Kunden-Klub

- **Klubkarte**
  - mit/ohne Beitrag
  - EC-Cash-Funktion
  - Rabatte
  - regelmäßige Mailings
- **Kundendatenbank**
  - regelmäßige Befragungen
    - Seminarthemen
    - Produktangebot
    - Kundenzufriedenheit
- **Magazin**
  - eigenes Magazin
  - Zeitschriftenabo

Kunden-Seminare

- **Kurzseminare**
  - ohne Anmeldung
  - im Verkaufsbereich
  - jede Stunde
  - Dauer: ca. 5–10 Minuten
  - Themen:
    - Schnittblumen-Pflege
    - Sträuße binden
    - Pflege von Kunstblumen
- **Nachmittags-/Abendseminare**
  - mit Anmeldung
  - Kostenbeitrag optional
  - Infounterlagen + Proben o. Ä.
  - Dauer: ca. 1–3 Stunden
  - Themen:
    - Anlage eines Gartens
    - Anlage eines Gartenteichs
    - Umgang mit Ungeziefer
    - Baum- und Strauchpflege
    - Mein Gartenhaus

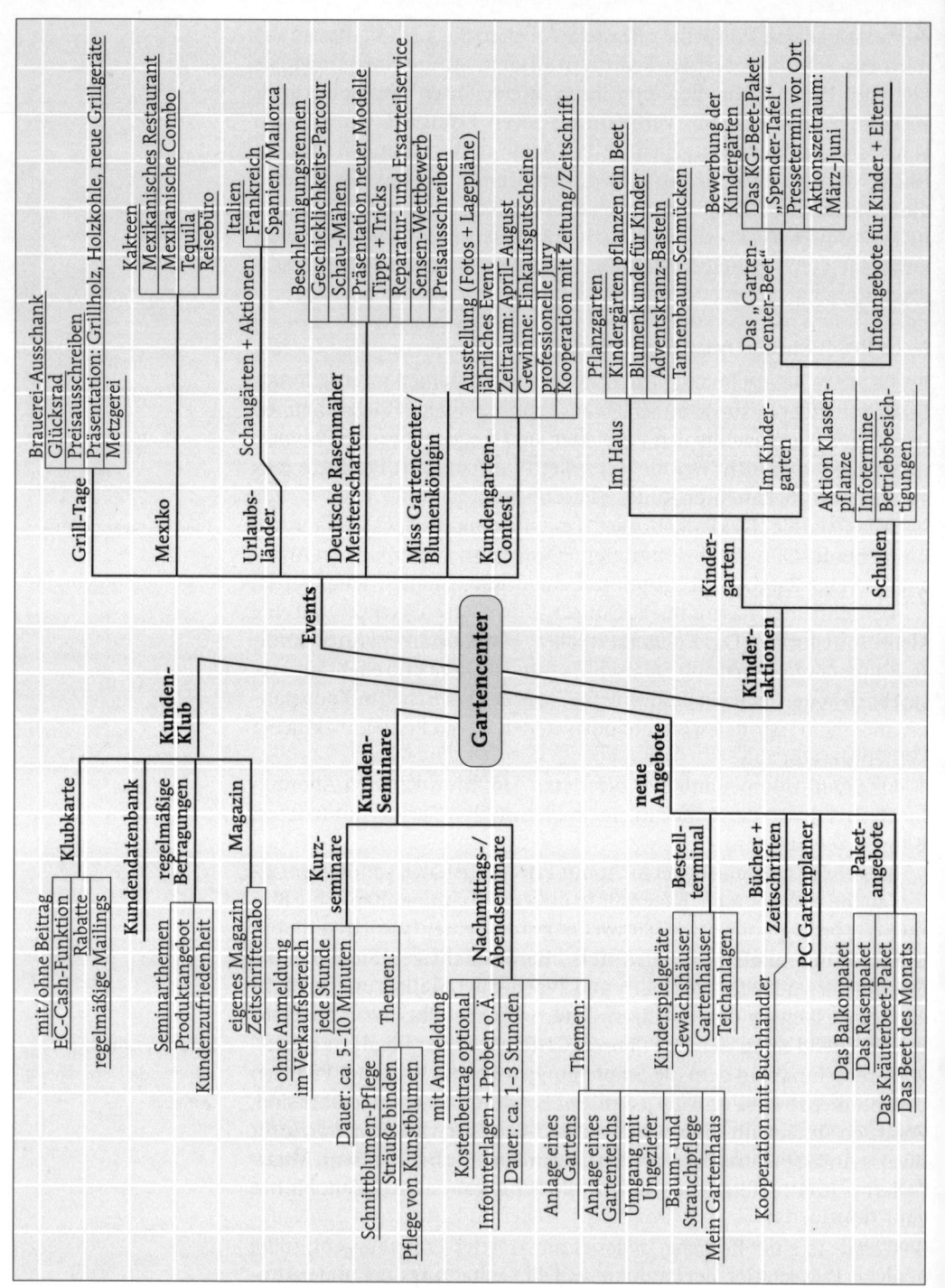

neue Angebote

- **Bestellterminal**
  - Kinderspielgeräte
  - Gewächshäuser
  - Gartenhäuser
  - Teichanlagen
- **Bücher + Zeitschriften**
  - Kooperation mit Buchhändler
- **PC Gartenplaner**
- **Paketangebote**
  - Das Balkonpaket
  - Das Rasenpaket
  - Das Kräuterbeet-Paket
  - Das Beet des Monats

Kinderaktionen

- **Im Haus**
  - Pflanzgarten
  - Kindergärten pflanzen ein Beet
  - Blumenkunde für Kinder
  - Adventskranz-Basteln
  - Tannenbaum-Schmücken
- **Im Kindergarten**
  - Bewerbung der Kindergärten
  - Das „Gartencenter-Beet"
  - Das KG-Beet-Paket „Spender-Tafel"
  - Pressetermin vor Ort
  - Aktionszeitraum: März–Juni
- **Kindergarten**
- **Schulen**
  - Aktion Klassenpflanze
  - Infotermine
  - Betriebsbesichtigungen
  - Infoangebote für Kinder + Eltern

Abb. 6: Werbung, Aktionen und Events für Gartencenter und Blumenhandel

2.3 Kraftfahrzeug

Der Volksmund behauptet, dass das liebste Kind der Deutschen – in erster Linie sind wohl hier die Männer gemeint – das Auto sei. Somit müsste ja alles, was zumindest in positiver Weise mit diesem „Kind" verknüpft ist, ebenso geliebt werden. Doch an dieser Stelle verlieren die meisten „Elternaugen" ihren Glanz. Statt begeistert von der „Übergabe" dieses immerhin sehr teuren Kindes zu schwärmen, berichten viele Neubesitzer von diversen eingeholten Angeboten und einer wahren Odyssee durch die Autohäuser. Bei allen Erzählungen spielt scheinbar nur der Preis eine Rolle. Spricht man die Kunden nach einiger Zeit wieder auf ihr Auto an, so ist der Glanz meist völlig aus ihren Augen entschwunden. Berichte über Rückrufaktionen, erfolglose oder unendlich lang dauernde Reklamationen und unbefriedigende Behandlung bei Werkstattbesuchen reihen sich aneinander und lassen den Frust der Konsumenten erahnen.

Dass diese Situation nicht so sein bzw. nicht so bleiben muss, wie sie zur Zeit noch vielerorts zu beobachten ist, werde ich Ihnen in den nächsten beiden Kapiteln aufzeigen.

2.3.1 Kfz-Handel

Die beste Methode, die Leistungen eines alten Wagens doch recht behaglich zu finden, ist, sich nach dem Preis eines neuen zu erkundigen.
Unbekannt

Genauso wenig, wie es sich die Autoindustrie leisten kann, zu weit hinter dem Verbraucher herzuhinken, kann sie es sich leisten, ihm zu weit voraus zu sein. Mit einem neuen Produkt zu früh herauszukommen, ist genauso schlecht, wie zu spät.
Lee Iacocca (Topmanager, ehem. Vorstandsvors. Chrysler Corp.)

Was für das Produkt gilt, gilt in gewisser Weise auch für die Verkaufsstelle des Produktes, den so genannten Point of Sale (POS). Zunehmender Konkurrenzdruck und die wachsende Priorität der Markierung haben in den vergangenen Jahren dazu geführt, dass immer mehr Autohändler ihre nicht mehr zeitgemäßen Verkaufsräume in moderne „Autotempel" umgestaltet haben. Doch ein Palast wird nicht allein durch seine Architektur reizvoll und anziehend, sondern auch durch das (Er-)Leben im Palast. Der positive Eindruck, den die perfekt gestylte Fassade hinterlässt, muss sich somit auch im gestalteten Innenraum fortsetzen. Auch diesen Part der Inszenierung beherrschen die meisten modernen Autohäuser dank detaillierter CI-Vorgaben der Hersteller und attraktiver Fahrzeugmodelle.

perfekt gestaltete „Autotempel"

Der Kunde ist begeistert und wähnt sich in einem Traum oder gut gemachten Film. Doch während die meisten Filme ein motiviertes und passendes Ende und Fernsehserien eine Fortsetzung haben, ist in vielen Autohäusern an der schönsten Stelle Schluss. Es gibt keine Fortsetzung! Zumindest keine in vergleichbarer Machart. Um im Bild zu bleiben: Nach einem Hitchcock-Klassiker folgt hier „Cobra 11" und nach „Titanic" „Das Traumschiff". Dieser Bruch verwirrt und verunsichert die Kunden. Eine Folge der verpatzten Dramaturgie und in sich nicht logischen Identität ist die Konzentration auf den Preis als einzige verlässliche Vergleichsgröße.

Oft sind in sich nicht schlüssige Inszenierungen zu beobachten

Zum besseren Verständnis meiner Aussage präsentiere ich Ihnen in den folgenden Abschnitten einige Praxisbeispiele fehlerhafter Inszenierungen und füge gleichzeitig Verbesserungsvorschläge hinzu.

Beispiel 1: Präsentation eines neuen Modells

Worst-case-Szenario

Ein Autohaus, das die französische Marke RENAULT vermarktet, will seinen potenziellen Kunden den neuen CLIO präsentieren. Die Aktion dauert von Freitag bis Sonntag. Während dieser drei Tage kann der Kunde nicht nur das neue Modell in 4 verschiedenen Ausstattungsvarianten bewundern, sondern auch an einer Verlosung (Hauptpreis: 1 Wochenende mit dem neuen CLIO) teilnehmen, Grillwürstchen (die im Showroom auf einem Holzkohlengrill inklusive Rauchentwicklung erhitzt werden) essen und Bier trinken und den „künstlerisch wertvollen" Tastenexperimenten eines Dr.-Böhm-Orgel-Spielers lauschen. So viel zum französischen „Savoir Vivre".

Diese Art der Veranstaltung können Sie allerdings leider auch in vielen japanischen, italienischen und anderen Autohäusern antreffen. Einige werten ihre Neuwagenpräsentation noch zusätzlich dadurch auf, dass das entsprechende Exponat einige Tage unter einem staubigen und ausgeblichenen Tuch versteckt wird, das am Tag X eine wenig gut gelaunte Mitarbeiterin des Kundenservice (die sich über den Wochenenddienst ärgert) zum Klang einer E-Piano-Fanfare lüftet.

Der Kunde möchte nicht nur ein Fortbewegungsmittel erwerben, sondern auch dessen komplette emotionale Umwelt

Für diese verfehlte Aktion, die, statt die aufwändigen Werbemaßnahmen des Herstellers zu unterstützen, diese eher wieder zunichte macht, ist nicht, wie vielfach behauptet, ein enger Zeit- und Kostenrahmen verantwortlich, sondern die fehlende Einsicht, dass der Kunde nicht nur ein Fortbewegungsmittel kaufen möchte, sondern das Produkt Auto mit seiner kompletten emotionalen Umwelt. Und zu dieser Umwelt gehören auch die Veranstaltungen im Autohaus.

Best-case-Szenario

Kommen wir aber jetzt zur Beschreibung eines zur Marke und zum Produkt passenden Events am Beispiel der CLIO-Präsentation:

Brainstorming zu „Frankreich"

Im Rahmen der Planung der Präsentationsveranstaltung notieren Sie zuerst alle Begriffe, Gegenstände und Bilder, die Sie mit Frankreich, den Franzosen und der französischen Lebensart verbinden. Fragen Sie auch Freunde, Bekannte, Mitarbeiter, Kollegen und Kunden, welche Vorstellungen diese mit Frankreich verbinden.

Mindmap Frankreich

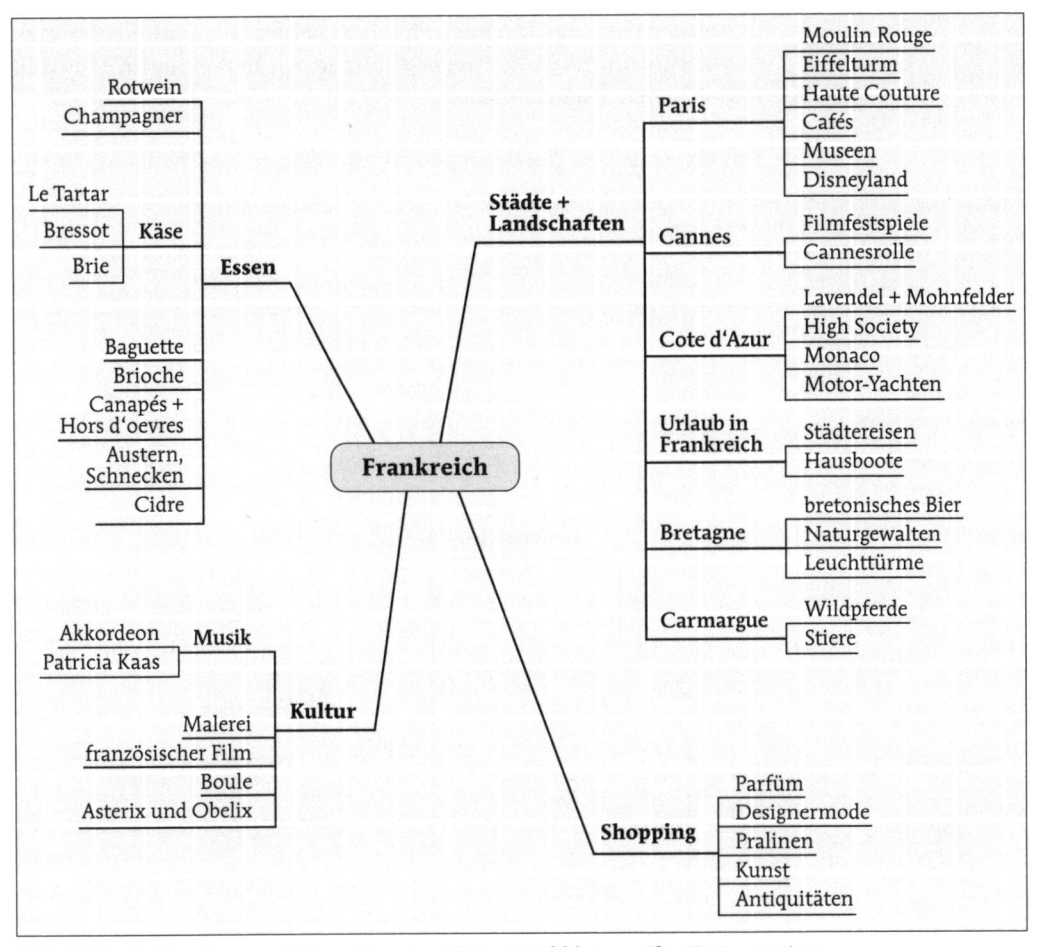

- **Essen**
  - Rotwein
  - Champagner
  - **Käse**
    - Le Tartar
    - Bressot
    - Brie
  - Baguette
  - Brioche
  - Canapés + Hors d'oevres
  - Austern, Schnecken
  - Cidre
- **Kultur**
  - **Musik**
    - Akkordeon
    - Patricia Kaas
  - Malerei
  - französischer Film
  - Boule
  - Asterix und Obelix
- **Städte + Landschaften**
  - Paris
    - Moulin Rouge
    - Eiffelturm
    - Haute Couture
    - Cafés
    - Museen
    - Disneyland
  - Cannes
    - Filmfestspiele
    - Cannesrolle
  - Cote d'Azur
    - Lavendel + Mohnfelder
    - High Society
    - Monaco
    - Motor-Yachten
  - Urlaub in Frankreich
    - Städtereisen
    - Hausboote
  - Bretagne
    - bretonisches Bier
    - Naturgewalten
    - Leuchttürme
  - Carmargue
    - Wildpferde
    - Stiere
- **Shopping**
  - Parfüm
  - Designermode
  - Pralinen
  - Kunst
  - Antiquitäten

Abb. 7: Brainstorming zum Thema Frankreich im Vorfeld einer Clio-Präsentation

Notieren Sie alles ohne weitere Kategorisierung auf ein großes Blatt Papier oder in ein Mindmap. Das oben abgebildete Mindmap ist in circa 10 Minuten entstanden.

Nehmen Sie nun in einem zweiten Schritt die Verkaufsunterlagen des Herstellers für das neue Fahrzeug und markieren mit einer bestimmten Farbe alle Punkte des Mindmaps, die Ihrer Meinung nach mit den allgemeinen Aussagen der Unterlagen vereinbar sind. Mit einer zweiten Farbe markieren Sie danach alle die Punkte des Mindmaps, die Ihrer eigenen Empfindung nach zu dem zu präsentierenden Exponat passen. Diese Selektion der ersten Impulse sollten Sie sowohl in Einzelarbeit als auch danach in der zuständigen Mitarbeitergruppe durchführen.

Abgleich der Aussagen der Herstellerunterlagen mit den gefundenen Impressionen

Legen Sie nach der endgültigen Selektion ein neues Mindmap an, in dem nur noch die herausgefilterten Elemente auftauchen und ergänzen Sie diese um Assoziationen, die Ihnen und Ihren Kollegen und Mitarbei-

Übertragung auf das geplante Event

tern zu den einzelnen Modulen einfallen. Bei den Assoziationen kann es sich sowohl um mögliche Kooperationspartner, als auch um Werbe- und Aktionsmöglichkeiten handeln.

Das Ergebnis Ihrer Überlegungen könnte dann so aussehen:

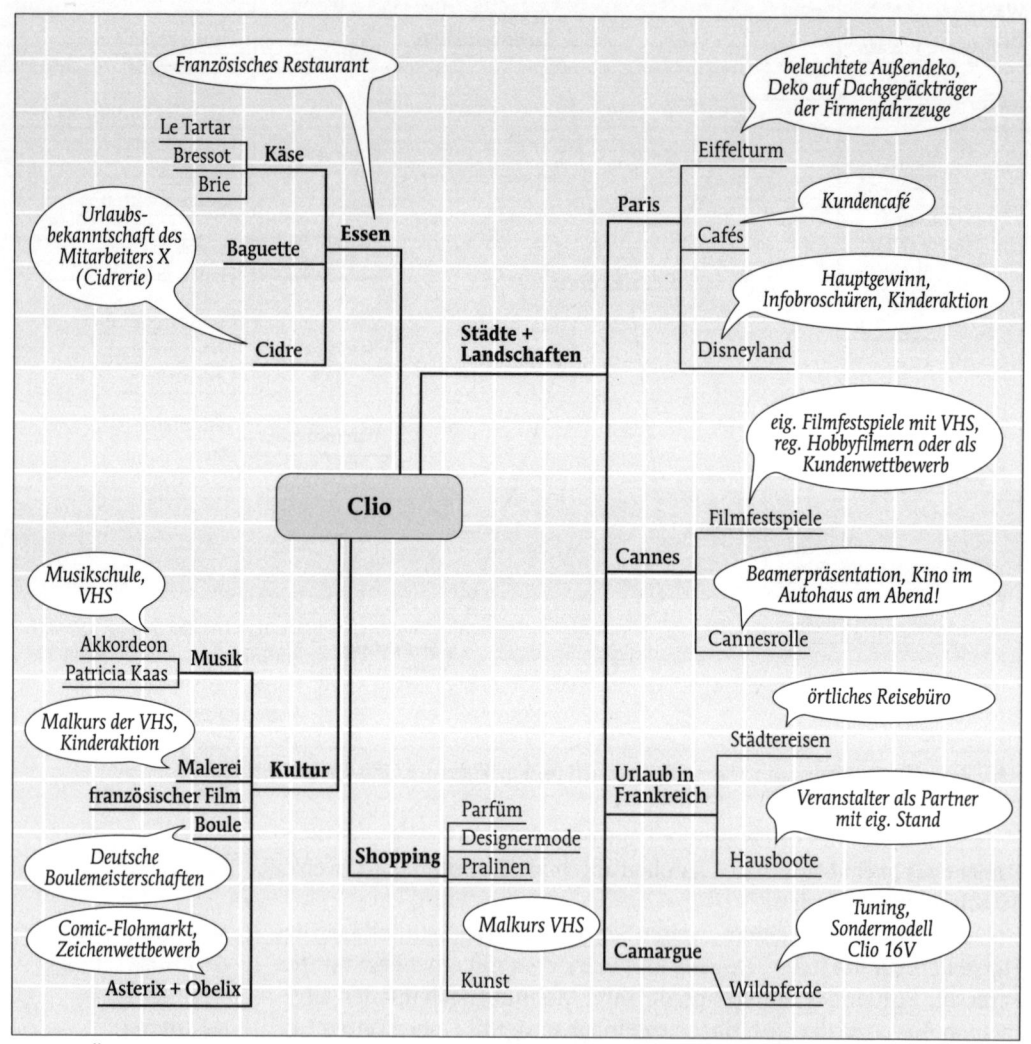

Abb. 8: Übertragung der landesspezifischen Merkmale auf das Event der Clio-Präsentation

Auf diese einfache Art und Weise können Sie relativ schnell feststellen, über welches Potenzial zur Gestaltung Ihrer Veranstaltung Sie wirklich verfügen.

Definition einzelner Elemente der Veranstaltung

Gehen Sie nun dazu über, einzelne Elemente zu definieren, die Sie für Ihre Veranstaltung benötigen und legen sich dafür in der vorgegebenen

Reihenfolge eine To-do-Liste an. Hinter jedes Element oder Modul tragen Sie die geplante Gestaltung und die entsprechenden Inhalte ein. Greifen Sie dabei auf die selektierten Impulse zurück und versuchen diese in das Gesamtkonzept der Veranstaltung einzubauen. Notieren Sie dabei auch immer die benötigten Hilfsmittel oder (Kooperations-)Partner, den Aufwand an Zeit und Geld, den zuständigen Mitarbeiter im Unternehmen und das Datum, bis zu welchem die Aufgabe erledigt sein soll (Deadline).

Element / Modul	Gestaltung/ Inszenierung Inhalte	Hilfsmittel / Partner	Aufwand (Zeit/Geld)	Zuständigkeit	Deadline
Präsentation Neufahrzeug	Der CLIO ist mit typ. franz. Kleidungstücken bedeckt, die während einer Modenschau weggenommen und von Models präsentiert werden	Modeladen mit gleicher Kernzielgruppe	Besprechungen mit dem Modeladen		
Programm 1	Modenschau im Showroom in Kombination mit der Enthüllung des CLIO	Modeladen, Modeladen, Blumenladen, Blumenladen	anteilige Kosten Models?, Meetings		
Programm 2	Filmfestspiele u. Kino in Werkstatt/ Showroom	VHS, Hobbyfilmervereine, Kunden, Fotoladen, Fernsehgeschäft, Bürotechnik, Kindergärten	Miete Beamer, Leinwand? Preise/Urkunden, Meetings		
Programm 3	Kinder-Filmwerkstatt	Kindergärten, Schulen, Jugendamt, Vereine	Equipmentleihe, Betreuer		
Autohausdeko außen	Filmrollen, Scheinwerfer, Skytracker, roter Teppich	Kino, Dekobedarf, Künstlerwerkstatt, Jugenddorf etc.			
Autohausdeko innen	Filmrollen, Kulissen roter Teppich, Schaufensterpuppen, Maßbänder	Kooperationspartner, Ebay, Kino, Dekobedarf, Künstlerwerkstatt, Jugenddorf etc.			
Werbung 1 Presse	Redaktionelle Beiträge als Partner des Events „Filmfestspiele"	regionale Medien	Meetings		

Werbung 2 Hörfunk	Redaktionelle Beiträge als Partner des Events Filmfestspiele	reg. Medien	Meetings		
Einladung Kunden	Filmklappe, Schnittmuster	Grafikagentur	Druck u. Versand, abzgl. - Kostenbeteiligung der Partner		
Catering	Cidre, Rotwein, Baguette, div. Käse; optional: kaltes Buffet für Preisverleihung	franz. Restaurant	Materialkosten, Beteiligung des Kooperationspartners?		
Musik	franz. Coverband u. CDs	Künstleragentur	GEMA-Gebühren, Bandhonorare		
Give-Aways	„Starfotos" in der Kulisse mit der Digitalkamera/ Sofortbildkamera	Fotogeschäft			

Individuelle Veranstaltungskonzepte differenzieren Sie von der Konkurrenz

Testen Sie diese Planungstechnik doch einmal bei Ihrem nächsten Event. Individuelle Veranstaltungskonzepte sind ein wichtiger Bestandteil zum Aufbau der eigenen Autohaus-Unternehmens-CI, die es neben der Hersteller CI geben muss. Denn je nach Marke gibt es im näheren Umkreis Ihres Autohauses noch eine ganze Reihe anderer Vertretungen des gleichen Herstellers und aufgrund der zunehmenden Mobilität der Kunden ist auch der Kollege aus dem Nachbarort eine ernst zu nehmende Konkurrenz.

Beispiel 2: Fixe Jahresveranstaltungen

Für den Fall, dass aus finanziellen oder zeitlichen Gründen kein „umfassendes" Veranstaltungskonzept möglich ist, überlegen Sie sich entsprechende Alternativen. Ein Beispiel dafür ist das jährliche Kirschblütenfest, das die MITSUBISHI-Händler jedes Jahr mehr oder weniger gut zelebrieren. Besser als das Platzieren eines Bierwagens und das Catering mit Bockwürstchen wäre beispielsweise eine wirkliche Kirschblütenaktion. MITSUBISHI hat eine ganze Reihe guter Fahrzeuge für die Zielgruppe Familie. In Kooperation mit einem regionalen Blumengroßhandel oder Gartencenter könnte der Händler an allen Kindergärten des weiteren Umfeldes einen Kirschbaum pflanzen und zusätzlich einige Gartengeräte oder Sandkastenwerkzeuge an die Kinder überreichen. Diese Aktion würde auch in der regionalen Presse ihren Niederschlag finden.

Zudem kommt sie bei den potenziellen und bestehenden Kunden besser an als Bier und Bockwurst am Samstagmorgen.

Viele Autohäuser führen auch jährlich ein- oder mehrmals Motorschauen durch. Meist sollen in diesem Rahmen neue Modelle oder Sondermodelle präsentiert werden. Gestalten Sie auch diese Anlässe so, dass sie eine Plattform für positive und interessante Kundenkontakte darstellen und nicht unter die Rubrik Pflichtprogramm fallen.   *Motorschauen*

Falls vonseiten des Herstellers keine attraktiven Neuerscheinungen zur Verfügung gestellt werden, kreieren Sie doch ein eigenes Sondermodell, das es in dieser Form nur bei Ihnen gibt (näheres dazu noch im Folgenden).   *ein eigenes Sondermodell kreieren*

Sprechen Sie Ihre Kernzielgruppe individuell an und gestalten für diese ein kleines aber feines Programm. Wenn Familien zu dieser Kundenzielgruppe gehören, denken Sie auch an ein interessantes Kinderprogramm, dass den Eltern Freiraum für Besichtigungen, ruhige Verkaufs- oder Fachgespräche gewährt. Eine Malecke reicht dafür nicht aus. Führen Sie mit einer Betreuung Malwettbewerbe z.B. zum Thema „Mein Traumauto", „Meine Wunschlackierung" oder „So sieht mein Lieblingsautohaus aus" durch. Vielleicht liefern Ihnen die Kinder Ihrer Kunden dabei sogar noch einige interessante Impulse für Sondermodelle oder die Gestaltung Ihrer Lokalität. Lassen Sie die Kinder mit Legosteinen Autos konstruieren und mit dem Werkstattmeister „fachsimpeln". Bieten Sie kindgerechte Führungen durch die Werkstatt an und fordern Eltern und Kinder zu Familienwettbewerben auf, bei denen die Mitglieder einer Familie oder verschiedene Familien gegeneinander in Wettkampfatmosphäre einen Reifen wechseln oder ein Auto reinigen müssen.   *individuelles Programm für die Kernzielgruppe*

Auch für erwachsene Kunden sind fachkundige Werkstattführungen und ein „Meister-Talk" sehr interessante Veranstaltungspunkte. Präsentieren Sie Sonderthemen, die die Kunden in der Form sehr selten zu sehen oder zu hören bekommen, wie z.B. „Ausbesserung von Glasschäden", „Beseitigung von Dellen im Blech ohne Hammer und Sandsack" oder „Installation eines Routingsystems". Auch das Tuning eines „Normal-Fahrzeuges" während des ganzen Tages mit anschließender Präsentation des Endergebnisses ist eine Aktion, die auch den weniger tuningbegeisterten Kunden anzieht.   *Werkstattführungen und „Meister-Talk" für fachlich interessierte Kunden*

Beispiel 3: Spezialveranstaltungen

In manchen Städten und Regionen konnte selbst die Volkshochschule gewonnen werden, um gemeinsam mit einem Autohaus beispielsweise einen Pannenkurs für Frauen durchzuführen. Mittlerweile gilt diese Veranstaltung als altmodisch und wirkt oftmals ein wenig verstaubt.

Doch für den rein praktischen Teil dieser Kurse gibt es nicht nur bei Frauen immer noch Bedarf. Deshalb sollten Sie diese Veranstaltungsform ein wenig entstauben und attraktiver gestalten. Das wichtigste Element eines solchen Events ist der Referent. Ein muffeliger Fachmann, der sowieso nicht viel von Frauen am Steuer und erst Recht nichts von Frauen in der Werkstatt hält, ist höchst ungeeignet, auch wenn er fachlich perfekt ist.

Partner-Pannenkurs

Werten Sie den „Pannenkurs" auch durch eine gute Inszenierung mittels eines Rahmenprogramms auf. Starten Sie mit einem gemeinsamen Frühstück im Showroom, in dem Sie als guter Verkäufer zielgruppenspezifische Fahrzeuge aufbauen. Führen Sie statt eines reinen Frauen-Pannenkurses doch einmal einen Partner-Pannenkurs durch. Viele Männer halten sich zwar für Kfz-Meister ohne Abschluss, sind aber in vielen Fällen eher seherisch als fachlich versiert. Oder verlegen Sie den Pannenkurs in den Nachmittag und beschließen den Tag gemeinsam bei einer kleinen Autohaus-Party. Bei entsprechend attraktiver Gestaltung sowohl des Kurses als auch des Rahmenprogramms sind die Kunden auch bereit, sich an den Kosten zu beteiligen. Wenn Sie weder Ihr eigenes Werbekonto, noch das Portemonnaie Ihrer Kunden belasten wollen, suchen Sie sich auch hierfür wieder Kooperationspartner, die die gleiche Zielgruppe anvisieren.

An dieser Stelle möchte ich den Bereich der Veranstaltungen im Autohaus beschließen. Weitere Konzeptionen und Ideen finden Sie auch auf meiner Homepage.

Mit den Augen Ihres Kunden

Wie präsentiert sich der ganz „normale" Alltag in den Augen des Kunden?

Zu einer guten Inszenierung des Autohauses gehören nicht nur die eher seltenen Veranstaltungen, sondern zu einem wesentlich größeren Teil der „normale Alltag". Was erwartet den Kunden beim Betreten des „Palastes" und nach Durchschreiten der Empfangshalle? Ist die in mittlerweile immer mehr Autohäusern durchgestylte Innenausstattung das letzte Kapitel der Inszenierung oder setzt sie sich auch bei der Produktpräsentation, am Schreibtisch der Verkäufer, dem Tresen des Kundendienstes, dem Zubehörshop und selbstverständlich auch in der Werkstatt fort? Das Lager zähle ich jetzt einmal zu den auch in einem Palast nicht durchgestalteten Wirtschaftsräumen.

Kamerafahrt durch Ihr Unternehmen

An dieser Stelle empfehle ich wieder den Gang durch das Autohaus mit der Kamera, stellvertretend für die Augen des Kunden. Die folgenden Fragen sollen Ihren „Kamera-Blick" auf die Brennpunkte lenken, die dem oftmals betriebsblinden Auge eines langjährigen Mitarbeiters meist entgehen, weil er sich an die Anblicke schon gewöhnt hat.

Die Kamerafahrt startet bereits auf der Straße vor dem Autohaus:

- Je nach Größe des Areals: Kann auch der neue Kunde die Zufahrt zum benötigten Parkplatz bereits von der Straße aus gut erkennen? Sind überhaupt genügend markierte Parkplätze vorhanden?
- Sind die gewünschten Eingänge (Auftragsannahme, Service, Verkaufsraum) gut sichtbar oder irrt der Kunde auf dem Platz herum?

- Was sieht der Kunde, wenn sich die Tür öffnet? Kann er auf einen Blick erkennen, wie er zu seinem Ziel kommt? Gibt es entsprechende Wegweiser?
- Wird der Kunde von einem freundlichen Mitarbeiter begrüßt, der ihm auch definitiv weiterhelfen kann?

Werkstatt:
- Ist die Auftragsannahme gut erkennbar und ausreichend besetzt?
- Gibt es eine bequeme, freundliche, helle und ansprechende Wartezone (Sitzplätze, Getränke, Literatur)?
- Sitzt oder steht der Kunde im Weg und bekommt auch jegliche Kommunikation zwischen den Mitarbeitern mit?
- Kann der Kunde sein Auto bei der „Behandlung" beobachten?
- Hat der Kunde einen fachlich versierten, aber auch mit sozialer Kompetenz ausgestatteten Mitarbeiter als direkten Ansprechpartner, der auch bei der Übergabe nach der „Behandlung" für Nachfragen zur Verfügung steht und dafür auch entsprechend Zeit hat?
- Wird das Fahrzeug während der „Behandlung" vor Verschmutzung und Beschädigung mithilfe der vorhandenen Mittel (Matten, Sitz- und Lenkradüberzug etc.) entsprechend geschützt?
- Wird das Fahrzeug nach erfolgreicher „Behandlung" komplett gereinigt an den Kunden übergeben und werden auch alle benötigten Eintragungen (Scheckheft) vorgenommen?
- Wird der Kunde über den Fortgang der Arbeiten oder auch über mögliche Verzögerungen ausreichend und zeitnah informiert?

Service und Shop:
- Was sieht der Kunde, wenn er den Servicebereich / Shop betritt?
- Gibt es im Shopbereich ein Ordnungssystem, nach dem alle ausgestellten Teile sortiert sind?
- Sind die Regale zeitgemäß, sauber und ordentlich bestückt?
- Ist die Dekoration aktuell und in gutem Zustand?
- Ist der gesamte Shop-/Servicebereich sauber, freundlich und ausreichend beleuchtet?
- Ist der Servicebereich der Nachfrage entsprechend besetzt?
- Sind die zuständigen Mitarbeiter fachlich und verkäuferisch geschult?
- Sind, z.B. in Vitrinen aktuelle Merchandising- + Fanshopartikel ausgestellt?
- Sind alle aktuellen Zubehörprospekte für die Kunden verfügbar (und die alten Prospekte entsprechend aussortiert)?

Verkauf:
- Ist die Ausstellung thematisch / zielgruppenspezifisch aufgebaut oder dem Zufallsprinzip unterworfen?

- Sind die entsprechenden Prospektunterlagen in der Nähe der passenden Fahrzeuge positioniert? Sind auch alle aktuellen Prospekte vorhanden (und alte aussortiert)? Findet der Kunde zusätzlich die entsprechenden Zubehörprospekte?
- Ist der Verkaufsraum zeitgemäß gestaltet, ausreichend ausgeleuchtet und sauber (ohne Staubansammlungen unter den Fahrzeugen)?
- Sind die ausgestellten Fahrzeuge sauber (auch staubfrei) und auch zum Probesitzen geöffnet? Ist genügend Abstand zwischen den Fahrzeugen, sodass man ohne Probleme die Türen öffnen kann oder zwischen den Autos (auch mit Kindern) laufen kann?
- Ist der Showroom passend dekoriert oder ähnelt er eher einem guten Parkhaus?
- Ist ein Ansprechpartner in der Ausstellung sichtbar präsent oder „findet" der Kunde die Berater nur in ihren jeweiligen „Glaskästen"?
- Sind alle gängigen Modelle ausgestellt?
- Gibt es im Showroom eine attraktive Wartezone mit Sitzmöglichkeiten, Getränkeversorgung und Literatur (neben Autoprospekten auch zusätzliche Zeitschriften / Magazine)?
- Gibt es in sichtbarer Entfernung der Beratungsplätze auch eine interessante Beschäftigungszone für die Kinder der Kunden (Malunterlagen, Bücher und Hefte, intaktes Spielzeug)?

Beenden Sie Ihren Rundgang mit einem Blick in die für Kunden zugänglichen sanitären Anlagen, das möglicherweise vorhandene Bistro und andere für Kunden zugängliche Spezialbereiche.

Bei der Durchsicht des Filmmaterials setzen Sie sich mit den für die verschiedenen Bereiche zuständigen Mitarbeitern zusammen und notieren alle Impulse auf der bekannten To-do-Liste (siehe Kap. 2.1).

Exemplarische Aktionen

Zum Abschluss dieses Kapitels präsentiere ich Ihnen noch einige Ideen, die ich teilweise bei meinen Kunden schon erfolgreich umgesetzt habe.

Eigenes Sondermodell

Weiter oben habe ich das Thema „eigenes Sondermodell" schon kurz angerissen. Nicht nur mangels Alternativen des Herstellers, sondern auch im Rahmen der eigenen öffentlichkeitswirksamen Verkaufsförderung eignet sich ein solches Projekt entweder gemeinsam mit Kooperationspartnern oder auch als regelmäßige Sonderedition Ihres Autohauses.

öffentlichkeitswirksame Verkaufsförderung mit Kooperationspartnern

Die Privatbrauerei MORITZ FIEGE und das VW-AUTOHAUS ENNING haben unter Regie meiner Agentur das Sondermodell VW LUPO FIEGE FAN kreiert. Der perlgrünmetallic lackierte LUPO erhielt goldene Alufelgen, goldene Zierstreifen und Modellaufkleber und ein gutes CD-Autoradio. Auf dem Armaturenbrett wurde eine Alutafel mit der Modellnummer angebracht, um auch dadurch die Exklusivität dieses Sondermodells zu unterstreichen. Bei Unterzeichnung des Kaufvertrages erhielt der Kunde einen Kasten alkoholfreies Bier sowie das entsprechende Fiege Fan Equipment (Cap, Coachjacke, T-Shirt). Bei Übergabe befanden sich im Kofferraum auf der Fahrerseite ein weiterer Kasten FIEGE FREI und auf der Beifahrerseite eine Kiste FIEGE PILS. Außerdem wurde die Fan-Ausstattung um eine Armbanduhr ergänzt.

Dieses Sondermodell konnte dank der Kooperationspartner so umfangreich gestaltet werden. Die nächsten drei Sondermodelle haben wir für ein OPEL-Autohaus auch ohne weitere Kooperationspartner realisiert.

Bei allen drei Sondereditionen spielte folgende Überlegung eine Rolle: Sicherlich freut sich jeder Kunde über einen zusätzlichen Bonus in Form von Winterreifen, einer Klimaanlage oder ähnlichen Artikeln aus dem Zubehörkatalog der Autohersteller, die er ohne Zusatzkosten erhält. Da jedoch jeder Hersteller und somit auch jeder Händler diese Sondermodelle anbietet, gibt es keine realen Wettbewerbsvorteile. Die von unserem Händler angebotenen Modelle gab es jedoch ausschließlich bei ihm.

Eine weitere Besonderheit haben wir bei der Zusammenstellung der Zusatzpakete berücksichtigt. Weil der Händler seit vielen Jahren vor Ort ansässig war, wollten wir diesen Lokalbezug auch unterstreichen und haben deshalb eine passende Komponente aus der Region gewählt:

So erhielten die Käufer der ZAFIRA FAMILY EDITION vier Jahreskarten eines prämierten Freizeitparks aus der Region, einen Gameboy oder eine WAECO Kühlbox und getönte Scheiben. Das Paket der OPEL VECTRA SPORT EDITION enthielt eine mechanische Designeruhr oder einen Alu-Aktenkoffer der Firma RIMOWA sowie einen Gutschein für ein Candlelight-Dinner in einem guten Hotel des Ortes. Die CORSA BEACH EDITION wurde mit Faltdach oder Klimaanlage, Badeinsel, Beachradio und 3 Zehnerkarten für das örtliche Strandbad geliefert. Alle drei Sondereditionen wurden an den jeweiligen Orten (Freizeitpark, Hotel, Strandbad) der Presse präsentiert und auch entsprechend positiv in den regionalen Medien bespochen.

Exklusivität mit regionalem Bezug

Kreieren Sie doch auch ein eigenes Modell. Wählen Sie entweder einen Typ, den Sie mehr als ausreichend auf Lager haben, der sich aber zurzeit nicht so gut verkauft. Oder entscheiden Sie sich für ein Fahrzeug, das in Ihrer gewünschten Zielgruppe gefragt ist und packen Sie ein alternatives Editionspaket. Auch so mancher Gebrauchtwagen wird dank dieser Editionsausstattung zu einem interessanten Kundenmagneten.

Erstellung eines eigenen Kundenmagazins

Eine weitere Möglichkeit, Ihre Kunden individuell anzusprechen besteht in der Erstellung eines eigenen Kundenmagazins. Viele Hersteller bieten zwar Kundenzeitschriften an, doch sind diese bundesweit einheitlich gestaltet und bieten meist keine Möglichkeit der Individualisierung. Um Kosten und auch redaktionellen Zeitaufwand zu reduzieren suchen Sie sich auch für dieses Produkt regionale Kooperationspartner, die eine ver-

regionale Kooperationspartner, die eine vergleichbare Kernzielgruppe haben

gleichbare Kernzielgruppe haben. Neben aktuellen Informationen aus Ihrem Autohaus, z.B. aktuelle Neuerscheinungen, Veranstaltungen, eigene Sondermodelle, können Sie in dem Magazin auch Ihre Mitarbeiter, Ihre Dienstleistungen, Ihre sonstigen Projekte (Sponsoring etc.) sowie regionale Veranstaltungen, Sehenswürdigkeiten, Shopping- und Gastronomietipps Ihrer Partner veröffentlichen. Eine Rubrik mit sammelbaren Tipps zum Thema Auto und Mobilität, eine interessante Kinderseite (je nach Kundenzielgruppe) und Gutscheine Ihres Autohauses und der Kooperationspartner werten Ihr Magazin auf und machen es zu einem von den Kunden begehrten (Werbe-)Medium.

Hausinterne Verkaufsförderung optimieren

Optimieren Sie die umsatzsteigernde Kommunikation zwischen den einzelnen Unternehmensbereichen

Ein letzter Tipp gilt der hausinternen Verkaufsförderung. Optimieren Sie die umsatzsteigernde Kommunikation zwischen den einzelnen Bereichen (Werkstatt, Service, Neuwagen, Gebrauchtwagen) Ihres Unternehmens.

Wenn zwischen den einzelnen Abteilungen Ihres Unternehmens Funkstille herrscht, wird eine Menge Potenzial verschenkt. Oft werden ältere Fahrzeuge für den Kunden unrentabel repariert, damit die Werkstatt ihre Sollzahlen erfüllt. Stattdessen könnten diese Kunden an den Gebrauchtwagen-/Neuwagenverkauf weitervermittelt werden. Mancher Gebrauchtwagen könnte noch viel besser verkauft werden, wenn der Kunde auf die Produkte des Service/Shops und der Werkstatt hingewiesen würde. Und mancher Kontakt im Freundeskreis würde auch an die „Konkurrenz" im eigenen Haus weitergegeben, wenn der entsprechende Mitarbeiter davon sichtbar profitieren könnte.

Entwickeln Sie deshalb gemeinsam mit Ihren Mitarbeitern ein Bonuspunktesystem, bei dem für jede Vermittlung einer Dienstleistung an eine andere Abteilung sowohl der entsprechenden Abteilung als auch dem Mitarbeiter Bonuspunkte angerechnet werden. Veröffentlichen und prämieren Sie in regelmäßigen Abständen die besten Leistungen. Neben der zusätzlichen Motivation der Mitarbeiter erhalten Sie zudem einen Überblick über die firmeninternen Vermittlungsaktivitäten und erkennen somit noch viel besser ruhendes Verkaufspotenzial.

2.3.2 Kfz-Werkstatt

Drei Sätze habe ich aus meinem Wortschatz gestrichen:
1. Das kann ich nicht.
2. Das geht nicht.
3. Das haben wir nicht.
Unbekannt

Nachdem ich mich im letzten Kapitel ausführlich dem Autohaus im Allgemeinen und dem Verkauf im Speziellen gewidmet habe, lenke ich in

diesem Kapitel mein und auch Ihr Augenmerk auf den meist wie ein *oft stiefmütterlich*
Stiefkind des Unternehmens behandelten Bereich der Werkstatt. Wenn *behandelter Bereich*
man bedenkt, dass die Werkstatt im Gegensatz zum Neuwagenverkauf
überproportional zum Gewinn des Unternehmens beiträgt und darüber
hinaus auch, sofern sie Qualitätsarbeit leistet, ein wesentliches Kunden-
bindungspotenzial aufweist, kann man diese Behandlung nicht nachvollziehen.

Immer größere Wartungsintervalle erfreuen zwar den Kunden, füh- *immer größere Wartungs-*
ren aber dazu, dass „planbares und relativ sicheres" Geschäftspotenzial *intervalle lassen planbares*
wegfällt. Auch die zeitliche Auslastung der Werkstatt mit immer häufiger *Geschäftspotenzial*
auftretenden Rückrufaktionen bzw. aufgrund der elektronischen Über- *wegfallen*
frachtung bedingter technischer Probleme der Fahrzeuge kann diese Entwicklung nicht dauerhaft auffangen.

Deshalb müssen auch hier neue Potenziale erschlossen werden. Eine
wichtige Quelle sind dabei natürlich die Kunden der Konkurrenz.

Der Termin in der Autowerkstatt ist für viele Mitmenschen immer
noch so unangenehm, wie der Besuch beim Zahnarzt. Gründe für dieses
Unwohlsein gibt es viele.

Die meisten Werkstätten sind für den Kunden nicht einsehbar. Das
geliebte Vehikel entschwindet den Augen und taucht erst nach der „Behandlung" wieder auf. Da viele Automechaniker ein anderes Verhältnis
zu den Fahrzeugen insgesamt haben, gehen sie auch mit dem „liebsten
Kind der Deutschen" entsprechend um. Ein Schutz des Fahrzeugsitzes
und auch der Teile, die mit schmutzigen Händen in Berührung kommen
sollte daher immer zum Einsatz kommen. Ebenfalls die meist vorhandenen Lackschutzmatten in der Werkstatt.

Trotz hoher Reparaturrechnungen ist die abschließende Reinigung *Abschlussreinigung und*
der Fahrzeuge immer noch ein seltener Ausnahmefall. Auch hier kann *Gute-Fahrt-Wunsch*
man wichtige Punkte sammeln. Was in Hotels das so genannte „Bett-
hupferl" mit Gute-Nacht-Gruß ist, kann in der Werkstatt der Gute-
Fahrt-Wunsch auf einer kleinen Tafel Schokolade o.Ä. sein.

Doch noch einmal zurück zum Verhältnis zwischen Kunden und
Werkstattpersonal. Die technische Unwissenheit vieler Kunden führt zu
einem Gefühl des Ausgeliefertsein und der Angst und basierend auf möglichen schlechten Erfahrungen der Vergangenheit führt dies auch oft dazu, dass Werkstätten grundsätzlich ein Betrugsversuch unterstellt wird.
Diese Zusammenhänge werden oft dadurch noch verstärkt, dass viele
Kfz-Techniker den Kunden mit für ihn unverständlichen Fachbezeich-
nungen und mit einer „Das geht so nicht!"-Haltung konfrontieren.

Schaffen Sie an dieser Stelle Abhilfe. Schulen Sie Ihr Team nicht nur in
fachlichen, sondern auch in sozialen Belangen. Sorgen Sie im Bereich der *den Service transparenter*
„normalen" Werkstatt (der Karosseriebereich ist für manche Kunden *und nachvollziehbarer*
vielleicht doch zu „martialisch") für Einsehbarkeit. So kann der Kunde *machen*
auf Wunsch nachvollziehen, was mit seinem Auto passiert. Fotografieren Sie mit einer Digitalkamera defekte Teile und deren Reparatur (vor-

her-nachher) und fügen die Fotos der Rechnung bei oder senden Sie ein Foto des Defektes an das Handy des Kunden. So gewinnen Sie bei ihm mehr Vertrauen.

vertrauensbildende Maßnahmen umsetzen

Eine Werkstatt ist ja nicht nur ein Reparaturbetrieb für Schadensfälle oder Inspektionen. Stellen Sie weitere Dienstleistungen deutlicher in das Blickfeld des Kunden. Warum sollten Sie z.B. professionelle Fahrzeugreinigungen entsprechenden Anbietern oder den Waschstraßen überlassen. Bieten Sie dem Kunden „Fahrzeugindividualisierungen" an. Da der Begriff „Tuning" bei vielen Kunden nicht positiv belegt ist, offerieren Sie eine Stylingberatung für das Fahrzeug – ähnlich der immer öfter genutzten Typberatung. Mit Ihrer Hilfe wird das Massengut Auto so zu seiner persönlichen (positiven) Visitenkarte.

Angebot weiterer Dienstleistungen

„Fahrzeugindividualisierungen"

Garantieren Sie auch am Wochenende, an dem die meisten Menschen für solche Termine Zeit haben, einen sofortigen Einbauservice.

Neben den bereits genannten Pannenhilfeseminaren laden Sie Ihre Stammkunden doch einmal zu einem Frühstück oder auch Candlelightdinner in der Werkstatt ein. Sie werden feststellen, dass dieser oft negativ belegte Ort auf einmal ganz andere Gedanken in den Köpfen Ihrer Kunden erzeugt.

Frühstück oder Candlelightdinner in der Werkstatt

2.4 Dienstleistung und Handwerk

Anhand von drei ausgewählten Branchen (Friseur, Bau-Handwerk und Optiker) zeige ich Ihnen verschiedene Möglichkeiten auf, auch mit geringen finanziellen Mitteln und erhöhtem Einsatz von Kreativität und Persönlichkeit Kunden zu gewinnen und zu begeistern. Vielfach wird gerade im Handwerk der Dienstleistungsgedanke lediglich auf die fachlich korrekte Ausübung der handwerklichen Tätigkeit bezogen – auf die Fälle, in denen nicht einmal das der Fall ist, möchte ich hier nicht näher eingehen.

Einen einigermaßen ordentlichen Haarschnitt kann jeder Friseur hinbekommen, eine funktionierende Heizungsanlage jeder Installateur einbauen und eine technisch korrekte Sehhilfe in einem einigermaßen passenden Gestell fertigt dem Kunden jeder Optiker an. Meistens sind es die kleinen, aber feinen „Nebensächlichkeiten", die den Unterschied zu anderen Anbietern ausmachen. Beobachten Sie Ihre Mitbewerber genau und stellen fest, wie deren besondere Services aussehen und worin sie genau bestehen. Überprüfen Sie in Gesprächen mit Ihren Kunden und wenn möglich auch mit den Kunden der Konkurrenten, wie wichtig den Kunden diese „Vorteilspositionen" sind und überlegen sich dann, welche Unterscheidungsmerkmale sie an Ihre Dienstleistungen knüpfen.

Die kleinen aber feinen „Nebensächlichkeiten" machen den Unterschied zu anderen Anbietern aus

Diesen Vorgang sollten Sie allerdings nicht nur einmal durchführen und sich dann zufrieden zurücklehnen. Die Mitbewerber werden auch

Sie im Auge behalten und jeden Ihrer Schritte genauestens analysieren, erst recht, wenn Sie mit Ihren Methoden Erfolg haben. Deshalb müssen Sie permanent den Markt kontrollieren und an Ihrem Angebot arbeiten. Jeder Sieg ist immer nur ein Etappenerfolg und der Gegner schlägt meist dann zu, wenn man selbst mit seiner Siegesfeier beschäftigt und unaufmerksam ist.

2.4.1 Friseur

Im Mittelalter habe sich die Vorgänger unserer heutigen Friseure nicht nur um die Pflege und das Design der Haarpracht oder des Haarprachtersatzes gekümmert, sondern waren auch für andere Bereiche des Wohlbefindens zuständig. Neben der Herstellung von Salben und dem Auftragen derselben gehörte das Beaufsichtigen von Bädern und auch die Durchführung von chirurgischen Eingriffen (inkl. Zahnmedizin) zu ihren Aufgaben. Zum Glück ist die Verantwortung und Durchführung einiger dieser medizinischen Bereiche entsprechend ausgebildeten Personen übertragen worden.

Im Zuge der neuen Wellness-Welle besinnen sich einige Friseure aber wieder ihrer Wurzeln und bieten entsprechende Massagen, Pflegebehandlungen und auch Typ- und Kosmetikberatungen an. Falls Ihre eigenen Mitarbeiter diese Dienstleistungen nicht erbringen können und Sie auch keine entsprechend ausgebildeten Fachkräfte einstellen wollen, suchen Sie sich Kooperationspartner, die nach dem Shop-in-Shop-Konzept einen Arbeitsraum oder auch eine Arbeitsfläche anmieten. Sie gewinnen dadurch nicht nur zusätzliche Serviceangebote für Ihre bestehenden Kunden, sondern durch das Kooperationsunternehmen auch zusätzliche Kunden für Ihre eigenen Dienstleistungen. *Ausweitung des Angebots durch Kooperationen im Rahmen von Shop-in-Shop-Konzepten*

Bei Ihrem Personal sollten Sie nicht nur Wert auf fachlich gut geschulte Mitarbeiter legen, die alle aktuellen Techniken beherrschen, sondern auch darauf, dass es über eine der Kernzielgruppe entsprechende Allgemeinbildung verfügt oder sich über für die Kunden interessante Themen unterhalten kann.

Verwöhnen Sie Ihre Kunden während der, dank eines Zeitmanagementsystems, kurzen Wartezeiten mit qualitativ hochwertigen Kaffeeprodukten (inkl. Gebäck) und, wiederum den Interessen der Kernzielgruppe angepassten, aktuellen Zeitschriften (nicht die günstigste, weil alte Lesedienstausgabe) und Zeitungen.

In Ihrem schön gestalteten Ambiente können Sie auch wechselnde Ausstellungen durchführen und so auch eine gute PR-Arbeit über redaktionelle Beiträge in den Tageszeitungen und Regionalmagazinen durchführen. Suchen Sie sich in Ihrem regionalen Umfeld Kooperationspartner mit der gleichen Zielgruppe und dem Kernthema Lifestyle, Mode, Design, Schönheit und realisieren gemeinsam mit ihnen aktives Empfehlungsmarketing. Platzieren Sie, je nach Größe Ihrer Räumlichkeiten, *wechselnde Ausstellungen*

aktives Empfehlungsmarketing im Netzwerk von Anbietern mit der gleichen Zielgruppe

Vitrinen am POS, in denen Sie die Exponate / Waren Ihrer Partner zur Schau stellen und erhalten im Gegenzug eine Fläche am POS der Partner, auf der Sie für sich werben können. Alternativ können Sie natürlich auch Vereinbarungen über entsprechende Webeplatzierungen in Gemeinschaftsanzeigen oder den Mailings der jeweiligen Partner treffen.

Schulungen und Seminare für Ihre Kunden zu diversen Schönheits- und Stylingthemen

Führen Sie in Ihrem Ladenlokal Schulungen und Seminare für Ihre Kunden zu diversen Schönheits- und Stylingthemen durch und laden dazu Ihre Stammkunden ein. Um den Wert und die Exklusivität einer Seminarteilnahme zu steigern, können Sie z.B. festlegen, dass Interessenten, die bisher noch keine Stammkunden sind, nur auf Empfehlung eines Stammkunden teilnehmen können.

Kundenclub

Gründen Sie einen Kundenclub und belohnen gute Kunden mit einer Mitgliedskarte. Die Besitzer der Karte profitieren davon, dass neben der Hinterlegung persönlicher Färbe- und Haarschnittdaten und den Informationen über das bevorzugte Magazin, den gewünschten Sitzplatz und das Lieblingsgetränk auch regelmäßige Kundeninformationen und Einladungen sowie Informationen über Sonderaktionen übermittelt werden. Hierbei können Sie auch Ihre Kooperationspartner mit einbeziehen und somit die Attraktivität des Kundenclubs erhöhen und die entstehenden Kosten durch Beteiligungen der Partner entsprechend reduzieren.

2.4.2 (Bau-)Handwerk

„Handwerk hat goldenen Boden!" behauptet einerseits der Volksmund und auf der anderen Seite folgen stundenlange Berichte von negativen Erfahrungen mit den Handwerkern, wenn man die Menschen im eigenen Umfeld nach ihren Erfahrungen mit diesem Berufsstand befragt.

viele Negativerfahrungen

Die Negativberichte betreffen fast immer die gleichen Beschwerdekernpunkte:
- undurchsichtige und für den Laien unverständliche Angebote
- Termine werden nicht eingehalten
- Arbeitszeit wird unnötig ausgedehnt
- mangelhafte Planung von Zeitplänen und Arbeitsabläufen
- unfreundliches Auftreten
- unsauberes Arbeiten
- zu teuer

Aus eigener schmerzlicher Erfahrung kann ich die meisten dieser Punkte und das daraus resultierende negative Bild, das viele Mitbürger haben, auch sehr gut nachvollziehen.

Wie immer, wenn vieles im Argen liegt, bietet dieser Allgemeinzustand die beste Basis für positive Ausnahmen. Dies gilt natürlich auch für die Werbung und das Marketing der Handwerksbetriebe. Wenn es sich nicht gerade um Anbieter von seltenen Spezialdienstleistungen handelt, fahren fast alle Handwerker die gleiche Werbestrategie. In den gelben Seiten, in Zeitungen und manchmal auch auf schlecht produzierten Flyern werden mit ein paar Schlagworten die grundlegenden Dienstleistungen aufgezählt und dann folgt der Hinweis: „*Bei uns sparen Sie! Wir sind preiswerter als die Konkurrenz! ... schon ab X Euro ...*". Das war es dann vielfach auch. Der Kunde hat so keinerlei begründete Handhabe, welchen Anbieter er auswählen soll.

Gehen Sie doch einmal einen anderen Weg und vermarkten Sie Ihr Handwerksunternehmen als wirklichen Dienstleistungsbetrieb. Zuerst müssen natürlich obige Kritikpunkte im eigenen Unternehmen überprüft und falls vorhanden auch abgebaut werden.

Handwerksunternehmen als wirklichen Dienstleistungsbetrieb vermarkten

Setzen Sie auf eine ausführliche Beratung im Vorfeld des Auftrages und legen Sie auch besondere Sorgfalt bei der Aufnahme der zu erledigenden Arbeiten und bei der Planung der benötigten Materialien an den Tag. Achten Sie bei jeglicher Kommunikation mit dem Kunden darauf, keine für Sie zwar alltäglichen Ihrem Gegenüber aber unbekannten Fachbegriffe und Artikelbezeichnungen zu verwenden.

ausführliche Beratung im Vorfeld des Auftrages

Fertigen Sie exakte Skizzen an, in denen alle Details z.B. auch die Installationsorte, genau eingetragen sind. Gehen Sie gemeinsam mit dem Kunden das erstellte Angebot durch und entwerfen einen realistischen Zeitplan.

exakte Skizzen und realistischer Zeitplan

Achten Sie bei Ihren Mitarbeitern nicht nur auf technisches Knowhow, sondern auch auf Freundlichkeit und soziale Kompetenz, damit der positive Eindruck, den Sie hinterlassen haben, nicht beim ersten Termin mit Ihren Mitarbeitern wieder zerstört wird. Gute Hardware kann jedes Handwerksunternehmen liefern. Das gilt ebenso für Dumpingpreise. Durchgehende Sauberkeit bei der Arbeit und pfleglicher Umgang mit dem Eigentum des Kunden sind jedoch meist ein gutes Marktalleinstellungsmerkmal (USP).

Wenn Sie diese Punkte abgearbeitet und als erledigt abgehakt haben, können Sie nun vom Pflichtprogramm zur Kür wechseln.

Als Heizungsinstallateur können Sie beispielsweise dem Kunden über Ihre Kernleistungen – nämlich die Konzeption und Installation einer Heizungsanlage – hinaus eine Art „Rund-um-Sorglos-Paket" in Bezug auf die Wartung der Heizungsanlage anbieten.

„Rund-um-Sorglos-Paket"

Meistens sind die alten Heizungsanlagen im Keller wesentlich größer als die modernen Brenner. Der Kunde gewinnt somit in seinem bisher nicht weiter genutzten Heizungskeller zusätzliche Nutzfläche. Die wenigsten Auftraggeber denken jedoch im Vorfeld schon an eine Planung und entsprechende Vorbereitung der Räumlichkeiten. Bieten Sie Ihren Kunden alle Zusatzleistungen (entweder über Kräfte aus dem eigenen Unternehmen oder mit Kooperationspartnern) für das Sorglos-Paket an:

Entwicklung zusätzlicher Dienstleistungen

- Entrümpelung, Entsorgung und Reinigung der Kellerfläche
- Renovierung des Heizungskellers / gesamten Kellers
- opt. Verkleidung der Rohre / Geräte
- Konzeption und Installation von Lager-/Schrank-/Regalsystemen
- Konzeption und Installation einer neuen Beleuchtung im Keller

Die Übergabe der Heizungsanlage sollte von der technischen Leitung und vom Verkäufer vorgenommen werden.

Dokumentation des Baufortschrittes

Als Erinnerung und kleines Präsent fertigen Sie vor, während und nach der Baumaßnahme digitale Fotos an und überreichen Sie in Form einer CD-ROM oder eines Fotoalbums – natürlich mit Ihrem Logo gebrandet. Dieses Album ist für Sie wie eine werbende Empfehlungsmappe, denn der Kunde wird in seinem Bekanntenkreis seine neue Errungenschaft anhand Ihres Albums erklären. Denken Sie bei allen Kontakten mit Ihrem Kunden und bei allen Überlegungen über neue Marketingmaßnahmen immer daran, dass diese Heizungsanlage für Sie „nur" ein Auftrag ist, für den Kunden aber eine wertvolle Investition, die er in seinem Leben meist nur einmal tätigt.

Diese exemplarischen Tipps und Anregungen können Sie sicher auch auf Ihr Handwerk übertragen. Bestimmte Fehleinstellungen finden sich nämlich in vielen Handwerksbetrieben wieder. Entwickeln Sie eine eigene Firmenidentität (CI) und beachten diese bei allen Werbemaßnahmen. Die wichtigste Marketingmaßnahme und beste Werbung im Handwerk ist immer noch die Mund-zu-Mund-Propaganda. Über ein ausgewogenes Preis-Leistungs-Verhältnis, aufmerksame, freundliche und fachkompetente Mitarbeiter und einen guten Service sprechen die Leute immer. Nutzen Sie diese Chance!

Mund-zu-Mund-Propaganda nutzen

2.4.3 Optiker

Zu Beginn dieses Kapitels verweise ich noch einmal auf meine Ausführungen in Kapitel 2.2.6 „Uhren und Schmuck". Für viele Menschen ist die Brille nicht nur ein Hilfsmittel zur Korrektur der Sehschwäche, sondern ein modisches Accessoire, das das Erscheinungsbild der eigenen Persönlichkeit unterstützt.

Doch vergleichbar mit der bei den Schmuckanbietern zu beobachtenden Situation sieht es auch bei vielen Optikern einheitlich langweilig aus. Manchmal beschleicht den aufmerksamen Betrachter gar das Gefühl, die entsprechende Schaufensterdeko schon einmal bei einem Mitbewerber des Optikers gesehen zu haben. Die Schaufenster sind mit einer großen Anzahl von Gestellen überfrachtet und der Betrachter kann weder Ordnung noch Thema entdecken, das im Schaufenster inszeniert sein könnte. Dabei gibt es auch in dieser Branche eine Reihe interessanter Dekothemen, die mit den angebotenen Produkten oder dem Handwerk an sich verknüpft sind:

Mögliche Dekothemen für Optiker

- Entwicklungsgeschichte der Sehhilfen
- die Sehhilfe als Hightech-Gerät

- Herstellung und Verarbeitung der Gläser / Gestelle
- das Thema „Sehen" im Allgemeinen (Wie funktioniert das Auge? Wie sehen verschiedene Lebewesen?)
- Optik und optische Geräte
- Astronomie, Ferngläser
- das Auge / Das Sehen in der Literatur
- die Brille: Sehhilfe und / oder Bestandteil der Bekleidung

Die Inszenierung eines Themas, Produktes und Unternehmens ist, wie ich bereits in den vorangegangenen Kapiteln aufgezeigt habe, ein wesentlicher Wettbewerbsvorteil.

Während meiner Schulzeit war das Thema Brille noch vollkommen negativ besetzt. Das hat sich mittlerweile grundlegend geändert. Deshalb sollten Sie die grundsätzlich positive Einstellung der breiten Öffentlichkeit nutzen und die verschiedenen, mit Optik und Sehen in Verbindung stehenden Themen auch entsprechend inszenieren.

Gerade im Zusammenhang mit den reinen Preiskampagnen einiger „Discounter" verfallen leider auch in der Branche der Optiker viele dem Trugschluss, dass dies der einzige Weg wäre, um Kunden zu gewinnen und auch zu behalten. Allein aus finanziellen Gründen können Sie diesen mit hohen Werbeinvestitionen geführten Preiskampf schon nicht gewinnen. Deshalb gebe ich Ihnen an dieser Stelle einige Impulse für Aktionen, die auch mit schmalem Budget realisierbar sind und durch ihre positive „Andersartigkeit" auffallen.

Auch in Bezug auf Brillen ist der Preis nicht der einzige Kaufanreiz

Benefizaktion: Die „Promi-Brille"

Viele prominente Mitbürger verfügen nicht nur über eine, sondern über mehrere (Sonnen-) Brillen und können daher auch eine davon für einen guten Zweck spenden. Organisieren Sie neben den Kontaktadressen zielgruppengerechter Prominenter auch eine einheitliche Verpackung (Karton und Brillenetui). Konzentrieren Sie sich dabei nicht nur auf nationale oder internationale VIPs, sondern auch auf regionale Berühmtheiten. Senden Sie den so recherchierten Prominenten das Päckchen (inkl. Rückadressierung) mit einer kurzen Beschreibung Ihrer Benefizaktion zu, und bitten ihn oder sie, ihnen eine Brille zu spenden. Als kleines Dankeschön können Sie zusätzlich allen Spendern eine einheitliche „Aktions-Sonnen-Brille" mitschicken.

regionale Berühmtheiten ansprechen

Die erhaltenen „Spenden" stellen Sie mit einem Foto des Prominenten in Ihrem Schaufenster aus und führen nach einiger Zeit eine Versteigerung der Exponate durch. Das so erlöste Geld spenden Sie dann dem vereinbarten Zweck, der natürlich eine Affinität zum Thema Sehen aufweisen sollte.

Aktion: Brillenetui-Design

Kunden dekorieren und designen ein Brillenetui

Sicherlich gibt es eine Vielzahl schöner Brillenetuis und Brillenboxen. Trotzdem greifen viele Menschen auf das 08/15-Modell zurück und lassen es dann verschämt in der Tasche. Führen Sie eine Aktionswoche zum Thema Brillenetui-Design durch, während der alle Interessenten gegen einen kleinen Unkostenbeitrag eine schlichte Basisbox in Ihrem Ladenlokal abholen können. Nach einer Woche sollen die designten und dekorierten Brillenetuis dann wieder bei Ihnen abgegeben werden. Zusätzlich bieten Sie an einem Abend oder zu bestimmten Zeiten am Tag, die nicht gerade zu den Stoßzeiten zählen, Designkurse unter fachkundiger Anleitung im Ladenlokal an. Alle Exponate werden inklusive Namensnennung in den Schaufenstern ausgestellt und sowohl eine „fachkundige Jury" als auch die Kunden geben ihre Bewertungen ab. Der Sieger erhält einen Einkaufsgutschein und eine (von einem Hersteller gestiftete) wertvolle Sonnenbrille. Alle Kunden, die auf diesen Sieger getippt haben, nehmen ebenfalls an der Verlosung eines Einkaufsgutscheines oder eines optischen Gerätes teil.

Fotoaktion: Meine Brille

Kunden machen Fotos von ihr, mit ihrer oder durch ihre Brille

Eine Brille ist ein sehr persönlicher Gegenstand, der die meisten Brillenträger fast überall hin begleitet und mit ihm jede Lebenssituation miterlebt. Rufen Sie Ihre Kunden auf, ein Foto von ihr, mit ihrer oder durch ihre Brille zu machen und dieses an Sie einzureichen. Als Motive eignen sich auch alle Themenfelder, die mit den Themen Sehen, Optik etc. verwandt sind.

Die eingereichten Fotos stellen Sie natürlich in Ihrem Schaufenster aus. Geben Sie den Teilnehmern auf jeden Fall die Größe (nicht kleiner als 13x18 cm) und Art (matt, glänzend, Farbe, S/W) der einzureichenden Abzüge vor. Auch bei diesem Wettbewerb können Sie sowohl Ihre Kunden, als auch zusätzlich eine professionelle Jury über die ausgestellten Werke urteilen lassen. Diese Aktion eignet sich auch sehr gut als Kooperationsprojekt mit einem Fotofachgeschäft. Dieses könnte u.a. einen Preis stiften und als Werbung für beide Partner den Aktionsflyer allen ausgelieferten Fotoarbeiten beifügen.

Möhren für potenzielle Kunden

Mit einer weiteren guten Promotionaktion, die ein befreundeter Optikermeister durchgeführt hat, beschließe ich dieses Kapitel. Während eines Stadtfestes hat dieser Optiker, dessen Ladenlokal in einer Seitenstraße liegt, Osterhasen durch die Straßen laufen lassen, die an die Besucher des Festes Möhren mit einem angehängten Infozettel / Gutschein verteilt haben.

Werden Sie nicht nur bei der Gestaltung von Kunststoffgläsern kreativ, sondern auch bei Ihrer Schaufenster- und POS-Deko und heben sich damit von Ihren langweiligen Mitbewerbern ab.

Checkliste: Grundlegende Strategien des Low-Budget-Marketing

Persönlichkeit verkauft!

In der heutigen Zeit kann der Kunde fast jedes Produkt nicht nur über viele unterschiedliche Anbieter erhalten, sondern hat zudem über das Medium Internet weltweit sehr kostengünstige Ordermöglichkeiten und vor allem eine bislang unerreichte Preistransparenz.

Sein Hauptaugenmerk bei der Vermarktung ausschließlich auf den Preis zu legen, ist aus diesem Grund eine fatale Strategie. Ein Kunde, der allein wegen des Preises bei Ihnen kauft, ist nicht zu binden und wird sofort zur Konkurrenz wechseln, wenn diese Ihren Preis unterbietet.

Entwickeln Sie stattdessen eine eigene CI (Corporate Identity) – einen einheitlichen und unverwechselbaren Auftritt – für Ihr Unternehmen. Beziehen Sie dabei immer Ihre eigene Identität als Mensch und Unternehmer mit ein. Ein Logo alleine macht noch keine CI aus. Bis ins kleinste Detail Ihres Produktes bzw. Ihrer Dienstleistung muss Ihre unverwechselbare Persönlichkeit spürbar sein.

Sprechen Sie Ihre Kunden möglichst individuell an!

Je individueller und persönlicher Sie mit Ihren Kunden kommunizieren, desto nachhaltiger wird die Kundenbindung sein. Personalisieren Sie Ihre Werbung und versuchen Sie die speziellen Ansprüche und Interessen Ihrer Kernzielgruppen direkt anzusprechen und unmittelbar zu bedienen.

Stellen Sie Ihre Argumentation auf den Kundennutzen ab!

Ihren Kunden ist weniger daran gelegen kataloggerechte Produkte zu erwerben und allgemeine Dienstleistungen in Anspruch zu nehmen als vielmehr daran, sich individuelle Wünsche zu erfüllen oder Hilfe in Bezug auf ganz konkrete Probleme zu erhalten. Argumentieren Sie daher aus der Sicht Ihrer Kunden und nicht aus der Sicht Ihrer Produkte. Je mehr individuellen Nutzen Sie Ihren Kunden stiften, umso unentbehrlicher machen Sie sich.

Versuchen Sie immer Ihre Konkurrenz zu übertreffen!

Begnügen Sie sich nie damit, genauso gut oder schlecht wie Ihre Konkurrenten zu sein. *„Der ist auch nicht besser"* ist eine Aussage, die in den Sandkasten aber nicht an den Markt gehört. Seien Sie innovativer als Ihre Kollegen und versuchen stets Ihre Kunden zu begeistern. Bauen Sie in Ihrer Region und an Ihrem Marktplatz Ihr Angebot zu einer unverwechselbaren Marke aus.

Konzentrieren Sie sich dabei auf Ihre Kernkompetenz. Wer „an allen Fronten kämpft" läuft Gefahr sich zu verzetteln.

Ihr Angebot beinhaltet mehr Komponenten als nur das nackte Produkt!

Jeder Kunde verknüpft mit dem Produkt und mit dem Anbieter neben sachlichen Erfahrungen auch positive und negative Empfindungen/Gefühle, die er sowohl beim Kauf, der anschließenden Nutzung des Produktes und der Betreuung durch den Anbieter als auch schon vor dem Kauf, bei der Recherche der Anbieter, dem Studium der Werbung und dem Weg zum POS gemacht hat.

Deshalb achten Sie nicht nur auf qualitativ hochwertige Produkte und Nutzen stiftende Dienstleistungen, sondern auch auf einen kundenfreundlichen Service vor, während und nach dem Verkauf (After-Sales-Service) und eine gut inszenierte Werbung.

Inszenieren Sie Ihren POS und Ihr Umfeld als Kundenkontaktfläche

Nicht nur der unmittelbare Point of Sale, sondern Ihr gesamtes Unternehmensumfeld ist gewissermaßen eine Kontaktfläche zum Kunden. Inszenieren Sie diese Kontaktfläche wirkungsvoll, sodass Kunden aktiviert werden, sich mit Ihrem Angebot auseinanderzusetzen.

Nutzen Sie dabei nicht nur Ihr Ladenlokal (Schaufenster), sondern schöpfen auch alle Möglichkeiten aus, die Ihnen Ihr näheres Umfeld als Ihr „Marktplatz" bietet.

Wer nicht lächeln kann, sollte auch nichts verkaufen!

Arbeiten Sie sowohl an Ihrer als auch an der positiven Einstellung Ihrer Mitarbeiter. Jeder kann mal einen schlechten Tag haben, aber damit haben Ihre Kunden nichts zu tun. Sorgen Sie dafür, dass alle Kontakte mit Ihnen und Ihrem Unternehmen positiv im Gedächtnis bleiben. Jeder Kunde verfügt über kleinere oder größere Netzwerke, die durch positive und auch negative Mund-zu-Mund-Propaganda über Sie und Ihr Unternehmen „informiert" werden. Die schlechte oder lieblose Behandlung eines Kunden „spricht" sich somit schnell herum!

Arbeiten Sie nie ohne Netz!

Knüpfen und pflegen Sie, um auf Dauer erfolgreich zu sein, nicht nur Kontakte zu Lieferanten und Branchenkollegen, sondern auch zu branchenfremden Unternehmern, Kunden, Medienvertretern und den Vertretern der öffentlichen Verwaltung. Über funktionierende Netzwerke verfügen Sie über das benötigte Informationspotenzial um jederzeit die richtigen Entscheidungen treffen zu können.

Gemeinsam sind Sie stark!

Basierend auf einem gut funktionierenden und gepflegten Netzwerk entwickeln sich im Laufe Ihrer Unternehmertätigkeit immer wieder Kooperationsmöglichkeiten mit Branchen-, Regional- und / oder Zielgruppenpartnern.

Suchen Sie für Ihre Projekte und vor allem auch für Ihre Marketingmaßnahmen immer wieder nach Kooperationspartnern um sowohl die Kosten zu verringern als auch Ihr Know-how zu erweitern.

Seien Sie kreativ!

Das ganze unternehmerische Leben ist man damit beschäftigt Lösungen zu finden. Je kreativer Sie selber sind, umso leichter fällt Ihnen diese Herausforderung. Kreativität ist keine angeborene Fähigkeit; man kann sie aber erwerben und sich erarbeiten. Die Potenziale dafür liegen in jedem von uns verborgen. Kindern fällt die Entwicklung und Nutzung der eigenen Kreativität wesentlich leichter, weil sie neue Verknüpfungen von bekannten Elementen – und nichts anderes ist Kreativität – nicht durch permanente Vorbehalte verhindern. Mit Hilfe von Kreativtechniken können auch Sie Ihre Potenziale – und die Ihrer Mitarbeiter und Partner – wieder neu entdecken, weiter ausbauen und effektiv für Ihr Unternehmen einsetzen.

Binden Sie in alle Ihre Aktivitäten Ihre Kunden mit ein!

Befragen Sie Ihre Kernzielgruppen ganz konkret nach Ihren Wünschen, Vorstellungen und Bewertungen. Stellen Sie guten Kunden eine Plattform zu Verfügung, auf der sie Aktivitäten verfolgen können, die Ihr Angebot betreffen und richten sie entsprechende Aktionen aus, die Sie dann werblich oder im Sinne der Öffentlichkeitsarbeit nutzen.

Geld allein macht nicht glücklich!

Bedenken Sie bei allen Entscheidungen – am Besten schon bei der Existenzgründung – daran, dass die monetäre Komponente nur ein Teil der Quadrophonie der Zielsegmente ist. Sowohl Sie als Unternehmer, als auch Ihre Mitarbeiter, Partner und vor allem auch Ihre Kunden werden in ihren Entscheidungen bewusst und auch unbewusst von der Erfüllung der anderen drei Zielsegmenten (Macht- und Prestigeziele, soziale Ziele, Selbstverwirklichungsziele) beeinflusst.

Literaturverzeichnis

Low-Budget-Marketing / Guerilla-Marketing

- Abraham, Jay: 1000 Supertipps für Power-Marketing mit kleinem Budget. Landsberg am Lech, 2000
- Gmeiner, Alois: Das Low-Budget-Werbe-1x1. München, 2002
- Greber, Thomas: Marketing für Kleinunternehmer, Freiberufler und Selbstständige. Landsberg am Lech, 1999
- Levinson, Jay C. / Godin, Seth: Das Guerilla Marketing. Frankfurt/Main, 2000
- Levinson, Jay C. / Wilson, Orvel R.: Guerilla Verkauf. Frankfurt/Main, 1998
- Levinson, Jay C.: Die 100 besten Guerilla-Marketing-Ideen. Frankfurt / Main, 2000
- Levinson, Jay C.: Guerilla Marketing für Fortgeschrittene. Frankfurt / Main, 1997
- Levinson, Jay C.: Guerilla Marketing. Frankfurt/Main, 1998
- Levinson, Jay C.: Guerilla Werbung. Frankfurt / Main, 1998
- Locke, Christopher: Gonzo Marketing. München, 2002
- Meffert, Werner: Werbung, die sich auszahlt. Reinbek bei Hamburg, 1996
- Pradel, Marcus / Schulte, Thorsten: Guerilla Marketing für Unternehmertypen. Sternenfels, 2004
- Stricker, Gabriel: Mao in the Boardroom. New York, 2003

Marketing allgemein

- Ali, Moi: Erfolgreiches Marketing. München, 2001
- Arms, Brigitte: Local Marketing. Berlin, 2001
- Brückner, Michael / Przyklenk, Andrea: Event-Marketing. Wien, 1998
- Busch, Burkhard G.: Aktive Kundenbindung. Berlin, 1998
- Deutscher Werbekalender, Verlagsgruppe Handelsblatt GmbH, Düsseldorf, 2003
- Geyer, Helmut / Ephrosi, Luis: Crashkurs Marketing. Freiburg i.Br., 2003
- Herbst, Dieter: Corporate Identity. Berlin, 2003
- Hiam, Alexander: Marketing für Dummies. Bonn, 2001
- Kalka, Regine / Mäßen, Andrea: Marketing. Planegg bei München, 2002
- Michael, Bernd M.: Werkbuch M wie Marke. Düsseldorf, 2003
- Weissmann, Arnold: Das 1x1 des Marketing. Landsberg am Lech, 1997
- Werbung in Theorie und Praxis, M+S Verlag für Marketing und Schulung, Waiblingen, 1994
- Zentes, Joachim: Grundbegriffe des Marketing. Stuttgart, 1996

Marketingplan

- Gerson, Richard: Der Marketingplan. Wien, 1992
- Jay, Ros: Perfekte Marketingpläne in 7 Tagen. Landsberg/Lech, 1998
- Westwood, John: 30 Minuten für den erfolgsicheren Marketingplan. Offenbach, 1997

Businessplan

- Marten, Rudolf: Businessplan. München, 2001
- Steuck, Joachim W.: Businessplan. Berlin 1999

Mindmapping

- Gemmer, Björn / Sauer, Christiane / Konnertz, Dirk: Mind Mapping – fit in 30 Minuten. Offenbach, 2003
- Hertlein, Margit: Mind Mapping – Die kreative Arbeitstechnik. Reinbek bei Hamburg, 2003
- Herzog, Dagmar: Effiziente Meetings mit MindManager. Kilchberg (CH), 2003
- Reinke, Helmut / Geisenheyner, Sybille: 33 Mind Maps für die Praxis. München / Wien, 2001

Kreativität

- Baron, Gabriele: Ideen finden. München, 2001
- Busch, Burkhard. G.: Erfolg durch neue Ideen. Berlin, 1999
- Goleman, Daniel: Kreativität entdecken. München, 2000

Persönlichkeit

- Herbst, Dieter: Der Mensch als Marke. Göttingen, 2003
- Küstenmacher, Werner: Der Ich-Kompass. Giengen, 1995
- Seidl, Conrad / Beutelmeyer, Werner: Die Marke ICH. Wien, 1999
- Seiwert, Lothar J. / Gay, Friedbert: Das 1x1 der Persönlichkeit. Offenbach, 1996

Management / Motivation

- Blanchard, Ken / Bowles, Sheldon: Gung Ho! Reinbek bei Hamburg, 2003
- Johnson, Spencer: Die Mäuse-Strategie für Manager. Kreuzlingen / München, 2003
- Lundin, Stephen C. / Paul, Harry / Christensen, John: Fish, ein ungewöhnliches Motivationsbuch. Frankfurt/ Wien, 2001

Konzepte, Inszenierung, Verkauf, Service, Dekoration

- Barowski, Mike: Verkaufsförderung. Berlin, 2004
- Bartelsman, Jan: Bijzondere Nederlandse Winkelinterieurs. Werkershoof (NL); (ISBN 90-74108-05-9)

- Bauer, Lian Maria: Szenerien. Frankfurt am Main, 1997
- Blanchard, Ken / Bowles, Sheldon: Wie man Kunden begeistert. Reinbek bei Hamburg, 2002
- Brachat, John: Die Markt-Macher, Erfolgreiche Unternehmer im Automobilgewerbe. Ottobrunn, 1996
- Girard, Joe: Ein Leben für den Verkauf. Wiesbaden, 2000
- Goldmann, Heinz M.: Wie man Kunden gewinnt. Berlin, 2002
- Horovitz, Jacques: Service entscheidet. Frankfurt/Main, 1995
- Kaltenbach, Horst G. / Mainka, Maritta: Das kreative Autohaus. Ottobrunn, 1999
- Kawasaki, Guy: Die Kunst, die Konkurrenz zum Wahnsinn zu treiben. Landsberg am Lech, 1998
- Klug, Sonja: Konzepte ausarbeiten. München, 2002
- Läden 2002, Deutscher Fachverlag GmbH, Frankfurt am Main, 2003
- Mikunda, Christian: Der verbotene Ort oder Die inszenierte Verführung. Düsseldorf 1996
- Mikunda, Christian: Marketing spüren. Franfurt/Wien, 2002
- Poertas, Mary: Spektakuläre Schaufenster. München, 2000
- Rosenthal, Peter / Koller, Lars D.: Faszination Visual Merchandising. Frankfurt / Main, 2002
- Ross, Sabine: Warenpräsentation im Textileinzelhandel. Frankfurt am Main, 2002
- Schmitz, Claudius A.: Charismating, Einkauf als Erlebnis. München, 2001
- Tominaga, Minoru: Die kundenfeindliche Gesellschaft. Düsseldorf, 1996
- Zach, Christian F.: Fang den Kunden. Ottobrunn, 1997
- Zanetti, Daniel: Kundenverblüffung. Frankfurt / Main, 2003
- Zemke, Ron / Anderson, Kristin: Umwerfender Service. Frankfurt / New York, 1994

Stichwortverzeichnis

Absatzweg 45
Alleinstellung 58;
  über persönliche Produktkomponenten 59;
  über den Preis 58
Analogieschluss 86 ff.
Angebotsportfolio 18
Ansprechpartner, persönlicher 75
Anzeige 99 ff.
Anzeigenblatt 99

Bau-Handwerk 296 ff.
Baustelle am POS 131 f.
Beitrag, redaktioneller 113
Bekanntenkreis 74
Bekleidung 161 ff.
Benchmark 28
Bestandskunde 73
Blumenhandel 183 ff.
Boston-Matrix 19
Brainstorming 79 ff.

Cash-Cow 20
Corporate Design 34
Corporate Identity 33

Day-by-Day-Deko 107
Dekomaterial 106
Dekopunkt 105
Dienstleistung 204 ff.
Distributionspolitik 45

EGO-Marketing 62 ff.
Einzelhandel 149 ff.;
  Zustandsbeschreibung 149
Einzelhändler, erfolgreicher 153
Empfehlungsmarketing 145
Erfolgskontrolle 148 f.
Erscheinungsbild, einheitliches 34
Event 146, 184 ff.
Eyecatcher 100

Flop 20
Fragebogenaktion 37 f.
Friseur 205 f.

Gartencenter 183 ff.
Gastronomie 136 ff.
Gastronomiekonzept, durchdachtes 136
Gebietbewerbung, partnerschaftliche 96
Give-Away 117 f.
Gründung 124 f.
Guerilla Marketing 55

Handwerk 204 ff.
High-Budget-Marketing 42 f.
Homepage, eigene 111 f.

Idee, neue 77 ff.
Informationsquellen, unternehmerische 68 ff.

Inhalt, redaktioneller 175
Inszenierung 56 f.
Ist-Analyse 13 ff., 142

Kalkulation 44
Kamerafahrt,
  Autohaus 198 ff.;
  Gastronomie 138 f.;
  Lebensmitteleinzelhandel 156 ff.
Katalog 175
Käufermarkt 10
Kernzielgruppe 21 f., 139 ff., 146
Kfz-Werkstatt 202 f.
Kinder 147
Kommunikationspolitik 10, 46 ff.
Konkurrenzanalyse 24 ff.
Kooperation 93 ff., 144
Kraftfahrzeughandel 191 ff.
Kreativität 75 ff.
Kreativitätsförderung 78
Kreativitätstechnik 79 ff.
Kunde 21, 72
Kundenbefragung 141
Kunden-Club 160 f., 188
Kundendaten 101
Kundenkontaktfläche 151
Kundenmagazin 201
Kundennetzwerk 74
Kundennutzen 22
Kundenprofil 23

Stichwortverzeichnis

Kundenseminar 187 f.
Kundenzeitung 112 f.

Ladengestaltung 162
Lebensmittelangebot,
   attraktives 158 ff.
Lebensmitteleinzelhandel 154 ff.
Lieferant 74
Low-Budget-Marketing
   (LBM) 42 ff.;
   Grundlagen 54 ff.

Mailing 115 f.
Marke 11
Markenartikel 11, 156
Markenbildung 11
Markenentwicklung 62 ff.
Marketingbudget,
   entlastetes 90 ff.
Marketingentstehung 8 f.
Marketing-Mix 39 ff.
Marketingplan 12, 48 f.
Marketingstrategie 10 ff.
Markierung 11
Marktanteil, relativer 19
Marktbeobachtung,
   umfassende 67 ff.
Marktforschung 36 ff., 63
Marktplatz, attraktiver 95;
   regionaler 97
Marktwachstumsrate 19
Massenversendung 115
Medien 69 ff.
Messe 118 ff.;
   Hausmesse 121 f.;
   regionale 120 f.
Messeplattform 119
Methode 6-3-5 85 f.
Mindmap 84
Mindmapping 81 ff.
Mitarbeiter 71 f.
Mitbewerber, großer im Unter-
   nehmensumfeld 129 f.;
   neuer 127 f.
Mitbewerberanalyse 25
Möbelhaus 175;
   Inszenierung des
      Verkaufsortes 176 ff.

Netzwerk 91 ff.;
   branchenübergreifendes 92

Netzwerkinformationen 70
Netzwerkpartner 91
Neukunde 73

Optiker 208 f.

Persönlichkeit 57
Persönlichkeitsentwicklung 62 ff.
Point of Sale (POS) 56;
   Gestaltung 104 ff.
Preis-Absatzfunktion 44
Preispolitik 43
Preisstellung 44
Produkt 17 ff.;
   neues 125 f.
Produkteinführung 127, 192 ff.
Produkteliminierung 41
Produktinnovation 40
Produktlebenszyklus 42
Produktmodifikation 41
Produktpolitik 39 ff.
Produktportfolio 18, 22, 40
Programmdiversifikation 42
Prospekt 116 f., 175

Rabatt 59
Rundfunkspot 102 f.

Satelliten-Schaufenster 109
Schaufenster 163;
   lebendes 107
Schaufensterdekoration 110;
   themenspezifische 173
Schaufenstergestaltung 104 ff.
Schuhe 164 ff.
Semantische Intuition 88 ff.
Sharing-Angebot 90
Show-Fenster Small-Talk 108
Soll-Analyse 26 ff., 142
Sondermodell, eigenes 200 f.
Sortimentsaufbau 40
Spielwaren 168 ff.
Spielwarenangebot,
   zielgruppenorientiertes 171
Stammkundenpflege,
   individuelle 56
Standortwahl 45
Star 19
SWOT-Analyse 13 f.

Tauschpartner 20,
   gleichberechtigter 153
Tauschwert 43
To-Do-Liste 17

Uhren und Schmuck 172 ff.
Umbau am POS 132 f.
Umkleide 162
Umsatz 20,
   anteiliger 20
Umsatzstruktur 42
Unique-Selling-
   Proposition (USP) 60
Unterhaltungselektronik 174 f.
Unternehmen, kleines 14 ff.
Unternehmensidentität,
   unverwechselbare 60
Unternehmens-
   persönlichkeit 32 ff.
Unternehmensumfeld,
   Inszenierung 96
Unternehmensziel 28 ff.
Unternehmerpersönlichkeit,
   authentische 60

Verbrauchermesse 118
Verkäufermarkt 9
Verkaufsargument 22

Weihnachtskarte, gemeinsame 97
Werbe- und Interessensgemein-
   schaft 93
Werbebudget 54
Werbeerfolgskontrolle 98
Werbemaßnahme 24
Werbemodul, klassisches 98 ff.
Werbewirkungsstufen 47
Werbung 23 f.
Wettbewerb, verschärfter 127 ff.

Ziel, monetäres 30;
   soziales 30
Zielanalyse 31
Zielgewichtung 31
Zielgruppe 34 ff.
Zielgruppenfaktoren 35
Zielsegment 30
Zielsetzung, nicht monetäre 29

Cornelsen

Unternehmensberater.

Dieses Handbuch geht der Frage nach, wie es namhaften Unternehmen gelang, Kundenbindungsstrategien umzusetzen. Und es bietet einen repräsentativen Querschnitt der heute erfolgreichen Kundenbindungsmodelle.

Inhalte
- Die Kundenorientierung: Über Kunden und Konsum
- Interviews mit namhaften Experten
- Highlights aus den Interviews oder: Was können wir von den Erfolgreichen lernen?

Jörg Brandt / Ulrich G. Schneider
Handbuch Kundenbindung

308 Seiten, Festeinband
3-589-23632-9

Erhältlich im Buchhandel. Weitere Informationen zur **Handbuch-Reihe zu Business-Themen** gibt es im Buchhandel, im Internet unter **www.cornelsen-berufskompetenz.de** oder direkt beim Verlag.

Cornelsen Verlag
14328 Berlin
www.cornelsen.de